韩林合　主编

维特根斯坦文集
第 4 卷

哲学研究

韩林合　编译

商务印书馆
创于1897　The Commercial Press

Ludwig Wittgenstein
Philosophische Untersuchungen

总　　序

　　维特根斯坦是二十世纪最重要的哲学家之一，其思想对二十世纪的世界哲学面貌产生了巨大的影响。不过，在其在世时，他只正式出版过一本哲学著作，即《逻辑哲学论》。在他逝世以后，他的学生和朋友遵照其遗嘱从他所遗留下来的约 2 万页手稿和打字稿中陆续整理出版了大量著作，其中最重要者当属《哲学研究》。2000 年，牛津大学出版社与挪威卑尔根（Bergen）大学维特根斯坦档案馆合作，编辑出版了电子版《维特根斯坦遗著集》（*Wittgenstein's Nachlass*: *The Bergen Electronic Edition*）。其中包括了维特根斯坦的所有遗留下来的手稿和打字稿。这套中文版《维特根斯坦文集》主要就是以这个遗著集为基础编译而成的，同时我们也参考了国外已经出版的相关的纸质著作，特别是德国祖尔卡姆普（Suhrkamp）出版社出版的八卷本维特根斯坦《著作集》（*Werkausgabe*）(1984 年版）。

　　我们的编选目标是"精"，而非"全"。将《维特根斯坦遗著集》全部翻译出版是不现实的，也是不必要的。国外迄今出版的纸质维特根斯坦著作长期以来由不同的编者编选而成，前后没有统一的编选原则，可谓"杂乱无章"。我们制定的总的编选原则是：选择维特根斯坦不同思考阶段有代表性的或者比较成熟的遗稿；尽量保持原稿的连续性、完整性；不收录维特根斯坦的讲课笔记、口授笔记。按照这些原则，《维特根斯坦文集》拟收录如下作品：

《战时笔记(1914-1917)》(第1卷)

《逻辑哲学论》(第2卷)

《哲学语法》(第3卷)

《哲学研究》(第4卷)

《数学基础研究》(第5卷)

《心理学哲学研究》(第6卷)

《心理学哲学笔记(1948-1950)》(第7卷)

《最后的哲学笔记(1950-1951)》(第8卷)

在翻译过程中，许多重要词汇的中译让我们颇费心思。在此，有必要对几个一再出现的词汇的翻译做些解释。我们知道，在德语中，"Satz"既具有"句子(语句)"的意思，也具有"命题"的意思。也即，既指单纯的合乎句法规则的书写符号串或声音符号串，也指这样的符号串所表达的意义，进而还指负载着这样的意义的如是符号串。(在《逻辑哲学论》中，维特根斯坦用"Satzzeichen"来表示第一层意思。)大多数情况下，区分开这些不同的用法是容易的。但是，在少数段落中，区分开它们并不容易。出于统一性和简单性的考虑，我们在译文中大多数场合下用"命题"来翻译"Satz"。读者在阅读时可以自己根据上下文来确定维特根斯坦到底是在哪一种意义上使用这个词的。

如何翻译"Bedeutung"这个词也是一个非常困难的问题。我们知道，在其前期著作中，维特根斯坦主要是在弗雷格所赋予其的那种专门意义上使用"Bedeutung"一词的：一个名称的 Bedeutung

即其所表示(所代表、指称)的那个对象——其承受者。(不过,与弗雷格不同,维特根斯坦不认为他所谓的名称还具有弗雷格所谓的"Sinn"。)因此,在《〈逻辑哲学论〉研究》(2000和2007年版)中我将这种意义上的"Bedeutung"翻译为"所指",将其动词形式"bedeuten"译为"指称";进而,将包含着其的复合词"bedeutungslos"译为"没有所指"。(另外,在《逻辑哲学论》中,维特根斯坦有时又在其通常的意义上使用"Bedeutung"及其复合词。这种用法出现在评论4.442、5.233、5.451、5.461等之中。类似的做法也出现在弗雷格那里。)在三十年代初以后,特别是在《哲学研究》中,维特根斯坦认为弗雷格和他自己以前对这个词所作的那种技术性使用完全不合乎语言惯用法,严重混淆了一个名称的Bedeutung与其Träger(承受者)。他进而认为,一个语词的Bedeutung就是其在语言中的用法或使用。显然,这里维特根斯坦是在其通常的意义上使用"Bedeutung"一词的,即用其指通常所谓意义。因此,后期维特根斯坦所使用的"Bedeutung"一词应当译作"意义"。相应地,其动词形式"bedeuten"——在必要时——不妨改译为"意谓(或意味)"。

与"Bedeutung"和"bedeuten"密切相关的还有一个重要的德语词"Meinung"及其动词原型"meinen"。"bedeuten"和"meinen"之间的关系是这样的:如果我们meinen了一个表达式,那么对于我们来说它便bedeutet(意谓)某种东西。在绝大多数场合下我们都将"Meinung"和"meinen"译为"意指"。按照前期维特根斯坦的理解,所谓意指是指赋予一个语言表达式以意义的心灵过程;而按照后期维特根斯坦的理解,所谓意指就其主要用法来说是指一个表达式的使用者知道自己能够正确地使用这个表达式(即知道自己能够按照人们惯常使用它的那种方式或者说人们所教给他的那种方式使用它)。在大多数情况下,当维特根斯坦要表达这样的意思时,在有必要时,他都正确地使用了相应的动名词形式"Meinen"。不过,有时他——比如在《哲学研究》第186、639、666节中——却在这种意义上使用"meinen"的名词化形式"Meinung"。但是,这个名词化形式在德语中只有意见或看法的意思。安斯考姆有时忽略了维特根斯坦的这种错误使用,因此将比如第639节中的"Meinung"译作"opinion"。(不过,她将第186、666节中的"Meinung"分别正确地译作"*mean*-ing"和"your meaning one thing or another"。)德英对照第四版改正了这个严重错误。

我们还要注意,三十年代以后,维特根斯坦常常在与上述意义上的"meinen"和"Meinung"同义的意义上使用"intendieren"和"Intention"。而且,有时他又在这种意义上使用"beabsichtigen"和"Absicht"。在本文集中,我们将"Intention"和"Absicht",进而其动词形式"intendieren"和"beabsichtigen"均译作"意图"。另外,维特根斯坦也常常在这些词的日常意义上使用它们。通过上下文,读者不难看出其具体的意义。

德文"Wollen"一词的中译也颇难定夺。从哲学上说,其最为重要的用法是充当"Wille"(意志)的动名词形式,意为意志的行使。汉语中的"意志"这个名词没有相应的动词用法,而"意志的行使"这种译法不仅不简洁,而且在许多语境中根本无法使用。一些译者将其译作"意愿";我们以前曾将其译作"意欲",也曾经将其译作"意使"。但是,这些译法显然都不准确,或者过于人为。不过,在本译稿中，我们还是权且将其译作"意欲"。这样译的一个好处是照顾到了"wollen"的日常的意义。

同样难于处理的还有"Vorstellung"这个词。在维特根斯坦这里，这个词的最为重要的意义大致相当于休谟式的哲学家所说的印象（impression）和观念（idea）。二者均可以看成宽泛意义上的"心灵形象"（mental image），简言之，"心象"（image）。这种意义上的"Vorstellung"义同于"Vorstellungsbild"（想象图像）。维特根斯坦有时又在动词意义上使用"Vorstellung"。这时，其意义为：形成或唤起心象进而使用它们的心灵活动。此种意义上的"Vorstellung"我们译作"想象"（英文为"imagination"）。有时，维特根斯坦又在叔本华、康德等哲学家的意义上使用这个词，这时我们将其译作"表象"。

关于本文集的编辑体例，如下几点需要说明一下。

第一，维特根斯坦大量使用了引号。通常他用双引号来表示引用，单引号来表示引语之内的引语。但是，他有时也这样单独地使用单引号：提醒人们注意，其内的文字有特别的用法或意义。在通常的德语文献中，双引号也有第二种用法。中文的情况也是一样的。因此，译文中在维特根斯坦在第二种意义上使用单引号的地方我们统一改用双引号。另外，在写作中维特根斯坦大量使用了破折号。实际上，许多使用并非是必要的。而且，他使用破折号的方式有些特别：他通常用德语中的常规破折号即一短线"—"表示同一个思路中的短暂的停顿，用加长了的常规破折号"——"表示话题或说话者的转换。（后者大致相当于中文中的常规破折号的长度。）不过，由于无论是在德语还是在中文中，（常规的）破折号本来就具有这两种功能，而且在具体的语境中区分开二者并不困难，所以在我们的译文中，我们只使用了中文的常规破折号。

第二，在相关手稿和打字稿中，维特根斯坦以斜线、交叉线或删除线的形式删掉了大量文字或段落。不过，有些段落在相关上下文中并非是不好的或不必要的。因此，我们酌情保留了少数这样的段落。另外，在相关手稿中，在许多地方维特根斯坦提供了两个甚至于多个可供选择的表述（所谓"异文"）。但是，现已出版的纸质维特根斯坦著作常常只是直接选择了其中之一，而并没有告诉读者这些可能的表述的存在。当然，在许多地方，这些可供选择的表述只是具有修辞学上的意义，而无实质上的区别。但是，情况并非总是如此。在本文集中，在有必要时，我们将以脚注的形式给出可供选择的表述。在没有必要这样做时，我们均按照惯例做出选择——通常选择的是维特根斯坦给出的最后一个可供选择的表述形式。

第三，在十分必要的地方，我们以脚注的形式对维特根斯坦行文中的相关内容做出了简单的注释。

第四，维特根斯坦所谓"评论"（Bemerkung）构成了其所有遗稿的基本写作单位。一个这样的评论有时仅仅由一句话或一段话构成，有时由两段甚或多段话构成。不同的评论之间一般会有一行或两行的间距。在一些打字稿和手稿中，维特根斯坦在评论前面加上了数字编号。但是，在许多打字稿和手稿中他并没有这样做。为了体例上的统一和读者引用上的方便，我们在编入该文集的所有文稿中均加上了这样的数字编号。

本文集的后期编辑工作受到如下项目支持:国家社科基金重点项目"'人是遵守规则的动物'之论题研究",项目号15AZX017;教育部人文社科重点研究基地重大项目"规范性研究",项目号16JJD720003。

本文集的编译和出版工作是在商务印书馆陈小文和关群德两位先生的大力支持下完成的。在此表示感谢。

韩林合

北京大学哲学系暨外国哲学研究所

2017年6月20日

本文集所用编辑符号意义如下：

黑体字	表示遗稿中的一重强调文字
黑体字	表示遗稿中的二重强调文字
着重点	表示遗稿中的三重强调文字
删除	遗稿中删除之字符
甲//乙//	乙为甲之异文
背影	遗稿中由斜线或交叉线所划掉的段落
［…］	手稿中难以识别的字符
【补加文字】	本文集编译者所加文字

本文集每卷编译前言或脚注中出现的 MS 101、MS 102 等等为冯·赖特(G. H. von Wright)所制定的维特根斯坦遗著编号体系中的手稿号，TS 201、TS 202 等等为其中的打字稿号。"MSS"和"TSS"分别代表多个手稿和打字稿。相关手稿和打字稿均载于电子版《维特根斯坦遗著集》。

注释中手稿号或打字稿号后由冒号所分隔开的数字指相关手稿或打字稿的页数。

编 译 前 言

维特根斯坦的《哲学研究》是二十世纪最重要的哲学著作之一。自1953年正式出版以来,对二十世纪后半叶以来的世界哲学面貌产生了深远的影响。在此,我们简要地介绍一下其写作和出版情况。

1918年8月,维特根斯坦最终完成了《逻辑哲学论》的写作。他确信,在这本书中他无可置疑地解决或消解了所有原本意义上的哲学问题。此外,他又不屑于从事这样的唯一可能的哲学活动——分析和澄清其他哲学家就原本意义上的哲学问题所写出的命题,指出它们的无意义性。所以,他决定,在军旅生涯结束以后将不再以哲学思考和写作作为自己的职业,转而去做与哲学毫无关系的工作。

1919年8月中旬,维特根斯坦从意大利战俘营中获释,回到维也纳。1919年9月16日,他便开始在维也纳参加小学教师培训班。12月13至20日,他在海牙向罗素解释《逻辑哲学论》中的思想。

1920年7月7日,培训结束,维特根斯坦获得小学教师任职资格证书。8月,他在维也纳郊外的一家修道院里做助理园丁工作。9月,他开始在下奥地利州特拉腾巴哈(Trattenbach)山村小学任教。

1921年年底,在罗素的帮助下,《逻辑哲学论》最终得以在德国出版。这一年6月3日和11月5日,罗素写信告诉维特根斯坦,希望他到英国访问他。11月28日,维特根斯坦回信告诉罗素,如果情况许可,他当然非常乐意拜访他。12月24日,罗素回信说,他期待着维特根斯坦的来访。但是,鉴于维特根斯坦去英国比较困难,二者最后商定,1922年8月在奥地利的因斯布鲁克(Innsbruck)会面。会面时,二者讨论了维特根斯坦访问英国的可能性。1922年11月,维特根斯坦转到普赫勃格(Puchberg)小学任教。

1923年9月,兰姆西(F. P. Ramsey)到普赫勃格拜访维特根斯坦。在1923年9月20日给母亲的信中兰姆西写道:

……他【维特根斯坦】说,他自己将不会再做进一步的事情。这并不是因为他感到厌烦了,而是因为他的心灵不再灵活了。他说,没有人能够在哲学方面做多于5年或10年的工作。(他的书花了7年时间。)他确信,罗素不会再写出更为重要的东西了。①

在这次拜访期间,二者就《逻辑哲学论》中的思想及其翻译问题进

---

① Ludwig Wittgenstein: *Cambridge Letters. Correspondence with Russell, Keynes, Moore, Ramsey and Sraffa*, ed. B. F. McGuinness and G. H. von Wright, Oxford: Blackwell, 1995, p. 186.

行了深入细致的讨论。由于与其周围的人关系紧张,维特根斯坦当时告诉兰姆西,他可能在学年结束时放弃小学教师工作,接着可能会做园丁。他还委托兰姆西帮他问一下,他可否以他在剑桥待过的 6 个学期的经历外加一篇论文申请学士学位。11 月 11 日,兰姆西回信告诉维特根斯坦,说他不能以这样的方式申请学士学位,但是可以来剑桥再待一年,然后提交一篇博士论文,申请博士学位。同时,他还告诉维特根斯坦,有人愿意资助他来英国。但是,维特根斯坦告诉兰姆西,他不想回剑桥做哲学研究,他只是想回到那里见一些老朋友。

在 1924 年 3 月 24 日给凯恩斯的信中,兰姆西写道:

他【维特根斯坦】已经做出明确的决定:他不想去剑桥并在那里待下去。7 月和 8 月几乎是他一年中唯一的假期。通常他是这样度过假期的:几乎独自在维也纳冥思苦想。除非有特别的理由——这只可能是拜访人,否则他更乐意待在维也纳,而不是去剑桥。①

事情最终是这样的:尽管他乐于与你待在乡下并再次努力与你亲密起来,但是他不愿仅仅为了拥有一段快乐的时光来英国,因为他会感到这很没有用处,不会引起他的兴趣。

我认为在这点上他是正确的,但是我也觉得这有些可惜,因为如果他被从他的环境中弄走,并且他不那么劳累,再加上我的刺激,那么他也许会做出更多一些非常好的工作;可以设

---

① 同上,p. 99。

想,他也许会怀着这样的想法来到英国。但是,我认为,在这里教学期间他不会做任何事情。非常明显,他的思考是明显可怕的向山上推重物的工作,他好像被彻底消耗了。如果在他暑期时我还在这里,那时我也许会努力刺激他。①

在1924年3月30日给母亲的信中,他写道:

……我觉得,维特根斯坦似乎累了,尽管不是病了。但是,事实上,与他谈工作没有任何用处,他根本听不进去。假定你提出一个问题,他不愿听你的回答,而是开始思考自己的回答。对他来说这有如向山上推过于沉重的东西一样困难的工作。②

1924年7月4日,在给凯恩斯(J. M. Keynes)的信中,维特根斯坦写道:

……我现在非常忙,而且我的大脑完全无法接受任何科学方面的东西……。你在你的信中问我,你能否做些什么以使我重新回到科学工作一事成为可能:不能,在这方面,没有任何事情可做;因为我自己对这种活动已经没有任何强烈的内在冲动。我已经说了我确实不得不说的一切,因此泉眼已

---

① 同上,p. 200。
② 同上,p. 196。

经枯竭。这听起来有点儿怪,但是事情就是这样的。①

……如果我在英国有确定的工作可做,假使它是扫大街或给任何人擦皮鞋的活,那么我将非常高兴地去那里……②

1924年9月,维特根斯坦转到靠近特拉腾巴哈的奥特塔(Otterthal)小学。

12月25日,石里克(Moritz Schlick,1882-1936)写信给维特根斯坦,说他和他的同事深信《逻辑哲学论》中所表达的基本思想的重要性和正确性,希望帮助传播它们,并且希望亲自到他任教的小学拜访他。1925年1月7日,维特根斯坦给石里克写了回信,并表示愿意与他会面。1月14日,石里克在给维特根斯坦复信中再次表达了拜访维特根斯坦的热望。

1925年8月,在兰姆西和凯恩斯等人的热情邀请下,维特根斯坦访问英国老朋友的愿望终于得以实现。他先后到苏塞克斯、曼彻斯特、剑桥拜访了凯恩斯、兰姆西、埃克尔斯(W. Eccles)、约翰逊(W. E. Johnson)等人。在与兰姆西见面时,维特根斯坦与他发生了激烈的争论。

从英国回来后,维特根斯坦继续做小学教师工作。在1925年9月9日给恩格尔曼(P. Engelmann)的信中,他写道:"万不得已时,我可能会去英国。"③在1925年10月18日给凯恩斯的信中,他

---

① 同上,p. 205。
② 同上,p. 206。
③ *Letters from Wittgenstein, with a Memoir by Paul Engelman*, ed. B. F. McGuinness, tr. L. Furtmüller, Oxford: Blackwell, 1967, p. 56。

写道：

> 非常感谢你的信！我仍旧做教师，现在还不需要任何钱。我决定仍然做教师——只要我感觉到，做教师带来的麻烦会给我带来任何好处。如果你牙疼，那么将一个热水瓶放在你的脸上会对你有好处。但是，只有在瓶子的热度给你带来疼痛的时候这种办法才有效。如果我发现这个瓶子不再能够给我带来那种会给我的性格带来任何好处的特定的疼痛，那么我将扔掉它。也即，如果这里的人在这个时间之前还没有将我赶走的话。如果我不再教学了，那么我也许会去英国，并在那里找个工作，因为我确信，我不可能在**这个**国家找到任何可能的事情做。在这种情况下，我会找你帮忙。①

在奥特塔小学，维特根斯坦与周围人（同事、学生家长）的关系依然非常紧张。在 1924 年 10 月给他的朋友汉色尔（Ludwig Hänsel）的信中，他写道：

> 这里的情况不好，现在我的教学生涯也许要结束了。对我来说这太困难了。不是一个，而是一打的力量，都在反对我，我是什么？②

---

① Ludwig Wittgenstein: *Cambridge Letters. Correspondence with Russell, Keynes, Moore, Ramsey and Sraffa*, p. 215.
② 转引自 R. Monk, *Ludwig Wittgenstein: The Duty of Genius*, London: Cape, 1990, p. 225.

在1925年2月24日给恩格尔曼的信中,他写道:"我忍受着和我生活在一起的人或非人的折磨。简言之,一切如旧!"①

1926年4月,由于维特根斯坦过度体罚学生,家长将其告上法庭。28日,维特根斯坦最终放弃教职。

放弃小学教师工作后,维特根斯坦一度想在一家修道院当修道士,未果。于是,他在维也纳郊区的另一家修道院做了3个月助理园丁。之后,他终于找到了一项自己喜欢的差事:协助其建筑师朋友恩格尔曼为其二姐设计和建造房子。

1926年4月底,石里克与他的几个学生一起赶往奥特塔拜见维特根斯坦。到那里之后,才知道维特根斯坦已经离开那里了。

1927年2月19日,维特根斯坦的二姐写信给石里克,说他可以与维特根斯坦见面了:

> 他现在请我向您表达他的问候和最诚挚的道歉:他说他相信他仍然还不能集中心思于逻辑问题——他现在的工作占有了他全部的精力。无论如何,他都不想和许多人谈话。他认为,与您这个令人尊敬的教授一个人讨论这些事情是可能的。他想,这样的讨论会表明,他现在在这个方面对您到底是否能够有任何用处。②

---

① *Letters from Wittgenstein, with a Memoir by Paul Engelman*, ed. B. F. McGuinness, tr. L. Furtmüller, Oxford: Blackwell, 1967, p. 54.

② B. F. McGuinness, "Vorwort des Herausgebers", in *Ludwig Wittgenstein und der Wiener Kreis, Werkausgabe*, Band 3, hrsg. von B. F. McGuinness, Frankfurt: Suhrkamp, 1984, p. 14.

接着,石里克受邀到她家做客,与维特根斯坦单独谈话。经过多次单独会面后,维特根斯坦允许石里克带着他的少数几个同事和学生同来。被石里克选中的人包括:魏斯曼(Friedrich Waismann)、卡尔纳普(Rudolf Carnap)、费格尔(Herbert Feigl)、加斯伯尔(Maria Kasper)等。其中,只有魏斯曼总是参加会谈。从1927年夏天到1928年底,石里克等定期在每星期一与维特根斯坦会面。在大多数时间,他们讨论的并不是哲学问题。维特根斯坦常常背对着听众念泰戈尔等人的诗文。当然,他们偶尔也谈到哲学问题。其中,所讨论的哲学问题之一是兰姆西提供的。1925年11月,兰姆西在伦敦数学学会上宣读了一篇论文,题目为"数学基础"(The Foundation of Mathematics)。由于当年夏天与维特根斯坦闹得不甚愉快,他没有将论文直接寄给维特根斯坦,而是寄给石里克。在1927年的一次讨论中,石里克提到了这篇论文。维特根斯坦仔细阅读了它。1927年7月2日,他写信给兰姆西,批评了论文中的观点:同一性命题或者是同语反复式或者是矛盾式。8月15日,兰姆西写信给石里克,请他转达了他对维特根斯坦的批评的答复。[①]

1928年3月,在魏斯曼和费格尔的劝说下,维特根斯坦听了直觉主义学派宗师布劳维尔(L. Brouwer)的一次名为"数学、科学和语言"(Mathematik, Wissenschaft und Sprache)的讲演。听

[①] Ludwig Wittgenstein: *Cambridge Letters. Correspondence with Russell, Keynes, Moore, Ramsey and Sraffa*, pp. 215-221; *Ludwig Wittgenstein und der Wiener Kreis*, pp. 189-192。

完讲演,他表现得非常亢奋。费格尔回忆说:

> ……观察那天晚上发生在维特根斯坦身上的变化是一件令人着迷的事情。……他变得非常健谈,并开始勾画构成他后期著作之出发点的想法。……那天晚上标志着维特根斯坦向强烈的哲学兴趣和活动的回归。①

1928 年 6 月,石里克邀请维特根斯坦参加他的学圈的周四讨论会。维特根斯坦大概没有接受这个邀请。

大概在 1927 年夏,维特根斯坦写信告诉凯恩斯,11 月份他的建筑任务就可以完成,之后他或许会到英国旅行。事实上,直到 1928 年秋,这个任务方告完成。

1928 年 11 月,维特根斯坦写信告诉凯恩斯,他会在 12 月初到英国待一段。12 月,他又写信说,因为生病,他不得不将到达英国的时间推迟到 1929 年 1 月初。

1929 年 1 月中旬维特根斯坦回到了剑桥。他很快便决定留下来做哲学研究。在 2 月 18 日给石里克的信中,他写道:"我已经决定在剑桥这里待几个学期,以处理视觉空间和其它的题目。"②

促使维特根斯坦如此迅速地做出这个重大决定的原因是多方面的。首先,与兰姆西和石里克等人之间进行的诸多讨论以及从

---

① 转引自 G. Pitcher, *The Philosophy of Wittgenstein*, Englewood Cliffs, N. J.: Prentice Hall, 1964, p. 8.

② B. F. McGuinness, "Vorwort des Herausgebers", in *Ludwig Wittgenstein und der Wiener Kreis*, p. 17.

1929年2月初开始所进行的思考和写作表明,他还是具有高超的哲学思考能力的,他的心灵还是具有足够的灵活性的。其次,几年来与兰姆西所进行的讨论和布劳维尔的演讲使他认识到,《逻辑哲学论》并非令人满意地解决了所有重要的哲学问题。比如,它对基本命题之互相独立性问题的处理远非完善,对世界的结构元素即对象的处理也不无问题,对数学本性问题的探讨过于简单,等等。最后,但不是最不重要的原因是,多年的生活经历表明,最适合于他的环境还是剑桥,最适合于他的事情或职业还是哲学思考和写作。

回到剑桥后,维特根斯坦最初的正式身份仍然是高级研究学生,导师为比他小17岁的朋友兰姆西。在接下来的一年时间内,维特根斯坦与兰姆西经常在一起长时间地讨论数学基础和逻辑的本性问题。这期间,兰姆西对维特根斯坦以前的思想做出了进一步的批评。关于这些讨论,在记于1929年2月15日的一则笔记中,维特根斯坦写道:

就逻辑问题与兰姆西进行了一些充满乐趣的讨论。这些讨论类似能使人强健的体育活动,而且,我相信它们也是在一种很好的精神的指导下进行的。其中存在着色情的和骑士风度的成分。借此,我也可以被培养着建立起某种思维的勇气。几乎没有比如下事情更令人感到惬意了:一个人仿佛从我的嘴里将我的思想取出来,将其平铺在空旷的地方。当然,这一切都掺杂有许多虚荣的成分,但也不尽然。(MS 105:4)

兰姆西对《逻辑哲学论》的重要批评之一当是维特根斯坦关于颜色

排斥问题的观点。①

1929年6月18日，维特根斯坦以《逻辑哲学论》一书获得博士学位，论文答辩会主持人为穆尔和罗素。6月19日，他从三一学院获得一笔为数100英镑的研究基金，作为他暑期和下一学期的研究和生活费用。这样，他便可以暂时安心地从事哲学思考和写作了。

7月19日，在英国心灵协会和亚里士多德学会的联合年会上维特根斯坦做了一个有关数学中的一般性和无穷的报告。他会前提交的论文名为"一些关于逻辑形式的评论"(Some Remarks on Logical Form)，但是写完后感觉不满意，遂放弃宣读。这篇文章发表在《亚里士多德学会会刊副刊》(Procceedings of the Aristotelian Society, Supplementary Volume)(IX, 1929)上。

11月17日，维特根斯坦在异教徒学会(The Heretics)上做了一个有关伦理学的通俗讲演。讲演稿(TS 207)1965年以"伦理学讲演"(A Lecture on Ethics)为名发表于《哲学评论》(The Philosophical Review)上。

实际上，一回到剑桥，维特根斯坦便开始了紧张的哲学思考和写作。1929年2月2日，他开始写作 MS 105。到1930年2月中旬，他已经写出了三本半哲学笔记(MSS 105-108 第一部分)。这时，为了申请较为固定的教职，他从这些笔记中做出了一个打字摘录稿，即 TS 208，名为《哲学评论》(Philosophische Bemerkun-

———

① 参见 F. P. Ramsey, "Critical Notice of L. Wittgenstein's *Tractatus Logico-Philosophicus*", *Mind* 32(1923), p. 473.

gen）。紧接着,以此稿为基础,他整理出了 TS 209。(1964 年,后者在牛津出版。)关于 TS 208,1930 年 5 月 8 日罗素评论道:

> 包含在维特根斯坦这部新著中的理论是新颖的,非常具有独创性,毫无疑问是重要的。我不知道它们是否是真的。作为一名喜欢简单性的逻辑学家,我应当希望认为它们不是真的,不过,从我所读过的部分看,我完全确信,他应当有个机会将它们完成,因为如果完成了,它们或许容易被证明构成了一种全新的哲学。[1]

主要是因为这个评价,1930 年 12 月,维特根斯坦获得了剑桥为期五年的教员助理教职(Faculty Assistant Lectureship)。

1929 年圣诞假期间,维特根斯坦回到维也纳。在此期间,他与石里克和魏斯曼进行了多次会谈。维特根斯坦授权他们,将会谈内容传达给维也纳学圈的其他成员。此后,直到 1932 年夏,只要情况允许,每逢假期,这样的会谈均定期进行。这些会谈的大部分内容均由魏斯曼记录下来,1967 年以《维特根斯坦与维也纳学圈》(*Wittgenstein und der Wiener Kreis*)为名出版。

从 1933 年开始,维特根斯坦决定单独与石里克会面。在这年的夏天,维特根斯坦和石里克到意大利度假。在此期间,他向后者口述了一些笔记。

从 1929 年开始,魏斯曼便打算写一本书,来系统地解释《逻辑

---

[1] B. Russell, *Autobiography*, London: Allen & Unwin, 1975, p. 440.

哲学论》中的思想。这本书的书名定为《逻辑、语言、哲学》(*Logik*, *Sprache*, *Philosophie*)。通过与维特根斯坦的多次会谈和维特根斯坦向他提供的手稿和打字稿节选,魏斯曼也了解了他的一些新的思想,比如:简单的感觉材料可被看成世界的结构元素、基本命题就是描述直接的(现在的)经验或现象(die unmittelbaren[gegenwärtigen]Erfahrungen or Phänomene)的命题、物理对象是一种假设、意义在于证实等等。他也想将这些新思想包括在他的书中。依照这样的思路,1930年底魏斯曼写出了一篇名为"论题"(Thesen)的稿子。维特根斯坦看后,于1931年12月9日的一次谈话中说道:

> 在我的书【《逻辑哲学论》】中我还是独断地行事的。这样一种做法只有在如下情形下才是有根据的,即这时所涉及的是在某种程度上记录下人们恰好还能够认出(erkennen)的东西的外貌特征,而且这就是我的借口。我从远处以一种非常不确定的方式看到了某种东西,想着从中吸出尽可能多的东西。但是,现在再次翻版这些论题(ein zweiter Aufguß solcher Thesen)不再有任何根据。①

这也就是说,到1931年底,维特根斯坦便开始明确地反对魏斯曼的设想了。在稍早前于11月20日给石里克的信中,他写道:"我确信,魏斯曼将会以一种与我认为正确的方式**完全**不同的方式呈

---

① 载于 *Ludwig Wittgenstein und der Wiener Kreis*, *Werkausgabe*, p. 184.

现许多东西",而且"我那本书【指《逻辑哲学论》】中的许许多多陈述我现在已经不同意了!"①比如,其中关于基本命题和对象的讨论被证明是错误的,独断的,其中所包含的关于命题的分析应当由对于语法的"综览式表现"(perspicuous representation, übersichtliche Darstellung)来取代。总之,没有任何必要来写一本以新的形式重复旧的错误的书。因此,魏斯曼不得不改变他的计划,将他的书的内容限定为:系统地表述维特根斯坦的新思想。其基础是:维特根斯坦与他和石里克的谈话、维特根斯坦口授给他的稿子、维特根斯坦不断提供给他们的手稿和打字稿。维特根斯坦非常支持这个新的设想,甚至于一度想与魏斯曼合作写这本书:他提供原料和大致的结构,而魏斯曼则以系统的形式将其清楚而前后一贯地表述出来。但是,由于维特根斯坦这时的思想处于不断的变化之中,魏斯曼觉得很难实施这个计划。在1934年8月给石里克的信中,他写道:

> 他具有这样的伟大天赋:看事物时总是好像第一次看到它们一样。但是,我认为,这恰恰证明,与其合作是多么困难。因为他总是听从一时的灵感,而毁掉他以前所设计的内容。……你所看到的一切就是:结构被一点儿一点儿地毁掉,结果一切逐渐地具有了一种完全不同的外表。因此,你近乎得到这样的感觉:思想是如何组织在一起的这点根本不重

---

① 转引自 R. Monk, *Ludwig Wittgenstein: The Duty of Genius*, p. 320.

要,因为最后没有任何东西处于原来的状态。①

1936年初,魏斯曼在《认识》(Erkenntnis)杂志第6卷上发表了一篇题为"论同一性概念"的文章。维特根斯坦抱怨说,魏斯曼在文章中没有足够清楚地说明其基本思想来源于他。虽然魏斯曼写信给维特根斯坦做了解释,并在接下来的一期杂志上刊登了一个正式声明,但是二者的关系从此决裂。因而,合作写书的计划当然也告终止。②

现在,我们再回过头来看一下维特根斯坦自己的写作情况。1930年8月MS 108第二部分完成。接着,维特根斯坦开始写作MS 109,至1932年5月23日,完成了MSS 109-113。5月27日开始写MS 114,至6月5日写完第一部分。在1931年和1932年暑假期间,维特根斯坦以MSS 109至114开始部分为基础,差人打印出了TS 211。TS 210是1930年暑假以MS108第二部分为基础而打印出来的。1932年暑假,维特根斯坦将TSS 208、210、211的复本剪成大小不同的若干纸条,按章夹在一起,并将由此得到的若干章分成不同的部分,放在不同的文件夹里,形成TS 212。大约在1933年暑假,以TS 212为基础,维特根斯坦差人打印出了TSS 213至218。TS 213即通常人们所说的"大打字稿"(The Big Typescript)。在接下来的一年多时间,维特根斯坦对这个打字稿的第一部分做了大量修改和补充:先是在打字稿上,然后是在不同

---

① 同前,p. 340。
② 魏斯曼这段时间(1931-1934)所积累下来的相关稿子于2003年以《维特根斯坦的声音》(The Voices of Wittgenstein)为名以德英对照形式出版,编者为贝克(Gordon Baker)。

的手稿中[先是在 MS 114（第二部分）中，紧接着在 MS 115（第一部分）中，最后在 MS 140 中］。1969 年出版的《哲学语法》(*Philosophische Grammatik*)的第一部分主要是以包含于 MSS 114、115、140 中的修改稿为基础编选而成，但是去掉了大打字稿中约四章非常重要的内容（"期待、希望等等"、"哲学"、"现象学"、"唯心主义等等"）。该稿的未经修改的第二部分则构成了这本书的第二部分。在这两部分中间作为附录插入了 TS 214。

1930 年至 1935 年间，维特根斯坦定期为学生开课。其讲课内容后来整理出版：《维特根斯坦 1930-1932 年剑桥讲演》(*Wittgensgtein's Lectures, Cambridge 1930-32*)(1980 年)，《维特根斯坦 1932-1935 年剑桥讲演》(*Wittgensgtein's Lectures, Cambridge 1932-35*)(1979 年)，"维特根斯坦 1930-1933 年讲演 (*Wittgensgtein's Lectures in 1930-33*)"（载于《心灵》[*Mind*]第 63-64 卷[1954-55 年]）。

在 1933 至 1934 学年，维特根斯坦用英语向他的几个学生口授了一个笔记，被称为《蓝皮书》（即第 309 号口授稿）。维特根斯坦让人制作了一些复本，以便其学生和朋友传阅。

在 1934 至 1935 学年，维特根斯坦用英语向他的朋友和学生斯金纳（Francis Skinner）和安姆布劳斯（Alice Ambrose）口授了另外一个笔记，被称为《棕皮书》（即第 310 号口授稿）。维特根斯坦只让人制作了三个打字复本，本想用其作为自己进一步写作的基础。但是，这个笔记很快便有违其意愿地在人们之间流传开来。1958 年，这两个笔记以《蓝棕皮书》(*The Blue and Brown Books*)为名出版。

1935年9月7日至29日,维特根斯坦到俄罗斯旅行。他做这次旅行的目的本来是要在那里的集体农庄找一份工作,因为一方面他在剑桥的聘期还有一个学年就到期了,另一方面他接下来不想继续从事哲学研究了。1935年7月31日,在给石里克的信中维特根斯坦写道:

> 9月初我要到俄罗斯旅行,而且将或者在那里待下去,或者大约两周后回到英国。在后一种情况下,我将在英国做什么,这点还完全不确定,但是我很可能不会继续做哲学了。①

俄罗斯方面认为,维特根斯坦还是适合于做哲学,因而向他提供了卡山(Kazan)大学和莫斯科大学的教职。这恰恰与他的本意相悖。所以,他只在那里待了两周。

回到英国后,在接下来的学期他的讲课内容集中于感觉材料和私人经验方面。他为讲课而准备的笔记(MSS 148、149、151、181)内容主要是用英语写的。1968年,MSS 148、149、151发表于《哲学评论》上,名称为"关于'私人经验'和'感觉材料'的讲课笔记"(Notes for the Lectures on "Private Experience" and "Sense Data")。

在这一学年,维特根斯坦曾经想过在剑桥的聘期结束后改行学医。但是,1936年6月,在学年即将结束时,他基本上打消了这一念头,转而决定到挪威写书。8月中旬,他来到第一次世界大战

---

① 转引自R. Monk, *Ludwig Wittgenstein: The Duty of Genius*, p. 347.

前(1914年春)他在挪威斯科约尔登(Skjolden)湖边所建的小木屋,马上开始了紧张的哲学写作。首先,他在 MS 115 上(自第 118 页开始)翻译和改写《棕皮书》,题名为《哲学研究——一次改写尝试》(*Philosophische Untersuchungen*: *Versuch einer Umarbeitung*)。但是,两个月后,他对这种写作方式感到厌烦了。在笔记中,他写道:"从第 118 页开始到此为止的整个'改写尝试'**没有任何价值**。"(MS 115:292)1936 年 11 月 20 日,在给穆尔的信中,维特根斯坦写道:

很高兴接到你的信。我的工作进展得不坏。我不知道我是否写信告诉过你,当我来这里时我便开始用德文翻译和改写我向斯金纳和安姆布劳斯小姐所口授的那个东西。大约两周前,当我通读我到那时为止所完成的部分时,我发现其全部,或近乎全部,都很令人厌烦,而且造作。因为有英语稿子摆在我面前,这约束了我的思维。因此,我决定另起炉灶,不让我的思想受任何它们之外的东西引导。——在头一两天我发觉这有些困难,但是此后事情便变得容易了。因此,我现在正在写一个新版本的稿子,我希望我的如下说法不错:它某种程度上说比前一稿好。①

这里所说的"新版本的稿子"当指 MS 142。MS 142 共有 167

---

① *Ludwig Wittgenstein*: *Cambridge Letters. Correspondence with Russell*, *Keynes*, *Moore*, *Ramsey and Sraffa*, p. 283.

页,其中的第1页至76页写于1936年11月初至12月初,其余部分写于1937年2至3月(同样是在挪威小屋完成)。内容基本相应于《哲学研究》印行本第一部分评论1至189(第一段)。这个手稿名为《哲学研究》(*Philosophische Untersuchungen*),其写作基础包括MSS 114、115、140、152、157a、157b和TS 213。

1936年12月底和1937年6至9月,先后在维也纳和剑桥,维特根斯坦以MS 142为基础,差人打印出了题为《哲学研究》的TS 220。该打字稿由第i至iii页加上第2至137页构成,共139页。其中,第2至65页成于1936年12月底,第66页至137页成于1937年6月初至8月9日,第i至iii页完成于此后的某个时间。

1937年8月16日,维特根斯坦又回到挪威,在那里一直待到12月上旬。年底在维也纳度假。1938年1月中旬回到剑桥。然后到都柏林待了一段时间。3月中旬回到剑桥。由于奥地利合并到德国,维特根斯坦不愿做德国人,所以他申请英国国籍,并同时申请剑桥大学的终身教职。教职申请很快便得到了批准,从秋季学期开始维特根斯坦成为剑桥终身成员。

1937年秋至1938年春,维特根斯坦写出了MSS 117(前一半)至120;1938年春至1939年初,写出了MSS 121和162a。以MSS 117(前一半)至119、121、162a和115为基础,1938年秋至1939年初,维特根斯坦打印出了TS 221。其起始页码为138,与TS 220页码相接。第138至204页来源为MS 117;第204至222页和243至255页来源为MS118;第222至243页来源于MS 119(第1至98页),第256至266页来源为MS 115(第59至71页,写于1934年),第267至271页来源于MS 121(第54至63页)和

162a(第1至9页)。1956年,TS 221之修改稿即TS 222收于《数学基础评论》(*Bemerkungen über die Grundlagen der Mathematik*)(构成其第Ⅰ部分)。

TSS 220和221一起构成了《哲学研究》的"早期稿"(The Early Version)(此名源于冯·赖特)。1938年8月,维特根斯坦为其打印出了前言,即TS 225。其初稿(片断)包含在MSS 117(相应部分写于1938年6至8月)、118、152(写于1936年)、159(写于1938年)之中。9月,他联系剑桥大学出版社出版,希望能够在那里出版德英文对照版,书名为《哲学评论》(*Philosophical Remarks*)。① 出版社方面批准了这个计划。接着,他便吩咐他的学生瑞斯(Rush Rhees)开始对其进行翻译。1939年1月,瑞斯翻译出了116个评论(大致到TS 220之评论95)。包含这些评论的

---

① 维特根斯坦之所以这时急于出版这个稿子,主要原因之一为:他得知他曾经的合作者魏斯曼正在剑桥宣讲他以前向他授权发布的思想,但是正如他几年前就已经认识到的那样,魏斯曼肯定会以歪曲的形式传播其思想。因此,他想亲自发布自己的思想。(参见B. F. McGuinness, *Approaches to Wittgenstein: Collected Papers*, London: Routledge, 2002, pp. 281-283)在早期稿前言中,维特根斯坦写道:

实际上,直到不久前我已经放弃了在我有生之年出版我的著作的想法。不过,这种想法又被激活,而且主要是因为如下原因:我不得不知,我通过讲课和讨论口头地传播出去的我的工作的结果在流传过程中一再地被误解,被或多或少地掺了水,或者被断章取义地曲解了。由此我的虚荣心被挑动起来,如果我不通过一个出版物来解决这个事情(至少对于我自己来说),那么它总是威胁着要把我搞得心神不宁。而且,在其它方面看这也是最值得期待的事情。(TS 225:Ⅱ-Ⅲ)

这段话以大致相同的形式出现在1945年完成的《哲学研究》前言中。

译稿构成了 TS 226。维特根斯坦看到译稿后，非常失望[1]，遂决定取消出版计划。

不过，这个译稿对维特根斯坦来说并非没有用处。他当时已经决定申请穆尔退休后空出的教授席位。于是，他匆匆忙忙对译稿进行了一些修改，将其和德文原稿一起提供给遴选委员之一凯恩斯，以便其参考。本来，他认为他的申请是"一次注定要失败的努力"(a lost cause)[2]，因为另一个申请者是韦兹德姆(John Wisdom)，而对他没有任何好感的柯林伍德(R. G. Collingwood)恰恰又是遴选委员之一。但是，事实上，维特根斯坦的这个担心是不必要的。他当时在英国的名声如日中天，公认是数一数二的哲学天才。因此，1939 年 2 月 11 日，他非常顺利地得到了这个席位。4 月，其国籍申请也获得批准。

1938 年夏天，维特根斯坦向几个挑选出来的学生做了数次有关美学和宗教信仰的讲演。1966 年，这些讲座的学生笔记整理出版，收录于《关于美学、心理学和宗教信仰的讲演》(*Lectures & Conversations on Aesthetics, Psychology and Religious Belief*)之中。(其中关于弗洛伊德心理学的部分记录的是维特根斯坦和瑞斯之间于 1942 至 1946 年间所进行的数次谈话。)这事实上是有

---

[1] 在 1939 年 2 月 8 日给凯恩斯的信中，维特根斯坦写道：

……的确，译文相当糟糕，不过，做这事的人是一个**出色的**人。只不过，他不是一个天生的翻译家，而且没有比口语化的(非技术性的)散文更难翻译的了。(*Ludwig Wittgenstein：Cambridge Letters. Correspondence with Russell, Keynes, Moore, Ramsey and Sraffa*, p. 308)

[2] 语出 *Ludwig Wittgenstein：Cambridge Letters. Correspondence with Russell, Keynes, Moore, Ramsey and Sraffa*, p. 304.

违维特根斯坦的意愿的。在讲座时，维特根斯坦告诉他的学生：

　　……如果你们将这些即兴的评论记录下来，某一天某个人也许会将其作为我深思熟虑的意见发表出来。我不想让这样的事情发生。因为我现在是跟随着我的想法自由地谈话的，但是所有这一切都需要更多的思考和更好的表达。①

1939 年 1 月中旬至 12 月初，维特根斯坦开了一门有关数学基础的课程。1976 年，学生的听课笔记出版，名为《维特根斯坦关于数学基础的讲演（1939 年剑桥）》(*Wittgenstein's Lectures on the Foundations of Mathematics*, *Cambridge* 1939)。

1939 年 9 月初第二次世界大战全面爆发。正如在第一次世界大战时一样，维特根斯坦不愿做旁观者，想找一个与战争有关的差事做。1941 年 10 月，经由其朋友牛津哲学家吉尔伯特·赖尔(Gilbert Ryle)的弟弟约翰·赖尔(John Ryle)的帮助，他在伦敦的一家医院找到了药房门房的差事，后改做实验助手。

1943 年 4 月，维特根斯坦随他所在医院的一家研究所转到纽卡斯尔(Newcastle)。

1943 年年初，维特根斯坦与其朋友语言学家和古典学家巴赫金(Nicholas Bachtin)一起阅读《逻辑哲学论》并向其解释其思想。关于这次阅读，在 TS 243:2-3 即印行本《哲学研究》前言中他

---

① R. Rhees(ed.), *Recollections of Wittgenstein*, rev. edn, New York: Oxford University Press, 1984, p. 141.

写道：

> 两年前，我有机会再次阅读我的第一本书(《逻辑哲学论》)并解释其思想。这时，我突然想到，应当将那些旧的思想与新的思想放在一起出版：这些新的思想只有在与我的旧的思想方式的对照之中并在后者的背景之上才能得到其适当的阐明。

9月，他与剑桥大学出版社联系，希望其接受他的这个新出版计划。1944年1月14日，剑桥大学出版社写信通知他，这个出版计划获得通过。于是，2月16日，维特根斯坦离开纽卡斯尔，27日回到剑桥。从3月初至9月底，他到斯旺西(Swansea)瑞斯处潜心著书。

1939年秋至1944年年底，维特根斯坦完成了 MSS 122 至 129。

1944年12月至1945年1月，维特根斯坦整理并打印出了一个稿子。赖特将其称作《哲学研究》的"中期稿"(The Intermediate Version)。其正文部分共有195页，300个评论。不妨将其分成如下几个部分来讨论。

第一部分：第1至135页(评论1至188[第一段，当为189第一段])之基础为 TS 220 之修改稿 TS 239。后者大约完成于1943年，由第〈1〉至2a页、第3至77页、第77.1至77.11页、第94至137页构成，共133页。

第二部分：第135至143页(评论188[第二段，当为189第二段]至196[197])之基础为 TS 221 或其修改稿 TSS 222-224。

第三部分:第 144 至 195 页(评论 197[198]至 300[303])之基础为 TS 241(有 33 页,114 个评论,成于 1944 年秋)。该打字稿之基础为 MS 129(第 25 至 89 页,此稿始作于 1944 年 8 月 17 日)。该手稿之基础为 MSS 124(第 205 至 289 页,始作于 1944 年 7 月 3 日)、179(写于 1943 年)、180(第一段,写于 1943 年)。第 144 至 195 页中的评论除 6 个以外,其它皆取自于 TS 241。这 6 个评论的来源为:5 个来源于 MS 129(第 90 页及接下来的数页,其中的 3 个进而又来源于 MS 165),1 个来源于 MS 130(写于 1944 年)。

TS 243 为中期稿前言,成于 1945 年 1 月。此前言的基础为早期稿之前言、1944 年年底或 1945 年 1 月所准备的前言片断(包含在 MS 128 结束部分和 MS 129 开始部分)。

在 MS 128 最后,载有维特根斯坦为该稿起的名称:《哲学研究:与〈逻辑哲学论〉相对照》(*Philos. Untersuchungen der Log. Phil. Abh. entgegengestellt*)。

我们看到,中期稿与早期稿有很大的不同:首先,中期稿将早期稿中的第二部分的内容大幅度压缩,仅选取了其中集中谈论遵守规则问题的 10 多个评论,同时又在接下来的评论中进一步展开了对这个问题的讨论;其次,在中期稿中,在关于遵守规则问题的评论之后,接下来的是大量讨论私人语言和心灵内容的私人性的评论,泛而言之,是关于心灵哲学的众多评论,而在早期稿中,跟在遵守规则问题之后的是关于数学哲学的评论。

在此有必要指出,在现存的维特根斯坦遗著中,并没有一个独立的中期稿。因为,完成中期稿后,维特根斯坦立即在其上对其进行了大幅度的扩充,增加了主要是有关心灵哲学的近 400 个评论,于1945年底或1946年春完成了《哲学研究》的"终稿"(The Final Version)(赖特语),即TS 227。(该稿至少制作出了3份,其中的两个复本有幸保存下来,即所谓TS 227a和TS 227b。)

TS 227总共有324页,由693个评论＋17个边注构成。可以将其分成如下几个部分来讨论。

第一部分:第1至421个评论之基础为中期稿修改稿。在中期稿的第199(200)和300(303)个评论之间插入了约120个评论。这样,中期稿的第300(303)个评论便变成了此稿的第421个评论。这些插入的评论主要来自于MS 129,少部分来自于TS 228(Bemerkungen I)。TS 228共有189页,包括698个评论,约成于1945年5至7月。其基础为:MSS 114-116、120、129较后的部分、MS 130开始部分、TS 213。

第二部分:第422至693个评论除12个以外均来源于TS 228。这12个评论中有5个(488、489、524、622、629)找不到其它的出处,其余7个来源如下:490来源于MS 116第346至347页;556来源于TS 230之评论141.1;573来源于MS 129第170页;586来源于MS 129第140页;651来源于MS 116第290页,TS 230(Bemerkungen Ⅱ)之评论463(第一段);654来源于MS 116第290页,TS 230之评论463(第二段);655来源于MS 116第290页,TS 230之评论463(第三段)。

第三部分:17个边注也均来源于TS 228。

终稿的前言为中期稿前言之修改稿。

1946至1947学年,维特根斯坦开设了有关心理学哲学的课程。关于这个课程的学生听课笔记1988年以《维特根斯坦关于哲学心理学的讲演》(Wittgenstein's Lectures on Philosophical Psychology 1946-47)为名出版。

1947年夏，维特根斯坦决定辞掉剑桥大学的教职，找一个安静的地方专心从事写作，以完成他的著作。1947年年底，他正式离开剑桥大学，并来到爱尔兰。此后的一年半时间，他主要是在那里度过的。

从1944年夏开始，维特根斯坦关注的重心从数学哲学完全转移到了心理学哲学。到1948年夏，他写出了MSS 130至137(第一部分)。以这些手稿为基础，他先后于1947年年底和1948年秋差人打印出了TSS 229和232。TS 229有1137个评论；TS 232有736个评论。

1948年秋至1949年3月，他写出了MSS 137(第二部分)、138。1980年，TSS 229和232以《关于心理学哲学的评论》(Bemerkungen über die Philosophie der Psychologie)为名出版(两卷)。1982年，MSS 137(第二部分)和138以《关于心理学哲学的最后的著作》(Letzte Schriften über die Philosophie der Psychologie)(第1卷)为名出版。

1949年5月中旬到6月中旬，在爱尔兰，以TSS 229、232和MSS 137、138为基础，维特根斯坦誊写出了MS 144。6月底至7月上旬，在剑桥他差人将其打印出来，形成TS 234。TS 234是维特根斯坦生前所制作的最后一个打字稿。

1949年7月下旬至10月，维特根斯坦到美国拜访其学生马尔考姆(Norman Malcolm)。11月初，回到剑桥。11月底，医生确诊他得了前列腺癌。12月底至1950年3月中旬，他在维也纳探亲。1949 年到 1950 年春，维特根斯坦写出了 MSS 169 至 171。

1950 年 4 月初，他回到剑桥。从这时开始到 1951 年 4 月 27 日，他写出了 MSS 172 至 177。

MSS 169 至 177 中的内容分别于 1969、1977、1992 年以《论确信》(*Über Gewißheit*)、《关于颜色的评论》(*Bemerkungen über die Farben*)、《关于心理学哲学的最后的著作(1949 至 1951 年)》(*Letzte Schriften über Philosophie der Psychologie*[1949-1951])(第 2 卷)为名出版。

1951 年 4 月 29 日，维特根斯坦病逝。在 1 月 29 日起草的遗嘱中，他写道：

> 我将我的所有尚未出版的作品，进而其中的手稿和打字稿的版权悉数**给予**瑞斯先生、安斯考姆小姐和剑桥三一学院的赖特教授。他们有权处理他们认为最好的部分，除非任何其他人拥有这些手稿和打字稿的保管权。
>
> 我有这样的打算和愿望：瑞斯先生、安斯考姆小姐和赖特教授将来将我的未出版的作品中他们认为适合的那些部分均出版，但是我不希望他们因此而承担他们没有指望从版税和其它得益中得到补偿的费用。①

---

① 转引自 D. Stern, "The Availability of Wittgenstein's Philosophy", in Sluga, H. and Stern, D. (eds), *The Cambridge Companion to Wittgenstein*, Cambridge: Cambridge University Press, 1996, p. 454.

在维特根斯坦的现存遗著中,TS 227 显然是最接近于完成的著作。因此,安斯考姆和瑞斯决定先行将其出版。同时,他们还做出决定,将 TSS 227 和 234 放在一起出版,合并称为《哲学研究》,并称前者为第一部分,后者为第二部分。11 月,他们同牛津的布莱克维尔(Basil Blackwell)出版社签订了出版合同。1953 年 4 月,我们现在所见到的《哲学研究》便以德英对照版的形式面世了。(在排印后,TS 227 排印复本及 TS 234 均遗失。)在编者前言中,我们看到如下描述:

> 在这本书中作为第一部分出版的稿子 1945 年便完成了。第二部分出自于 1946 和 1949 年间。假使维特根斯坦自己出版他的著作,他会将现在构成第一部分大约最后 30 页的内容中的一大部分去掉,将第二部分的内容再加上进一步的材料补加在那里。①

1948 年年底,两位编者曾经先后到爱尔兰看望维特根斯坦。这期间,维特根斯坦与他们讨论了他正在做的工作和他进一步修改 TS 227 或《哲学研究》"终稿"的计划:他想用他最近几年来写出的有关心灵哲学和心理学哲学的评论(包括 TSS 229 和 232)修改

---

① 赖特推测,这里所说的"进一步的材料"可能指 TS 233 中的内容。(参见 G. H. von Wright,"The Troubled History of Part II of the *Investigations*", in *Grazer Philosophische Studien* 42, 1992, p. 187)TS 233 由从 1929 至 1948 年间(主要是 1945 到 1948 年)的一些打字稿中剪裁下来的字条构成。1967 年出版,名为《字条集》(*Zettel*)。

和补充该稿的最后的部分。① 不过,1949年夏,在以 TSS 229、232 和 MSS 137、138 等为基础而完成 MS 144 和 TS 234 之后,维特根斯坦并没有接着实施这个修改和补充计划。

我们知道,早期稿是由两部分构成的。在1939年2月1日和2日写给凯恩斯和穆尔的信中,维特根斯坦明确地将其第一部分称作"第一卷"或"我的第一卷"②,在1939年9月13日写给赖特的信中,他将其称作"我的书的第一卷"③。这样,第二部分当被称为"第二卷"。到了1945年,他仍然使用这样的称呼。在1945年6月13日给瑞斯的信中,他写道:

……我正在向人口授一些材料、评论,我想将其中的一些放进我的第一卷中(如果终究会有这样一个东西的话)。这种口授之事大致将需要另外1个月或6周时间。④

赖特认为,维特根斯坦这时差人打印的稿子当为 TS 228,而所谓"我的第一卷"当指《哲学研究》的中期稿。那么,这时维特根斯坦所想到的"我的第二卷"应当指什么稿子?一个合理的推测是:早期稿的第二部分或第二卷的修改稿(TS 222)的修改稿(修改基础

---

① 参见 R. Monk, *Ludwig Wittgenstein: The Duty of Genius*, pp. 538-539,544.

② *Ludwig Wittgenstein: Cambridge Letters. Correspondence with Russell, Keynes, Moore, Ramsey and Sraffa*, pp. 304-305.

③ "Letters from Ludwig Wittgenstein to Georg Henrik von Wright", in *Ludwig Wittgenstein: Philosophical Occasions: 1912-1951*, ed. J. Klagge and A. Nordmann, Indianapolis and Cambridge: Hackett Publishing Company, 1993, p. 461.

④ G. H. von Wright, *Wittgenstein*, Oxford: Blackwell, 1982, p. 127.

当主要为1939年至1944年所写的关于数学基础的进一步的评论)。事实上,迟至1944年,维特根斯坦还在对TS 222进行补充。

如果这种推测是正确的,那么《哲学研究》印行本的结构就显得不太妥当了。首先,印行本的结构会让人想到,维特根斯坦1945年心目中的"我的第二卷"是指TS 234或MS 144。但是,在这时,这两个稿子根本还不存在;实际上,作为其基础的一些手稿甚至还没有最终写完。① 正是为了避免引起读者的这种误解,才有了上引编者的那段警告之语。但是,令人遗憾的是,编者并没有清楚地告诉读者另一个重要之点,即印行本《哲学研究》至多只包含了维特根斯坦心目中的《哲学研究》之第一卷。

对于上述推测,我们还可以找到进一步的根据。首先,在《哲学研究》"终稿"的前言,他仍然将数学基础列作其所探讨的项目之一。其次,在约写于1949年的一则笔记中,他写道:"我想将属于我的《哲学研究》的那种关于数学的探讨称作'数学初步'(Anfänge der Mathematik)。"(MS 169;36v)最后,在印行本《哲学研究》第二部分末尾,维特根斯坦写道:

关于数学,这样一种研究是可能的,它完全类似于我们关于心理学的研究。它不是一种**数学的**研究,正如另一种研究不是一种心理学的研究一样。在其中,人们**不做演算**,因此,它也不是比如逻辑斯谛(Logistik)。它可以恰当地获得"数

---

① 同前,pp. 119,127-128,132-133。

学基础"研究这个名称。①

这样看来,维特根斯坦计划中的《哲学研究》有如这样一棵长有两个大枝的树:其干大致为终稿评论 1 至 242;其一枝为心灵哲学(和心理学哲学)(TS 227 的评论 243 至 693 之修改和补充),其另一枝为数学哲学(基础为 TS 222 和 1939 年年初至 1944 年夏写的关于数学基础的评论)。遗憾的是,这棵树并没有按照计划顺利生长。这也就是说,我们所见到的 TS 227 或"终稿"并不是一个真正完成了的稿子,而印行本当然不是维特根斯坦心目中的那个待完成的作品。② 不过,从另一个角度看,现有的《哲学研究》第一部分也可以看成一部基本完成的作品:它主要探讨了哲学的核心问题,即语言、心灵和世界的本性及其关系问题。

我们看到,在 2003 年以前出版的德、英版本中,《哲学研究》均包含有两个部分。但是,维特根斯坦自己所编定的版本只有一个部分,即 TS 227。因此,在德国 Suhrkamp 出版社 2003 年版中编者舒尔特(J. Schulte)去掉了所谓第二部分。(这个版本的基础为 2001 年出版的《哲学研究》"批判版":*Philosophische Untersuchungen*, Kritisch-genetische Edition, hrsg. von J. Schulte, in

---

① Wittgenstein, *Philosophische Untersuchungen*, in *Werkausgabe*, Band 1, hrsg. von G. E. M. Anscombe and R. Rhees, Frankfurt: Suhrkamp, 1984, Teil II, S. 580。该评论手稿来源为:MS 138:12a[30.1.49]。

② 参见:G. P. Baker and P. M. S. Hacker, *Wittgenstein: Rules, Grammar and Necessity: An Analytical Commentary on the Philosophical Investigations*, Vol. 2, Oxford: Blackwell, 1997, p. 24; B. F. McGuinness, *Approaches to Wittgenstein: Collected Papers*, p. 286.

Zusammenarbeit mit H. Nyman, E. von Savigny and G. H. von Wright, Frankfurt am Main: Suhrkamp。该版本的独特之处是悉数收录了前文所提到的《哲学研究》的各种版本：原始稿 MS 142、"早期稿"、"中期稿"、"终稿"、MS 144 等等。)在牛津 Blackwell 出版公司 2009 年底出版的德英对照第四版中，编译者哈克(P. M. S. Hacker)和舒尔特只将第一部分放在《哲学研究》名下，而将所谓第二部分重新命名为《心理学哲学——一个未完成稿》(*Philosophie der Psychologie – Ein Fragment*)。作为编译者，我完全赞成舒尔特的做法。因此，这个中文译本只包含了 TS 227 的内容，而完全不包含所谓第二部分。

本译本的翻译工作可以回溯到 1989 年。其时，我进入博士学习阶段，决定以维特根斯坦为主要研究方向。1992 年初，写出了名为《哲学：作为体验和职业——维特根斯坦哲学观的发展》的博士论文。在写作初期，我根据 Suhrkamp 出版社 1984 年出版的《维特根斯坦著作集》第一卷译出了《哲学研究》的主要内容。大约在 1990 年，我还受商务印书馆委托，以该德文版为基础仔细审校了李步楼等人以英文译本为基础而译成的中文本。2003 年秋到 2004 年春，在我着手撰写《维特根斯坦〈哲学研究〉解读》之初，我（重新）翻译了 TS 227 的全部内容（还有 MS 144 的全部内容）。在其后的写作过程中，我随时依据作为 TS 227 基础的众多手稿和自己的新的理解对译文进行修改。2010 年底开始我又对译文做出了进一步系统的修改和润色，并附加上了大量必要的注释。

本书的编译工作得到了教育部人文社会科学重点研究基地（北京大学外国哲学研究所）项目"维特根斯坦文集"（项目号：

11JJD720006)的支持。

  本书的编辑和出版工作得到了商务印书馆陈小文和关群德两位先生的大力支持。我的博士研究生张励耕协助我整理过稿件。在此表示感谢。

韩林合
北京大学哲学系暨外国哲学研究所
2012 年 2 月 22 日

目 录

前　言……………………………………………………… 3
正　文……………………………………………………… 7
附　录……………………………………………………… 285

> 警句：总而言之，进步具有这样的特点：看上去，它比实际上伟大得多。
>
> ——耐斯特洛[①]

[①] 取自 Johann Nestroy(1801-1862)的戏剧《被保护人》(*Der Schützling*)第四幕第 10 场。在前后文中，这句话表达了作者对西方文明所取得的进步的怀疑态度。最初，维特根斯坦是以赫兹(Heinrich Hertz, 1857-1894)的如下一段话作为警句的：

> 如果这些令人痛苦的矛盾得到了清除，那么尽管有关本质的问题没有得到回答，但是那个不再被人折磨的精神便不再提出那些对于它来说不合理的问题了。
> (Hertz, *Die Prinzipien der Mechanik in neuem Zusammenhange dargestellt*, Leipzig: Barth, 1894, S. 9)

大约在 1947 年春，维特根斯坦将这句话划掉，换上了耐斯特洛的话。显然，与耐斯特洛的话相比，赫兹的话更适合于概括《哲学研究》的整体思想倾向。

前　　言

　　下面发表的思想是我过去 16 年来所从事的哲学研究的凝结物。① 它们涉及许多对象：意义、理解、命题、逻辑概念，数学的基础，意识状态等等。我是以**评论**，即短小的节的形式写下所有这些思想的。有时，很长一串评论都是关于相同的对象的，有时，它们却从一个领域迅速地跳转到另一个领域。——我最初的想法是，有朝一日将所有这些评论辑在一起，形成一本书。关于这本书的形式，在不同的时期我有着不同的设想。不过，我当时觉得，最重要的事情是，在其中思想从一个对象到另一个对象的推进应该依照一种自然的、没有空隙的序列进行。

　　我几次尝试将我所取得的结果②焊接成这样一个整体，但是均没有获得成功。这时，我认识到，我将永远不会成功地做到这点。我认识到，我能写下的最好的东西将始终只是哲学评论；如果我企图坚持不懈地硬是按照**一个**方向，违背其自然倾向地安排我的思想，那么它们立刻就会变得软弱无力。——这点当然是与这

---

　　①　这句话在未经修改的 TS 227a 和 TS 227b 中是这样的："下面所报告的思想是过去 16 年来的哲学研究的结果。"

　　②　在未经修改的 TS 227a 和 TS 227b 中为"我的评论"。

种研究本身的本性联系在一起的。因为它迫使我们不得不在广大的思想领域纵横交叉地向着四面八方周游。——这本书中的哲学评论就好像是一大堆在这些漫长而繁杂的旅行中所创作出的风景素描。

同样的地点,或者近乎同样的地点,总是重新从不同的方向接触到,新画一再地被绘制出来。其中的许多画画坏了,或者画得非常一般,具有差劲的画匠的所有缺点。将这样的画去掉之后,还剩下一些还说得过去的画,现在它们还得经过排序,常常还得经过剪接,以便能够为参观者提供一幅有关这处风景的图画。——因此,这本书真正说来只是一本画册。

实际上,直到不久前我已经放弃了在我有生之年出版我的著作的想法。不过,这种想法又不时地被激活,而且主要是因为如下原因:我不得不得知,我通过讲课、手稿和讨论传播出去的我的成果在流传过程中一再地被误解,被或多或少地掺水了,或者被断章取义地曲解了。由此我的虚荣心被挑动起来,我费了很大的劲才让其平静下来。

但是,四年前①,我有机会再次阅读我的第一本书(《逻辑哲学论》)并解释其思想。这时,我突然想到,应当将那些旧的思想与新的思想放在一起出版:这些新的思想只有在与我的旧的思想方式的对照之中并在后者的背景之上才能得到其适当的阐明。

因为自从我 16 年前再次开始从事哲学研究以来,我就不得不认识到我在那第一本著作中所写下的东西中存在着一些严重的错

---

① 在未经修改的 TS 227a 和 TS 227b 中为"两年前"。

误。我的想法从兰姆西(在其生命的最后两年我与他在无数次谈话中讨论了它们)那里得到的批评帮助我认识到这些错误——至于这种帮助的程度,我自己也几乎不能判定。——与这个——总是强有力的并且可靠的——批评相比,我更要感谢这所大学的一名教师,斯拉法先生①,多年来对我的思想所作的那些不间断的批评。我将这部作品的想法中那些最富有成果的部分归因于**这个**刺激。

出于不止**一种**原因,我在此所发表的东西与今天其他人所写出的东西相近。——如果我的评论本身没有带有任何这样的印记,它将它们标记成我的,那么我也不进一步要求它们是我的财产。

我是带着疑虑将它交付给公众的。如下事情并非是不可能的,——尽管自然并非是非常有可能的:这本书,尽管它的内容是贫乏的并且这个时代是黑暗的,注定会将一线光明投向这个或那个大脑。

我不想用我的著作免除其他人的思维之苦。相反,在可能的情况下,我想激发起某个人独立的思想。

我本来是乐于创作出一本好书的。结果事与愿违;但是,我能够改进它的时间已经过去。②

剑桥,1945 年 1 月

---

① Piero Sraffa(1898—1983),意大利经济学家,维特根斯坦的挚友。
② 在未经修改的 TS 227a 和 TS 227b 中,这段话是这样的:"我知道这本书并不好。但是我相信,我能够改进它的时间已经过去。"

1. 奥古斯丁在其《忏悔录》I/8 节中写道:假定大人们命名了某个对象并且与此同时转向它,我看到了这个事实并且领会到,这个对象被经由他们想要指向**它**时所发出的那些声音加以表示了。但是,我是从他们的身体活动——这个所有民族的自然的语言——中获知这点的。(这种语言经由面部表情变化和眼部的变化,经由肢体的动作和说话的音调来表明心灵有所追求,或有所执着,或有所拒绝,或有所躲避时所具有的诸感受。)以这样的方式,我逐渐地学习理解了我一再地听到人们在其在不同的命题中的诸特定的位置上说出的诸语词是表示哪些事物的①。现在,当我的嘴巴已经习惯于这些符号时,我便借助于它们来表达我的愿望。②

在这些话中我们得到了关于人类语言的本质的一幅特定的图像——我觉得事情是这样的。即这幅图像:这个语言的语词命名

---

① 在未经修改的 TS 227a 和 TS 227b 中,这句话中"我一再地听到……"部分是这样的:"我常常在各种各样的命题中听见的诸语词在其在命题中的不同的位置上是表示哪些事物的。"

② 维特根斯坦在正文中给出的是《忏悔录》的拉丁原文,在脚注中给出了其德语译文。据一些研究者考证,维特根斯坦所给出的德语译文与 1840 至 1940 年间印行的所有德语译本均不同,因而可能为维特根斯坦自己所译。我的译文基于维特根斯坦自己的译文给出。

对象——命题是这些名称的结合。——在这幅关于语言的图像中,我们发现了如下观念的根源:每一个语词都有一个意义。这个意义被配置给这个词。它就是这个词所代表的那个对象。

奥古斯丁没有说到词类之间的任何区别。我愿相信,以这样的方式描述语言学习的人首先想到的是诸如"桌子"、"椅子"、"面包"这样的名词和人名,其次才想到某些活动和性质的名称,而且将其它的词类看做某种最终会得到适当处理的东西。

现在,请考虑对于语言的这种运用:我派某个人去买东西。我给他一张纸条,在其上写有这些符号:"五个红色的苹果。"他带着这张纸条来到杂货商那里;后者打开写有符号"苹果"的抽屉;然后,他在一张表格上寻找"红色"这个词并且找到一个与其相对的颜色样品;现在,他说出基数词的序列——我假定他记住了它们——直到"五"并且在说出每一个数字时他都从抽屉里取出一个具有那个样品的颜色的苹果。——人们就是以这样的方式以及类似的方式用语词进行运算的。——"但是,他如何知道应当在哪里和如何查找'红色'这个词并且他须使用'五'这个词做些什么?"——好的,我假定,他像我所描述的那样**行动**。解释终止于某处。——但是,"五"这个词的意义是什么?——在此所谈论的根本不是这样一种意义[①];在此所谈论的仅仅是"五"这个词是如何

[①] 这句话德文为"Von einer solchen war hier gar nicht die Rede"。瑞斯的英译为:"There was no question of any here"、"Nothing of that sort was being discussed"。维特根斯坦建议改作:"There was no question of such an entity 'meaning' here"(在此所谈论的根本不是"意义"这样一种存在物)。(参见 TS 226:1)由此看来,此处所谈论的"意义"是指维特根斯坦所要批评的那种意义观所理解的意义。

被使用的。

2. 关于意义的那种哲学概念寓居于一种关于语言运作方式的原始的观念之中。但是，人们也可以说，它是有关一种比我们的语言更为原始的语言的观念。

让我们设想这样一种语言，对于它，奥古斯丁所给出的那种描述是对的：这种语言应当用于一个建筑者 A 和一个助手 B 之间的交流。A 在用建筑石料建一座建筑物；有方石、柱石、板石、条石。B 须将石料递给 A，而且是以 A 所需要的那种次序。为了这个目的，他们使用一种由如下语词构成的语言："方石"、"柱石"、"板石"、"条石"。A 喊出它们；——B 便将他已经学会听到这声喊叫便要将其拿来的那块石料拿来。——将这看做完全的、原始的语言。

3. 我们可以说，奥古斯丁描述了一个交流系统；只不过，并非我们称为语言的所有东西都是这样的系统。在提出如下问题的诸多场合，人们都必须这样说："这个表现是可用的还是不可用的？"这时，回答是："是的，可用；但是这只是针对这个限制得很窄的领域来说的，而并非是针对你声称在表现的那整个领域来说的。"[①]

这就像是某个人解释道："玩游戏在于人们按照某些规则在一个平面上移动东西……"——我们回答他说：你似乎想到的是棋类游戏；但是，它们并不是全部游戏。你可以通过将你的解释明确地限制在这些游戏之上的方式来修正它。

[①] 在未经修改的 TS 227a 和 TS 227b 中，此处还有这样一句话："请思考一下比如国民经济学家的理论。"修改时删除。

4. 请设想这样一种文字,在其中字母是用来表示声音的,不过,也用来表示强调并用作标点符号。(人们可以将一种文字看成一种用以描述声音图像的语言。)现在,请设想,一个人这样来理解这种文字,好像只是一个声音对应于每一个字母,好像字母此外并没有完全不同的功能了。奥古斯丁关于语言的观点就类似于这样一种对于文字的过于简单化的观点。

5. 当人们观察§1中的例子[①]时,人们或许会预感到,在什么样的范围内那种关于语词的意义的一般的概念用一层薄雾将语言的运作过程包围起来了,这层薄雾使得清楚地看成为不可能的了。当我们在其运用的原始类型中来研究语言现象时,这层雾气便被驱散了,在这种原始类型的语言运用中人们可以清楚地综览诸语词的目的和运作过程。

当小孩学习说话时,他们便运用这样的原始的语言形式。在此语言的教学绝不是解释,而是一种训练。

6. 我们可以想象,§2中的那个语言是 A 和 B 的**全部**语言;甚至于是一个部落的全部语言。孩子们被教导做出**这些**活动,与此同时使用**这些**语词,并且**以这样的方式**对另一个人的话做出反应。

这种训练的一个重要部分在于:教学的人指向诸对象,将一个小孩的注意力引向它们,并且与此同时说出一个语词;比如,在指给人看板石形状时说出"板石"这个词。(我不把这称为"实指解释"或"定义",因为这个小孩的确还不能**追问**名称。我将称其为

---

① 在未经修改的 TS 227a 和 TS 227b 中为"买东西的例子"。

"语词的实指教学"。——我说,它将构成训练的一个重要的部分,因为在人的情况下事情就是这样的;而并不是因为事情不可想象成其它样子的。)这种语词的实指教学可以说在一个语词和一个事物之间建立起了一种联想性的结合。但是,这意味着什么?好了,它可以意味着不同的东西;但是,人们大概首先会想到如下之点:当一个小孩听到这个词时,关于这个事物的一幅图像便出现在他的心灵的前面。但是,现在当这种事情发生了时,——这就是这个词的目的吗?——是的,它**可以**是这个目的。——我可以设想对于诸语词(声音序列)的这样一种运用。(一个语词的说出好像是对于想象钢琴上的一个键的一击。①)但是,在§2的语言中语词的目的**并非**是唤起心象。(当然,人们可能发现,这点对于达到那个真正的目的来说是有帮助的。)

但是,如果实指教学引起了这个,——那么我便应该说它引起了对于这个词的理解吗?那个按照"石板!"这声喊叫而如此这般地行动的人就没有理解它吗?——但是,实指教学或许帮助导致了这样的理解;不过,它当然只是与一种特定的课程配合在一起才

---

① "想象钢琴"德语为"Vorstellungsklavier"。德国著名语言学家洪堡特(Wilhelm von Humboldt,1767-1835)有"精神乐器"(das geistige Instrument)的说法。维特根斯坦在此所批评的直接对象或许就是洪堡特的相关思想。请参见后者的如下说法:

人们之所以达到了相互理解,这并不是因为他们真的热衷于事物的符号,也不是因为他们互相促使对方准确、完整地产生出相同的概念,而是因为他们互相都在对方之内触动了他们的感性表象和内在概念创造活动(ihrer sinnlichen Vorstellungen und inneren Begriffserzeugungen)的链条上的同一个环节,击中了他们的精神乐器的同一个按键,而随后在每个人之内跳出的并不是相同的概念,而是相对应的概念。(*Wilhelm von Humboldts Werke*,hrsg. von Albert Leitzmann, siebenter Band,erste Hälfte,Berlin:B. Behr's Verlag,1907,S. 169-170)

帮助导致了这样的理解。与另一种课程相连，相同的对于这些语词的实指教学本来会引起一种完全不同的理解。

"通过将这条铁棒与这个杠杆联结起来的方式，我就将闸修好了。"——是的，假定整个其余的机械装置都给定了。只有与这个机械装置配合在一起，这个杠杆才是一个制动杆；脱离开其支持物，它甚至于都不是杠杆了，——相反，它可以是所有可能的东西，或者什么都不是。

7. 在语言(2)的使用实践中，一方喊出诸语词，另一方则按照其行动；但是，在语言课中发生的是**这个**过程：学习者**命名**诸对象。也即，当教师指向石料时，他说出语词。——甚至于在此还会发生如下更为简单的练习：学生跟说教师教他说的话——两者都是类似于语言的过程①。

我们也可以设想，(2)中的语词使用的整个过程是这样的游戏之一种，借助于它们，孩子们学习他们的母语。我将称这些游戏为"**语言游戏**"，而且有时将一个原始语言说成一个语言游戏。

人们也可以将石料的命名过程和先说出的词的跟说过程称为语言游戏。请想一想在轮舞游戏②中人们对诸语词所作的一

---

① 德文为"beides sprachähnliche Vorgänge"。瑞斯将其译作"both processes that resemble language"（两种类似于语言的过程），维特根斯坦建议改为"both of these exercises already primitive uses of language"（这两种练习均已经是语言的原始的使用）。（参见 TS 226:4）

② 德文为"Reigenspielen"，也译作"圆圈舞游戏"：在德语国家民间流行的一种歌舞娱乐形式，在跳舞过程中众多舞蹈者结对一步一步地或一蹦一跳地跟在一个领舞者或领唱者后面。维特根斯坦建议译作"nursery rhymes"（童谣）。不过，他建议将§66 中出现的"Reigenspiele"译作"singing and dancing games"（歌舞游戏）。（参见 TS 226:5,48）

些使用。

我也将语言和这样的活动——语言与它们交织在一起——所构成的那个整体称为"语言游戏"。

8. 现在,让我们来看一下对于语言(2)的一个扩展。除了"方石"、"柱石"等等那四个词之外,它还包括这样一个词列,其运用方式类似于(1)中的那个商人运用数字的方式(它可以是字母表的诸字母的序列);进而,它还包括两个词——可以是"到那里"和"这个"(因为它们已经大致暗示了它们的目的),它们是与一种指向什么的手部动作结合在一起使用的;最后,它还包括一些颜色样品。A 给出一个如下形式的命令:"d 块-板石-到那里。"与此同时他让助手看一个颜色样品,并且在说"到那里"这个词时他指向建筑工地的一个地点。相应于字母表中直到"d"为止的每一个字母,B 都从板石库存中取出一块具有样品的颜色的板石,并将其放到 A 所指示的地方。——在其它场合,A 则给出这样的命令:"这个-到那里"。在说出"这个"时他指向一块石料。等等。

9. 当一个小孩学习这个语言时,他必须熟记"a,b,c,……"这些"数词"的次序。而且他必须学习它们的用法。——那么,对于语词的某种实指教学也会出现在这个课程中吗?——好的,人们指向比如板石并且计数说:"a,b,c 块板石。"——关于这样的数词的实指教学与"方石"、"柱石"等等词的实指教学具有更多的相似性:它们不是用来计数的,而是用来表示通过眼睛可以把握的事物组的。孩子们的确就是通过这种方式学会最初的五或六个基数词的用法的。

"到那里"和"这个"也是实指地教给人的吗？——请想象一下，人们可能会如何教人学习它们的用法！在此人们指向地点和东西，——但是，在这里这种指向可是也发生在这些词的**使用**中，而并非仅仅发生在这种使用的学习过程。——

10. 那么，这个语言的诸语词是**表示**什么的？——除了在其使用方式之中显示自身以外，它们表示什么这点如何能够显示自身？我们可是已经描述了这种使用。"这个词表示**这个**"这个表达式因此将必须是这种描述的一个部分。或者：这种描述应当表述成这样的形式："……这个词表示……"

现在，人们当然可以将"板石"这个词的用法的描述简化成这样：人们说，这个词表示这个对象。如果现在涉及的仅仅是比如如下事情，那么人们便将这样做：去除这样的误解，即"板石"这个词指涉我们事实上称为"方石"的那种石料形状，——不过，人们已经知道了这种"**指涉**"的方式，也即这些词在其它方面的用法。

同样，人们也可以说，符号"a"、"b"等等表示数；如果这消除了比如这样的误解："a"、"b"、"c"在这个语言中扮演了实际上由"方石"、"板石"、"柱石"所扮演的角色。而且，人们也可以说"c"表示这个数而非那个数；如果借此人们解释了比如如下之点：诸字母是按照 a, b, c, d 等等这样的次序运用的，而并非是以 a, b, d, c 这样的次序运用的。

但是，经由如此使关于这些语词的用法的描述彼此相似的方式，这些用法当然不可能变得彼此更为相似了！因为如我们所看到的那样，它们是完全不同的。

11. 请想一想一个工具箱中的工具：那里有一把锤子、一个钳子、一把锯、一把螺丝刀、一把尺子、一只胶锅、胶、钉子和螺丝钉。——这些对象的功能是非常不同的，同样，诸语词的功能也是非常不同的。（而且，在这里或那里存在着类似之处。）

自然，令我们糊涂的是当诸语词以说出的形式，或者以写出的和印刷的形式面对着我们时它们的表面形式上的齐一性。因为它们的**运用**并没有清楚地出现在我们面前。在我们做哲学时，事情尤其如此。

12. 情况正如当我们向一辆机车的驾驶台内察看时一样：在那里有许多手柄，它们看起来在或大或小的程度上都是一样的。（这也是可以理解的，因为它们都是要用手来拉动的。）但是一个是曲柄的手柄，它可以连续地移动位置（它是用来调节一个阀门的开启的）；另一个是一个开关的手柄，它只有两种有效位置，或者是被移开，或者是被合上；第三个是一个制动杆的手柄，人们越用力拉它，车刹得就越紧；第四个是一个泵的手柄，只有在人们来回移动它时，它才起作用。

13. 如果我们说："语言的每一个词均是表示什么的"，那么借此首先还**根本**没有说出任何东西；除非我们准确地解释了我们希望造成**哪些**区别。（事情尽可以是这样的：我们想将语言（8）中的语词与"没有意义的"语词——比如出现在路易斯·卡罗尔[①]的诗

[①] Lewis Carroll(1832-1898)，原名 Charles Dodgson，英国诗人，著名作品有《爱丽丝梦游仙境》(*Alice's Adventures in Wonderland*)、《爱丽丝镜中奇遇》(*Through the Looking-Glass*)和诗作 *Jabberwocky*。

中的语词——区别开来,或者是想将其与一首歌中的诸如"juwi-wallera"这样的语词区别开来。)

14. 请设想某个人说:"**所有**工具均是用来修饰什么的。因此,锤子是用来修饰钉子的位置的,锯子是用来修饰板子的形状的,等等。"——那么,尺子、胶锅、钉子是用来修饰什么的?——"我们关于一个东西的长度的知识、关于胶的温度和箱子的硬度。"——通过对表达式的这种同化,我们得到了什么了吗?——

15. "表示"这个词的最为直接的应用情形或许是这样的:一个符号位于它所表示的那个对象之上。假定 A 在建造时所使用的工具带有某些符号。如果 A 给助手看了一个这样的符号,这个助手便将配备有这个符号的那个工具拿来。

以这样的方式和或多或少相似的方式,一个名称表示一个东西,而且一个名称被给予一个东西。——当我们在做哲学时,说这样的话常常被证明是有用的:命名某种东西就是类似于将一个标签贴在一个东西之上这样的事情。

16. A 给 B 看的那些颜色样品的情况如何,——它们属于**语言**吗?好了,人们想怎么看都行。它们不属于语词语言;不过,如果我向某个人说:"请说出'这个'这个词",那么你当然还会将这第一个"'这个'"仍然算作属于这个命题的。而它所扮演的角色完全类似于一个颜色样品在语言游戏(8)中所扮演的角色;也即,它是另一个人应当说出的东西的一个样品。

如果我们将样品算作语言的工具,那么这将是最为自然的事情,而且最不容易引起混乱。

［关于反身代词"**这个命题**"的评论。］①

17. 我们将能够说：在语言(8)中我们有不同的**词类**。因为"板石"这个词的功能和"方石"这个词的功能之间的相似性要大于"板石"的功能和"d"的功能之间的相似性。不过，至于我们如何按照类别将诸语词分组，这取决于划分的目的，——以及我们的倾向。

请想一想人们据以将诸工具分成诸工具类别的不同的视角。或者将诸棋子分成诸棋子类别的不同的视角。

18. 请不要因为语言(2)和(8)仅仅由命令构成这点感到不安。如果你因此就说它们是不完全的，那么请问一下你自己，我们的语言是否是完全的；——在化学符号系统和微积分记号系统被并入它之前，它是否是完全的；因为它们可以说是我们的语言的市郊。（需要有多少房屋，或者说街道，一个城市开始成为一个城市？）人们可以将我们的语言看成这样一座老城：一座由小胡同和广场、旧的和新的房屋和带有不同时期的扩建物的房屋构成的迷宫；这座迷宫由众多带有笔直、规则的街道和整齐划一的房屋的郊区所环绕。

19. 人们可以很容易地想象这样一种语言，它仅仅由战场上的命令和报告构成。——或者这样一种语言，它仅仅由问题和一

---

① 在 TSS 227a 和 227b 中，方括弧内的话是后加上去的。（非维特根斯坦手迹，可能是其他人从其它打字稿复本抄写过来的。）在此，维特根斯坦心中想到的大概是 Zettel, §691, 载于：Wittgenstein, *Werkausgabe*, Band 8, ed. G. E. M. Anscombe und G. H. von Wright, Frankfurt: Suhrkamp, 1984。

种肯定的和否定的表达式构成。以及无数其它的语言。——想象一种语言，就意味着想象一种生活形式。

但是，这是怎么一回事儿：例子(2)中的呼喊"板石！"是一个命题还是一个词？——如果它是一个词，那么它当然与我们的日常语言中听起来具有相同的声响的东西不具有相同的意义，因为在§2中它可是一声呼喊。但是，如果它是一个命题，那么它当然不是我们的语言中的省略命题"板石！"。——就第一个问题而言，你可以将"板石！"称作一个词，而且也可以将其称为一个命题；或许将其称为一个"退化的命题"是适当的（正如人们谈论一条退化的双曲线一样），而且它恰恰是我们的"省略"的命题。——但是，我们的省略的命题当然仅仅是命题"给我拿一块板石来！"的一种缩短了的形式，而在例子(2)中可是没有这个命题。——但是，我为什么不应该反过来将命题"给我拿一块板石来！"称为命题"板石！"的一种**加长了的**形式。——因为喊出"板石！"的人意指的真正说来是："给我拿一块板石来！"——但是，在你**说出**"板石！"时，你如何做到**意指这点**？你内在地对你自己说出了这个非缩短了的命题吗？——为了说出一个人用"板石！"这声呼喊所意指的东西，我为什么应该将这个表达式翻译成另一个表达式？如果它们意谓相同的东西，——我为什么不可以说："当他说'板石！'时，他意指'板石！'"？或者：如果你可以意指"给我拿一块板石来！"，那么你为什么不应该可以意指"板石！"。但是，当我喊出"板石！"时，我可是想要**他给我拿一块板石来**！——没错，——但是，"想要这个"在于如下事情吗：你以某种形式思维一个与你所说出的命题不同的命题？

20. 但是,现在当一个人说"Bring mir eine Platte!"(给我拿一块板石来!)时,他现在似乎的确可以将这个表达式意指为**一个长长的词**:也即那个对应于"Platte!"(板石!)这一个词的词。——因此,人们可以一会儿将其意指为**一个**词,一会儿将其意指为**四个**词吗?通常人们是如何意指它的?——我相信,我们将倾向于说:当我们与像"*Reich* mir eine Platte zu"(**递给**我一块板石)、"Bring *ihm* eine Platte"(给**他**拿一块板石来)、"Bring *zwei* Platten"(拿**两块**板石来)等等这样的其它命题对照着使用这个命题时(因此,在与这样的命题对照着使用它时,即它们在其它的结合中包含着构成我们的这个命令的诸语词),我们将其意指为一个由**四个**词构成的命题。——但是,与其它的命题对照着使用一个命题这点又在于什么?或许这些命题此时浮现在一个人的眼前吗?它们**全部**都浮现在眼前吗?**在人们说出这个命题的过程中**,还是在其前或其后?——不!即使这样一种解释对于我们来说具有一些诱惑力,为了看到我们在此走错了路,我们当然也只需稍微思考一下实际发生的事情。我们之所以说我们对照着其它命题使用这个命令,是因为**我们的语言**包含着这些其它命题的可能性。不理解我们的语言的人,一个外国人,在屡次听到某个人如何给出命令"Bring mir eine Platte!"之后,会认为这整个声音序列构成一个词,而且大概对应着他的语言中一个表示"Baustein"(石料)的词。于是,当他自己给出这个命令时,他或许会以不同的方式说出它,而且我们会说:他之所以以如此奇怪的方式说出它,是因为他将它看成**一个**词了。——但是,在他说出它时,在他之内因此就没有恰恰发生某种其它的事项吗,——对应于**这点**的事项:他将这个命题理解为**一个**词？——在他之内可能发生着相同的东西,或者不同的东西。当你给出这样一个命令时,在你之内究竟发生着什么；**在你说出它的过程中**,你意识到了如下之点吗：它是由四个词构成的？诚然,你**掌握了**这个语言——在其中也有那些其它的命题——但是,这种掌握是某种"**发生**"在你说出这个命题的过程之中的东西吗？——我的确已经承认：那个陌生人很可能以一种不同的方式说出那个他以不同的方式把握的命题①；但是,我们称为错误的把握的东西不**必**在于某种伴随着这个命令的说出的东西。

这个命题之所以是"省略的",原因不在于它漏掉了我们说出它时我们所意指的某种东西,而在于与我们的语法中的一个特定的范例相比,它是缩短了的。——在此,人们自然会提出这样的反对意见："你承认,那个缩短的命题和未缩短的命题具有相同的意义。——因此,它们具有什么意义？难道没有对于这个意义的一种语词表达吗？"——但是,难道诸命题的相同的意义不是在于其相同的运用吗？——(在俄语中,人们说"Stein rot"[石头红色],而不说"der Stein ist rot"[石头是红色的]②；他们是感觉到在意义

---

① 这句话与上文如下的文字相呼应："但是,在他说出它时,在他之内因此就没有恰恰发生某种其它的事项吗,——对应于**这点**的事项：他将这个命题理解为**一个**词？——在他之内可能发生着相同的东西,或者不同的东西。""那个他以**不同**的方式把握的命题"德文为："den Satz, den er anders auffaßt"。"对应于**这点**的事项：他将这个命题理解为**一个**词"德文为："*dem* entsprechend, daß er den Satz als *ein* Wort auffaßt?"

② "der Stein ist rot"这句话的俄语为"камень красный"(第一个词意义为"Stein",第二个词意义为"rot")。

中缺少系词呢，还是在**思想**中给其补充上系词？①）

21. 请设想这样一个语言游戏，在其中 B 作为对 A 的问题的回答向其报告堆在一起的板石或方石的数目，或者报告堆在某某地方的石料的颜色和形状。因此，这样一个报告可以是这样的："五块板石。"现在，报告或断言"五块板石"和命令"五块板石！"之间的区别是什么？——好了，区别是这些词的说出在这个语言游戏中所扮演的角色。但是，说出它们时的语调也可能是不同的，而且表情，还有许多其它的东西也可以是不同的。不过，我们也可以设想，语调是相同的——因为一个命令和一个报告可以按照**各种各样**的语调说出，而且可以带着多种表情说出——区别还是仅仅在于运用。（当然，我们也可以将"断言"、"命令"这些词用作一种命题的语法形式和一种语调的名称；正如我们的确将"难道今天的天气不是很好吗？"称为一个问题一样，尽管它是被用作断言的。）我们可以设想这样一个语言，在其中**所有**断言都具有反问的形式和语调；或者每一个命令都具有这样的问题的形式："你想做这个吗？"这时人们或许会说："他所说的话尽管具有一个问题的形式，但是实际上是一个命令"——这也就是说，具有语言

---

① 这句话德文为："geht ihnen die Kopula im Sinn ab, oder *denken* sie sich die Kopula dazu?"瑞斯将其译作："is the copula left out of the meaning for them? or do they think the copula to themselves?"（对于他们来说，系词被从意义中省略了吗？或者，他们对他们自己思维了该系词吗？）维特根斯坦将其改作："don't they get the full meaning, as they leave out the copula? or do they *think* it to themselves without pronouncing it?"（尽管他们省略了系词，但是他们难道不是得到了完整的意义吗？或者，尽管他们没有说出它，但是他们还是对他们自己**思维了**它？）(参见 TS 226:12)

实践中的命令的功能。(类似地,人们作为命令而非作为预言来说出"你要做这个"。什么使得它成为一个,什么使得它成为另一个?)

22. 弗雷格的观点——在一个断言中潜伏着一个作为被断定的东西的假定①——真正说来是以我们的语言中存在的如下可能性为基础的:每一个断定句都可以写成"Es wird behauptet, daß das und das der Fall ist"(人们断定了如下之点,即某某是实际情况)这样的形式。——但是"Daß das und das der Fall ist"(……即某某是实际情况)在我们的语言中恰恰不是任何命题——它还不是语言游戏中的任何一个**步骤**。如果我不写"Es wird behauptet, daß"(人们断定了如下之点,即……),而写"Es wird behauptet:das und das ist der Fall"(人们断定了:某某是实际情况),那么在此"Es wird behauptet"(人们断定了)这些词恰恰成为多余的了。

我们也完全可以将每一个断言都写成一个带有后置肯定的问题的形式;比如:"下雨了吗?是的!"这便表明在每一个断言中都潜伏着一个问题吗?

人们完全有权利运用一个与比如问号相对照的断定符号;或者当人们要将一个断言与一个虚构或者一个假定区分开来的时候。只是在人们坚持下面这样的意见时,这种做法才是错误的:断

---

① 参见 G. Frege, *Kleine Schriften*, hrsg. von Ignacio Angelelli, Zweite Auflage, Hildesheim:Georg Olms,1990,S. 136-137,346-347.

言现在是由斟酌和断定（真值的赋予或者诸如此类的东西）两种行为构成的，而且我们按照一个命题的诸符号①完成这些行为大致就像我们照乐谱唱歌一样。所写下的命题的大声地或轻声地读出的确可以与照乐谱唱歌加以比较，但是不能将所读的命题的"**意指**"(思维)与之加以比较。

弗雷格的断定符号强调了**命题的开头**。因此，它有着一种与句号类似的功能。它将一个完整的套叠的命题与其**内**的命题区分开来。如果我听到一个人说"下雨了"，但是还不知道我是否听到了这个套叠的命题的开头和结尾，这时这个命题对于我来说还不是任何交流的手段。②

请考虑这样一幅图像，它表现了摆出一个特定的战斗姿势的拳击手。现在，这幅图像可以用来告诉某个人应当如何站立，应当采取什么样的姿势；或者，他不应当采取什么样的姿势；或者，一个特定的人以什么样的方式在某某地方站立过；或者，等等，等等。人们可以将这幅图像称作一个命题基（化学上说）③。弗雷格很可

---

① "一个命题的诸符号"德文为"den Zeichen des Satzes"。在未经修改的 TS 227a 和 TS 227b 中为"dem Zeichen des Satzes"（一个命题符号）。在 TS 227b 中"dem"改为"den"。但在安斯考姆版中未采取改正了的形式。舒尔特批判版、哈克和舒尔特版采用了改正的形式。

② 在未经修改的 TS 227a 和 TS 227b 中，最后这句话是这样的："它让我们想起了语言游戏中的**完全的**命题的这样的独特的//特别的//运用，它们并非也同时是部分命题的运用。"

③ "命题基"德文为"Satzradikal"。在化学中，"Radikal"指这样一个或一团原子，它或它们具有至少一个未配对的电子，因此是不稳定的，只存在极短的时间，然后便与其它原子或原子团起反应而形成稳定的分子。

能就是以类似的方式思考"假定"的。①

23. 但是,有多少种命题?比如断言、问题和命令?——有**无数**这样的种类:对于所有我们称为"符号"、"语词"、"命题"的东西,都有**无数**不同种类的运用。而且,这种多样性并不是固定的东西,一劳永逸地给定的东西;相反,新类型的语言,新的语言游戏——正如我们可以说的那样——出现了,而其它的语言,语言游戏,则过时了并被遗忘了。(关于这点,数学的演变可以为我们提供一幅**大致的图像**。)

"语言**游戏**"这个词在此当是在强调如下之点:语言的**说出**是一个活动或者一个生活形式的一个部分。

请通过下面这些例子和其它的例子来认识语言游戏的多样性:

下达命令,和按照命令行动——

根据外观来描述一个对象,或者根据测量——

按照一个描述(图纸)制造一个对象——

报道一个事件的过程——

就一个事件的过程做出猜测——

提出一个假设并且进行检验——

经由表格和简图来表现一个实验的结果——

编造一个故事;并且读这个故事——

---

① 这段话写在一个纸条上,在 TS 227a 中置于第 21 和 22 页之间,插在 §23 之内。在 TS 227b 中置于第 20 和 21 页之间,插在 §22 之内。TS 227a 中的纸条顶部写有如下指示(英文):"插在 §22 最后。"(这个指示和这段话均非维特根斯坦之手迹,可能是其他人从另外的打字稿复本上抄写过来的。)

演戏——

唱轮舞歌——

猜谜——

编一个笑话；说这个笑话——

解一道应用计算题；

将一种语言译成另一种语言——

请求、道谢、咒骂、问候、祈祷。

——将语言的工具及其运用方式的多样性、词类和命题类别的多样性与逻辑学家们就语言的结构所说的话加以比较是饶有兴趣的。（也包括《逻辑哲学论》的作者。）

24. 没有看到语言游戏的多样性的人或许会倾向于提出类似于这样的问题："什么是一个问题？"——它是这样的论断吗：我不知道某某事情？或者是如下论断：我希望另一个人会向我说……？抑或，它是我的不确信的心灵状态的描述？——"救命！"这声呼喊是这样一种描述吗？

请思考一下有多少不同种类的东西被称为"描述"了：经由其坐标而对一个物体的位置的描述；对一种面部表情的描述；对一种触觉的描述；对一种情绪的描述。

人们自然可以用下面这样的论断或者描述的形式来取代通常的问题形式："我要知道是否……"或者"我怀疑是否……"，——但是，借此人们并没有使得不同的语言游戏彼此更为接近。

诸如下面这样的变形的可能性的重要意义将在其它地方更为清楚地显示出来：将所有断定句变成以"我认为"或"我相信"这样的附加条款开始的命题（因此可以说变成对于**我的**内在生活的描

述)。(唯我论。)

25. 人们有时说:动物不说话,因为它们缺乏精神能力。而这就意味着:"它们不思维,所以它们不说话。"但是:它们恰恰不说话。或者这样说更好:它们不运用语言——如果我们不考虑最为原始的语言形式的话。——下命令、提问、讲述什么、闲聊属于我们的自然史,正如走路、吃饭、喝水、玩游戏一样。

26. 人们认为,语言的学习在于人们命名诸对象。而且是这样的对象:人、形状、颜色、疼痛、情绪、数,等等。正如已经说过的——命名是某种类似于将一个名称标签贴在一个东西之上这样的事情。人们可以将这种做法称作为使用一个词所做的一种准备。但是,它是**对什么**的一种准备?

27. "我们命名事物,现在便能够谈论它们。在说话时指涉它们。"——好像随带着命名行为,我们接下来要做的事情就已经给定了。好像只有一种叫作"谈论事物"的东西。然而,我们当然用我们的命题来做极为不同种类的事情。只要想一下惊呼语就够了。——它们有着完全不同的功能。

水!

走开!

哎哟!

救命!

好极了!

不!

现在你还倾向于将这些词都称为"对象的名称"吗?

在语言(2)和(8)中没有对于名称的追问。它和它的关联物即实指解释，正如我们会说的那样，是一种独立的语言游戏。真正说来，这就意味着：我们是被教育、被训练来提出"这叫作什么？"这样的问题的——此后便发生了命名行为。也存在着这样一种语言游戏：为某种东西发明一个名称。因此，说："这叫作……"，现在运用这个新名称。（以这样的方式小孩命名比如他们的玩具娃娃并且接着谈论它们，对着它们说话。在此请马上思考一下，人名的使用——我们用它来**招呼**被命名者——是一件多么独特的事情！）

28. 现在，人们可以以实指的方式来定义一个人名、一个颜色语词、一个物质名词、一个数字、一个方位名称等等。数二的定义"这叫作'二'"——在此人们指向两个坚果——是完全精确的。——但是，人们如何能够以这样的方式定义二？人们向其给出这个定义的那个人这时甚至于不知道人们要用"二"来命名**什么**；他会假定你在将**这**组坚果命名为"二"！——他**可能**假定这点；但是，或许他不假定它。反之，当我要给予这组坚果一个名称时，他的确也可能将其误解为数的名称。同样好地，当我实指地解释一个人名时，他可能将其看作颜色名称、种族名称，甚至于一个方位名称。这也就是说，实指定义在**每一种**情形之下均可以以这样的和其它的方式加以释义。

为了解释"红色"这个词，人们能够指向**不是红色的**东西吗？这就像这样的情形：当人们应当向一个不会德语的人解释"bescheiden"（谦虚的）这个词的意义时，为了给出这个解释，人们指向一个傲慢的人并且说"这个人**不**是 bescheiden"。如下之点绝不构成反对这样一种解释方式的论据:它是多义的。每一种解释都可能被误解。

不过,人们可以问:我们还应当将这称作一种"解释"吗?——因为在这个演算中它所扮演的角色自然不同于我们通常称为关于"红色"这个词的"实指解释"的东西所扮演的角色;即使它具有相同的实践的后果,对于学习者有着相同的**作用**。①

29. 人们或许说:二只能**这样**来实指地加以定义:"这个**数**叫作'二'。"因为"数"这个词在此指明了我们将这个词放置在语言、语法的哪一个**位置**。但是,这意味着,在那个实指定义能够得到理解之前,人们必须已经解释了"数"这个词。——这个定义中的"数"这个词的确指明了这个位置;我们将这个词放置于其上的那个岗位。我们可以通过说"这种**颜色**叫作某某"、"这个**长度**叫作某某"等等来防止误解。这也就是说:有时误解是这样得到避免的。但是,语词"颜色"或者"长度"难道只能这样来把握吗?——现在,我们恰恰必须对它们进行解释。——因此经由其它的词对它们进行解释!那么,这个链条中的那个最后的解释的情况如何?(请不要说"根本没有'最后的'解释"。这恰好就像你要说出这样的话一样:"不存在这条街上的最后一座房子;人们总是可以再加建一座房子。")

至于在二的实指定义中"数"这个词是否是必要的,这要取决

---

① 在 TSS 227a 和 227b 中,写有最后两段话的纸片置于第 24 和 25 页之间。在这个纸片顶部(TS 227a)和左侧(TS 227b)均写有(英文)如下指示:"插在 §28 最后。"(这个指示和这两段话均非维特根斯坦之手迹,可能是其他人从另外的打字稿复本上抄写过来的。)

于如下之点:如果没有这个词,他是否以不同于我希望的方式来把握它。后者当然将取决于给出它时的诸情形和我向其给出它的那个人。

他如何"把握"这个解释,这点显示在他使用所解释的那个词的方式之中。

30. 因此,人们可以说:在一个语词在语言之中究竟应当扮演什么角色这点已经是清楚的情况下,实指定义便解释了这个词的用法——意义。因此,如果我知道一个人要向我解释一个颜色语词,那么"这叫作'深棕色'"这个实指解释便促成了对这个词的理解。——如果人们没有忘记如下之点:现在各种各样的问题与"知道"这个词或者"是清楚的"联系在一起,那么人们便可以这样说。

为了能够追问名称,人们必须已经知道了某种东西(或者能够做某种事情)。但是,人们必须知道什么?

31. 当人们指给某个人看象棋中的王这个棋子并且说"这就是王"时,人们借此还没有向他解释这个棋子的用法,——除非他已经了解了除这个最后的规定之外的这种游戏的诸规则:一个王的形状。人们可以设想,他已经了解了这个游戏的诸规则,只是从来还没有人给他看任何一个实际的棋子。棋子的形状在此对应着一个语词的声音或者外形。

但是,人们也可以设想,一个人已经学会了这个游戏,但是还从来没有了解诸规则,或者还没有表述诸规则。比如,他首先是通过旁观来学习非常简单的棋类游戏,并且逐步地学习越来越复杂的棋类游戏。当给这个人看比如具有他所不熟悉的形状的棋子时，人们也可以向他给出这样的解释："这就是王。"但是，即使这个解释也只是因为如下原因才教给了他这个棋子的用法：正如我们会说的，放它的那个位置已经事先准备好了。甚至于我们也可以说：只有在这个位置已经准备好了的情况下我们才会说它教给了他这个用法。在此，这个位置不是经由这样的方式而准备好了的：我们在向其做出这个解释的那个人已经知道了诸规则，而是经由这样的方式而准备好了的：他在其它意义上说已经掌握了一个游戏。

请再看一下这个情形：我在向某个人解释象棋；我是通过指向一个棋子并且这样说的方式开始的："这是王。它可以以如此这般的方式移动，等等，等等。"——在这种情形下我们将说："这是王"（或者"这叫作'王'"）这句话只有在学习者已经"知道什么是一个棋子"的情况下才是一个语词解释。因此，只有在他比如已经玩了其它游戏或者已经"理解地"旁观了其他人的游戏过程**以及诸如此类的情况**下它才是这样的解释。也只有在这样的情况下他才能够在学习游戏的过程中适当地提出这样的问题："这叫作什么？"，——也即这个棋子。

我们可以说：只有已经知道用名称做些什么的人才有意义地追问名称。

我们当然也可以设想，被提问的人回答说："你自己去规定名称吧"——这时，提问的人必须独自来承担一切。

32. 来到一个陌生的国度的人有时会经由当地人给予他的实指解释来学习他们的语言；他常常须**猜测**这些解释的释义，而且有时他猜对了,有时则猜错了。

　　现在,我认为我们可以说,奥古斯丁是以这样的方式来描述人类语言的学习过程的:好像一个小孩来到一个陌生的国度并且他不理解这个国度的语言;这也就是说,好像他已经有了一个语言,只不过它不是这个语言。或者也可以这样说:——好像这个小孩已经能够**思维**,只是还不能讲话。在此,"思维"会意味着某种像与自己说话这样的东西。

　　33. 但是,如果人们提出如下反对意见,情况如何:"如下之点并非是真的:为了理解一个实指定义,一个人必须已经掌握了一个语言游戏;相反,他只需知道(或者猜出)解释者指向了什么地方!(这点是不言而喻的。)因此,他只需知道(或者猜出)他是指向比如这个对象的形状,还是指向其颜色,抑或指向数目,等等,等等。"——"指向这个形状"、"指向这个颜色"究竟在于什么?请指向一块纸!——现在请指向其形状,——现在指向其颜色,——现在指向其数目(这听起来很是奇怪)!——好了,你是如何做到这点的?——你会说,每一次在做出指向动作时你都"**意指了**"某种不同的东西。而且,当我问你这是如何进行的时,你将说你将你的注意力集中到了这个颜色、形状等等之上。但是,现在我再一次问一下:**这**是如何进行的?

　　请设想,某个人指着一个花瓶说:"瞧那美妙的蓝色!——那个形状是不重要的。——"或者:"瞧那美妙的形状!——那个颜色是无所谓的。"毫无疑问,当你满足这两种要求时,你将做**不同的事情**。但是,当你将你的注意力引向那个颜色时,你总是做**相同的**

事情吗？要想象一下诸不同的情形！我将提示几种情形：

"这个蓝色与那里的那个蓝色是同一种蓝色吗？你看到一种区别了吗？"——

你在混合颜色并且说："这种天蓝色很难得到。"

"天变好了，人们已经又看到蓝天了！"

"瞧一下这两种蓝色是如何以不同的方式产生影响的！"

"你看到那里的那本蓝色的书了吗？请将它拿过来。"

"这个蓝色的光信号意味着……"

"这个蓝色究竟如何称呼？——它是'靛青'吗？"

人们有时通过用手遮住这个形状的轮廓的方式来将注意力引向颜色；或者通过不将目光放在这个东西的轮廓之上的方式；或者通过盯着这个对象并且试图回忆人们在哪里已经看到过这种颜色的方式。

人们有时是通过照着画一个形状的方式将其注意力引向它的，有时是通过眨眼以便无法清楚地看到颜色的方式来做到这点的，等等，等等。我要说：**在人们"将注意力引向某某东西"时**这样的事情和类似的事情发生了。但是，这些东西独自来看并非是允许我们说一个人将其注意力引向形状、颜色等等的东西。正如走一步棋并非仅仅在于在一个棋盘上以如此这般的方式推动一个棋子一样，——但是也并非在于伴随这步棋的走棋者的思想和感受；而是在于我们称为"玩一局棋"、"解决一个象棋问题"和诸如此类的东西的那些情况。

34. 但是，假定一个人说："当我将我的注意力引向这个形状时,我总是做同样一件事:我用眼睛跟踪着这个轮廓,与此同时感受到……"而且假定这个人通过如下方式为另一个人给出实指解释"这叫作'圆形'":他带着所有这些体验指向一个圆形的对象——尽管如此,这另一个人难道不是仍然可能以不同的方式释义这个解释吗,即使他看到了这个解释者用眼睛跟踪着这个形状,而且即使他感受到了这个解释者所感受到的东西?这也就是说:这种"释义"也可能在于他现在如何使用这个被解释的语词,比如当他得到"请指向一个圆形!"这个命令时他指向了哪里。——因为无论是"以如此这般的方式意指这个解释"这个说法还是"以如此这般的方式释义这个解释"这个说法均不是表示一个伴随着这个解释的给出和听到的过程的。

35. 自然存在着人们可以称为比如指向这个形状的"刻画性体验[①]"的东西。比如,在做出指向动作时用手指或者用目光画出那个轮廓。——但是,**这种事情**并非在我"意指这个形状"的所有情形中都发生,正如任何一种不同的刻画性过程并非在所有这些情形之中都发生一样。——但是,即使这样一种过程在它们之中都重复发生了,我们是否会说"他指向了这个形状而非这个颜色"这点也还是取决于诸情况——即取决于发生于指向之前和之后的事情。

因为"指向这个形状"、"意指这个形状"等等说法[1]并非是像下面**这些**说法那样被使用的:"指向这本书"(而不是那本书),"指向这把椅子,而不是这张桌子",等等。——因为只需要想一下我

---

① 异文(TS 227a):"过程"。

们是如何以不同的方式**学习**这些说法的用法的："指向这个东西"，"指向那个东西"，另一方面："指向这个颜色，而非这个形状"，"意指这个**颜色**"，等等，等等。

正如已经说过的，在某些情形中，特别是在指"向这个形状"或者指"向数目"时，存在着刻画性的指向体验和方式——之所以说是"刻画性的"，是因为在"所意指的"是形状或数目时，它们常常（而非总是）重复出现。但是，你也知道一种指向作为**棋子**的棋子的刻画性体验吗？人们当然可以说："我的意思是这个**棋子**而不是我所指向的这块特定的木头叫作'王'。"（再次认出、愿望、回忆，等等。）

[1] 如下事情是如何发生的：将"**这**是蓝色的"这句话有时**意指**为关于人们所指向的那个对象的一个断言——有时**意指**为对"蓝色的"这个词的解释？因此，在第二种情形下真正说来人们意指的是"这叫作'蓝色的'"——因此，人们能够有时将"是"这个词意指为"叫作"，将"蓝色的"这个词意指为"'蓝色的'"，而另一个时间则将"是"真的意指为"是"吗？

如下事情也是可能发生的：某个人从本来被意指为报告的东西中得出一个语词解释。[在此隐藏着一个具有重大影响的迷信。]

我能够用"bububu"这个词意指"Wenn es nicht regnet, werde ich spazieren gehen"（如果天不下雨的话，我就会去散步）吗？——只有在一个语言中我才能用什么东西意指什么东西。这点清楚地表明："意指"的语法并非类似于"想象某种东西"这个表达式以及其它类似的表达式的语法。①

36. 我们这里所做的是我们在众多类似的情形下所做的事情：因为我们不能给出**一个**我们称为指向这个形状（而非比如这个颜色）的身体的行为,因此我们便说,一个**精神**的活动对应于这些语词。

如果我们的语言让我们猜测在一个地方存在着一个身体,但是并没有任何身体存在于其中,那么我们便想说,在那里存在着一个**精神**。

37. 一个名称和所命名的东西之间的关系是什么？——好的,它**是**什么？请查看一下语言游戏(2)或者另一个语言游戏！在那里便可以看出这种关系大概在于什么。这种关系,除了许多别的事情之外,也可能在于:一个名称之听见将被命名的东西的图像召唤到我们的心灵的前面,而且除了别的事情之外,它也在于:这个名称被写在了被命名的东西之上,或者在指向被命名的东西时它被说出了。

38. 但是,比如在语言游戏(8)中出现的"这个"这个词或者在"这叫作……"这个实指解释中出现的"这"这个词是命名什么的？——如果人们不想引起任何混乱,那么人们最好根本不说这

---

① 在 TS 227a 中,这个评论分别打印在两张纸条上,置于第 31 和 32 页之间(TS 227b 没有这样的纸条)。第 31 页最后的文字为§35 第二段中的"因为'指向这个形状'",第 32 页第一行开始部分文字为§35 第二段中的"'意指这个形状'等等说法"。在此,维特根斯坦没有给出有关这个评论的位置的进一步的提示。为了便于引用,我将这个评论权且标注于§35 相应处的注释。这个评论第二段方括弧中的话以边注的形式纵向书于记录第一和第二段话的纸条的左侧(为维特根斯坦手迹)。

些词是命名某种东西的。——令人惊奇的是，人们曾经针对"这个"这个词说：它是**真正的**名称。① 因此，所有在其它情况下我们称作"名称"的东西都只是在一种不精确的、近似的意义上是名称。

可以说，这种奇特的观点源自于一种崇高化我们的语言的逻辑的倾向。对于它的真正的回答是：我们称**非常不同的东西**为"名称"；"名称"这个词刻画了一个词的众多不同的、彼此以许多不同的方式具有亲缘关系的用法种类；——不过，"这个"这个词的那种用法种类并不属于这些种类的用法之列。

不错，在比如实指定义中我们经常指向被命名的东西并且与此同时说出这个名称。而且同样，比如在实指定义中在指向一个东西时我们说出"这个"这个词。而且在命题关联中"这个"这个词和一个名称也常常处于相同的位置。但是，对于一个名称来说具有刻画意义之点恰恰是：它是经由指示的"这是 N"（或者"这叫作'N'"）来解释的。但是，我们也解释说"这叫作'这个'"或者"这个叫作'这个'"吗？

这点与将命名看成一种可以说玄妙的过程的观点有关。命名看起来像是一个语词和一个对象之间的**一种奇特的**结合。——而且，在如下场合这样一种奇特的结合实际上已经发生了：为了查明什么是一个名称与被命名的东西之间的**那种**关系，一个哲学家死盯着他面前的一个对象并且与此同时无数次地重复念叨着一个名

---

① 参见 Russell,"*The philosophy of Logical Atomism*", in his *Logic and Knowledge：Essays 1901-1950*, ed. R. C. Marsh, London：Allen & Unwin, 1956, pp. 200-201。

称，——或者还有"这个"这个词。因为当语言**休假**时，哲学问题便出现了。而且，**此时**我们的确会想象：命名是某种令人惊奇的心灵行为，好似是对一个对象的一次洗礼。我们也会好像是**对着**这个对象说出"这个"这个词，用它向它**打招呼**——对这个词所做的一种奇特的使用，毫无疑问，只有在做哲学时才会出现这样的使用。

39. 但是，为什么人们想到要使得恰恰这个词成为名称，而在这里它显然**绝不是**名称？——原因恰恰是这样的。因为人们试图针对通常叫作"名称"的东西提出一种反对意见；人们可以这样来表达这种反对意见：**名称真正说来应当表示简单的东西**。人们可能会这样来为此提供根据：比如"诺统"①这个词是一个通常意义上的专名。诺统这把剑是由处于特定的复合方式中的诸部分构成的。假定它们以不同的方式复合在一起，那么诺统便不存在了。但是，现在"诺统具有一个锋利的刃"这个命题显然具有**意义**，而不管诺统仍然是完整的，还是已经被粉碎了。但是，如果"诺统"是一个对象的名称，那么当诺统被粉碎了时便不再有这个对象了；因为这时没有任何对象对应于这个名称，因此它便不具有任何意义了。但是，这时在"诺统具有一个锋利的刃"这个命题中便出现了一个

---

① "诺统"德文为"Nothung"，瓦格纳歌剧《尼伯龙根的指环》(*Der Ring des Nibelungen*)中主人公所佩宝剑名。该剑先是被人击碎，然后又成功复原。瑞斯在其译文中保留了这个德文名。在修改该译文时，在该名称第一次出现时维特根斯坦将其改作"Excalibur"（误作"Escalibr"），但是他并没有改动其随后的出现。这可能是因为他意识到，这个英文名并不妥当。Excalibur 为英国历史传说中的凯撒大帝所用宝剑，它没有这样的经历：被打碎又得以复原。（参见 TS 226：27；*Philosophical Investigations*, revised fourth edition by P. M. S. Hacker and J. Schulte, Endnotes, p. 246）

没有任何意义的语词,因此这个命题便是胡话。但是,它现在具有意义;因此,必定总是有某种东西对应着它借以构成的那些语词。因此,在对这个意义的分析中"诺统"这个词必定消失,代替它而出现的必定是命名简单的东西的诸语词。我们将恰当地称这些语词为真正的名称。

40. 首先,让我们谈论一下这个思路的**那个**要点:即如果没有任何东西与一个语词对应,那么它就没有任何意义。——确定如下之点是重要的:如果人们用"意义"这个词来表示"对应"于一个词的那个东西,那么它便被以违反语言规则的方式加以使用了。这也就是说,一个名称的意义被混同于这个名称的**承受者**了。假定某某先生死了,那么人们说,这个名称的承受者死了,而不说这个名称的意义死了。这样说没有任何意义,因为如果这个名称不再具有意义,那么"某某先生死了"这种说法也恰恰不具有任何意义了。

41. 在§15中我们将专名引入语言(8)之中。现在假定,那个具有名称"N"的工具被砸碎了。A不知道这点并且将符号"N"给予B。现在这个符号有意义还是没有意义?——当B得到这个符号时他应当怎么做?——我们还没有就此做出约定。人们可能会问:他**将要**做什么?好了,他或许会无所适从地站在那里,或者会给A看那些碎片。在此人们**可以**说:"N"变得没有意义了;这种说法或许断定了,在我们的语言游戏之中不再有对于"N"这个符号的运用了(除非我们给予它一种新的运用)。"N"也可以经由如下方式而成为没有意义的:人们给予这个工具一个不同的名称(无论出于哪种理由),在这个语言游戏中不继续运用符号"N"了。——不过,我们也可以想到这样一种约定,按照它,当一个工具被砸碎了并且 A 给出这个工具的符号时,作为对此的回答 B 要摇一下头。——人们可以说,借此命令"N"便被接纳到这个语言游戏之中——即使这个工具不再存在了,而且,符号"N"还是具有意义——即使其承受者停止存在了。

42. 但是,即使**从来**没有被用作一种工具的名称在那个游戏之中或许也具有意义吗?——因此,我们假定,"X"就是这样一个符号,而且 A 将这个符号给予 B——现在,即使这样的符号也可以被接纳进这个语言游戏之中,而且 B 或许也要通过摇一下头来回答它们。(人们可以将这看作这两个人之间的一种取乐方式。)

43. 对于"意义"这个词的利用的诸情形中的一个**大**类来说——即使并非对于其利用的**所有**情形来说——人们可以以这样的方式解释这个词:一个语词的意义就是其在语言中的用法。

人们有时通过指向其**承受者**的方式来解释一个名称的**意义**。①

---

① 在 TSS 227a 和 227b 中,这个评论接下来还有一段话:

或许如下说法更为正确:一个语词的意义是它在语言中的一种使用方式。在此如下问题还有待决定:我们将什么称为一种统一的用法,而且将什么称为**比如两种//不同的//使用方式//**一种双重的用法。我相信,事实将表明,关于这点无法给出任何轮廓清晰的规则。

在 TS 227a 中,这段话先是被用交叉线划掉,后又在左侧空白处标注了"文本保留"(STET)之字样。而在 TS 227b 中则没有出现这样的字样。在 TSS 227a 和 227b 之§62 最后,原本均有这样一句话:"与(43)最后一段话的联系。"在 TS 227a 中这句话未被划掉,在 TS 227b 中则相应地被划掉了。(TS 227a 中的修改非维特根斯坦手迹,TS 227b 中的修改部分为维特根斯坦手迹。)

44. 我们曾经说：即使诺统已经被粉碎了，命题"诺统具有一个锋利的刃"也仍然具有意义。现在，事情之所以是这样的，这是因为在这个语言游戏中一个名称即使在其承受者不在了的情况下仍然被使用着。不过，我们可以设想这样一个带有名称的语言游戏（也即带有这样的符号的语言游戏，我们肯定也会将其称为"名称"），在其中这些名称只有在承受者在场的情况下才被使用；因此，它们**总是**可以由带有指示手势的指示代词来代替。①

45. ②指示的"这个"绝不可能没有承受者。人们会说："只要有一个**这个**，那么'**这个**'这个词也就具有意义，而无论**这个**现在是简单的还是复合而成的。"——但是，这恰恰没有使得这个词成为一个名称。相反，因为一个名称并非是同指示手势一起运用的，而

---

① 在 TSS 227a 和 227b 中，此节接下来原本还有如下一段话（另起段），后用斜线划掉：

> 假定我们观察到这样一个平面，其上的颜色斑点缓慢地变换其形状和位置。我已经经由实指定义而将它们命名为"P"、"Q"等等。我们的语言的作用是：用一个评论来伴随这些过程。我说："瞧，现在 P 如何收缩在一起并且靠近 R。"在这个语言中不存在"Q 不再存在了"这样类型的命题，~~正如我们也不会说"这个不再存在了"一样~~。当这个承受者停止存在时，名称便丧失了其意义运用。就"P"、"Q"等而言，只要它们终究具有意义，便总是有某种东西与其相应。它们不可能变成无承受者的；只不过，这点绝非构成了这个语言游戏的优点，~~因为一个名称恰恰在没有承受者的情况下也能够具有目的，运用，也即意义。（因此，比如"奥德赛"这个名称是具有意义的。）~~

② 在 TS 227a 中，此节开始是这样的："但是，我相信，我们的语言游戏能够为我们指出一个有关如下事情的理由：人们为什么能够想要将这个指示代词处理成名称。因为。"在 TS 227b 中，这句话原也如此，后被修改成这样："人们为什么能够想要将这个指示代词处理成名称，其理由之一为："关于这句话，在载有该评论的第 38 页（TS 227b）顶部空白处，维特根斯坦先是写道："我未能如愿地想出一个具有启发意义的例子。"后用波浪线删掉。

只是经由其得到解释的。

46. 现在,名称真正说来表示简单的东西这个断言是**怎么一回事儿?**——

(在《泰阿泰德篇》中)苏格拉底说:"因为如果我没有弄错的话,那么我从一些人那里听到如下说法:对于可以说我们和所有其它事物所借以复合而成的那些**原初元素**来说,不存在任何解释;因为就一切凭借其自身而存在的东西来说,人们仅仅能用名称来**表示**它们;一种不同的规定是不可能的——无论是这样的规定:它**存在**,还是这样的规定:它**不存在**,均不可能。……但是,对于凭借自身而存在的东西……,人们必须不借助于任何其它的规定来命名。但是,因此我们便不可能以一种解释的方式来谈论任何一个原初元素;因为对于这个东西来说,只存在单纯的命名;它的确仅仅具有它的名称。但是,正如由这些原初元素复合而成的东西自身是一个编织起来的构成物一样,它们的名称在这样的编织中也成为解释性的言语;因为后者的本质便是诸名称的编织。"[①]

[①] 维特根斯坦引述的段落出现在《泰阿泰德篇》201d-202c。维特根斯坦所用文本为:Platon, *Protagoras und Theaitetos*, ins Deutsche übertragen von K. Preisendanz, Jena:E. Diederichs,1910,S. 232-233. 引文中省略的部分的中译文分别为:

因为借此人们已经将一种存在或者不存在(Nichtsein)赋予给它了;然而,如果人们只想要命名那种凭借其自身而存在的东西,那么人们根本就不应当给其附加上任何东西。因为人们既不应当将一个"自身",也不应当将一个"那个",同时还不应当将一个"每个"、一个"仅仅"或者一个"这个"带进来,正如人们不应当将其他类似的规定带进来一样。因为它们是最为一般的表达式,而这又是因为人们将它们附加给所有语词,但是尽管如此它们却不同于人们给它们联结上的那些语词。

——假定命名它们竟然是可能的,并且假定可能存在着一种确定的解释。

(接下页注)

罗素和"个体"和我的"对象"(《逻辑哲学论》)也都是这样的原初元素。①

47. 但是,构成实在的那些简单的构成成分是什么?——一把椅子的简单构成成分是什么?——是组合成它的那些木块?或者是分子,抑或是原子②?——"简单的"意味着:不是复合而成的。在此,重要的事情是:什么意义上的"复合而成的"?绝对地谈论"椅子的简单的构成成分"根本没有任何意义。

或者:我关于这棵树、这把椅子的视觉图像是由诸部分构成的?其简单的构成成分是什么?多色性是一种复合性;另一种复合性是比如由笔直的线段构成的折线轮廓图的复合性。一条曲线段可以说成由一条上升枝和一条下降枝复合而成的。③

(接上页注)显然,维特根斯坦之所以省略了前一段话,是因为他以前并不认同这段话所表达的如下观点:原初元素不可用"自身"、"仅仅"、"每个"、"那个"、"这个"等等词项来言说。另外,他以前并非认为对象绝对不可描述,而只是认为人们不能有意义地言说它们具有如此这般的本质性质(内在性质)。最后,我们还要注意:与柏拉图笔下的苏格拉底所谈到的观点相反,前期维特根斯坦并不认为他的对象可以独自存在或者说凭借自身而存在。

① 参见:Russell,"*The philosophy of Logical Atomism*",in his *Logic and Knowledge:Essays 1901-1950*,ed. R. C. Marsh,London:Allen & Unwin,1956,pp. 194-195,199-202,252-253,269-81;维特根斯坦,《逻辑哲学论》,2.01-2.032。

② 在 TS 227a 中为"电子",在 TS 227b 中改为"原子"(非维特根斯坦手迹)。

③ "折线"德文为"gebrochenen Kontur","曲线段"德文为"Kurvenstück"。在修改瑞斯《哲学研究》早期稿的英译文(即 TS 226)时,维特根斯坦建议将原译文"broken contour"改作"broken line"(折线),并在该段话的左侧空白处画上了如下示图,以说明他欲用"gebrochenen Kontur"和"Kurvenstück"这两个词所揭示的那种区别(TS 226:32):

如果我不加进一步解释地向一个人说"我现在面前所看到的东西是复合而成的",那么他会有道理地提出这样的问题:"你用'复合而成的'意指的是什么?它当然可以意味着一切可能的事项!"——如果你已经事先确定好了所要处理的是什么样的复合而成的——也即,所要处理的是这个词的哪一种独特的用法,那么"你看到的东西是复合而成的吗?"这个问题当然是有意义的。如果人们规定,当一个人不仅看到了树干而且看到了树枝时,关于树的视觉图像当称为"复合而成的",那么"关于这棵树的视觉图像是简单的还是复合而成的?"和"它的简单的构成成分是哪些东西?"这样的问题便有一个清楚的意义——一个清楚的运用。对于第二个问题,答案当然不是"树枝"(这是对"在此人们**称**什么为'简单的构成成分'?"这个**语法**问题的回答),而是比如对于单个的树枝的描述。

但是,难道比如一个棋盘不是显而易见地、绝对地复合而成的吗?——你所想到的可能是32个白色方格和32个黑色方格的复合。但是,难道我们不是也能够说比如它是由颜色白、黑和方格网图式复合而成的吗? 如果在此存在着完全不同的看待方式,那么你还要说棋盘是绝对地"复合而成的"吗?——**在**一个特定的游戏**之外**提出"这个对象是复合而成的吗?"这样的问题,这种做法类似于一个少年曾经做过的如下事情:他应当说明某些例句中出现的那些动词是以主动形式还是被动形式使用的,而他却绞尽脑汁地思考比如"睡觉"这个动词意谓的是某种主动的东西还是被动的东西。

我们以无数不同的方式使用"复合而成的"这个词（因此"简单的"这个词）——这些使用方式彼此以不同的方式具有亲缘关系。（棋盘上的一个格子的颜色是简单的还是由纯白和纯黄组成的？白色是简单的还是由彩虹的诸颜色构成的？——这条 2 厘米长的线段是简单的还是由两条各一厘米长的子线段组成的？但是，它为什么不是由一条 3 厘米长的线段和一条在负的意义上附加给它的 1 厘米长的线段组成的？①）

对于"关于这棵树的视觉图像是复合的吗，它的构成成分是什么？"这样的**哲学**问题，正确的回答是："这要取决于你如何理解'复合而成的'。"（这自然不是什么回答，而是对这个问题的一种拒绝。）

48. 让我们将 §2 中的方法应用到《泰阿泰德篇》的描述上。请考虑这样一个语言游戏，这种描述真的适用于它。这个语言是用来表现一个平面上的颜色方格的组合的。这些方格构成了一个棋盘形状的复合物。有红色的（rote）、绿色的（grüne）、白色的（weiße）和黑色的（schwarze）方格。这个语言的（相应的）语词是：

---

① 最后这句话的德文为："Aber warum nicht aus einem Stück von 3 cm Länge und einem, in negativem Sinn angesetzten, Stück von 1 cm？"安斯考姆版、哈克和舒尔特版均译作："But why not of one bit 3 cm long, and one bit 1 cm long measured in the opposite direction?"（但是为什么不是由 3 厘米长的一段和向相反方向测量的 1 厘米长的一段构成的？）这与原文不一致。瑞斯在翻译《哲学研究》早期稿时给出的翻译是这样的："But why not of a piece 3cm long and a piece of 1cm added on in a negative sense?" 在修改这个译文时，维特根斯坦只是在"3cm"前加上了"of"并且将"long"去掉，其余未动。（参见 TS 226:33）显然，这种译法是比较准确的。

"R"、"G"、"W"、"S",而一个命题是这些词构成的词列。它们依如下次序描写了颜色方格的排列:

1	2	3
4	5	6
7	8	9

因此,命题"RRSGGGRWW"描写了比如一种如下形式的复合[①]:

R	R	S
G	G	G
R	W	W

在此,一个命题是诸名称的复合物,一个由诸元素构成的复合物与之对应。原初元素是颜色方格。"但是,这些颜色方格是简单的吗?"——我不知道,我应当将这个语言游戏中的什么东西更为自然地称为"简单的"东西。但是,在其它情况下,我会将单色方格称为"复合而成的",比如是由两个长方形或颜色和形状这样的元素复合而成的。不过,复合概念也可以以这样的方式加以引申:一块较小的面积被称为由一块较大的面积和一块从其减掉的面积"复合而成的"。比较力的"复合"、一条线段由其外的点所进行的"划分";这些说法表明,我们有时也倾向于将较小的部分看成较大的部分的复合的结果,将较大的部分看成较小的部分的划分的一个

---

① 在 TSS 227a 和 227b 中,如下示图中颜色方格是由相应的颜色语词的首字母来代表的。在 TS 227b 中,在示图右侧写有如下指示:"加上颜色。"

结果。①

但是，我不知道，现在我是否应当说，我们的命题所描写的那个图形是由四个元素构成的，还是由九个元素构成的！那么，那个命题是由四个字母构成的还是由九个字母构成的？——**其元素是什么：诸字母类型或诸字母？**我们说其元素是哪一个，这点难道不是无所谓的吗？只要我们在特定的情形下避免了误解！

49. 但是，我们不能解释（也即描述）而只能命名这些元素这种说法的意义是什么？它说的或许可以是：一个复合物的描述，在一种极限情况下，当它仅仅由**一个**方格构成时，直接就是这个颜色方格的名称。

在此人们可以说——尽管这样说容易导致各种各样的哲学迷信——一个符号，诸如"R"或"S"等等，有时可以是一个词，有时可以是一个命题。但是，它"是词或命题"，这点取决于说出或写下它的情形。比如，如果 A 应当向 B 描述由诸颜色方格构成的复合

---

① 在此，维特根斯坦尝试通过物理学中的力的合成概念和数学中线段的外分概念解释来复合概念的复杂性和相对性。根据力的平行四边形法则，力 F1 和 F2 的合力 F 的大小和方向随着 F1 和 F2 之间的夹角而变化。当夹角等于 0°时，力 F1 和 F2 在同一直线上且方向相同，合力的大小等于两个力的大小之和，合力的方向跟两个力的方向相同。当夹角等于 180°时，力 F1 和 F2 在同一直线上但方向相反，合力的大小等于两个力的大小之差，合力的方向跟两个力中较大的那个力的方向相同。这表明，我们有时也倾向于将较小的部分看成一个较大的部分和另一个较小（甚至于较大）的部分的复合的结果。按照数学中的外分定义，在线段 AB 的延长线上任取一点 D，使点 D 和 A、B 构成两条线段 AD 和 DB，则 AD 和 DB 被称为点 D 外分 AB 而得到的线段。该分法简称线段的外分，点 D 为 AB 的外分点。这样，AD 这条较长的线段就被看成 AB 这个较短的线段的划分的结果。这表明，我们有时也倾向于将较大的部分看成较小的部分的划分的结果。

物，在此他**仅仅**使用了"R"这个词，那么我们便可以说，这个词是一个描述——一个命题。但是，如果他在通过大声地重复说出的方式让自己记住比如这些词及其意义，或者他在教另一个人学习这些词的用法并且在实指教学的过程中说出它们，那么我们不会说，它们在此是命题。在这种情形中，"R"这个词绝不是比如描述；人们用它来**命名**一个元素；——但是，也正因如此，在此说人们**只能**命名这个元素便非常奇怪了！命名和描述肯定并非处于**一个**层次上：命名是描述的准备。命名还根本不是语言游戏中的任何步骤，——正如一个棋子的**摆放**不是象棋中的一个步骤一样。人们可以说：经由对一个事物的命名人们还**没有**做出**任何事情**。它也没**有**名称，——除非在一个游戏之中。这也是弗雷格如下断言的意义：只有在一个命题的关联中一个词才具有意义[①]。

50. 那么，针对元素说，我们既不能将存在也不能将非存在归属给它们，这种说法意味着什么？——人们可以说：如果我们称为"存在"和"不存在"的所有东西都在于诸元素之间的结合的成立和不成立，那么谈论一个元素的存在（不存在）没有意义；正如，如果我们称为"毁坏"的所有东西均在于诸元素的分离，那么谈论一个元素的毁坏便没有意义。

但是，人们却要说：人们之所以不能将存在归属给一个元素，是因为如果它不**存在**，那么人们甚至都不能命名它，因此也根本不

[①] 参见：G. Frege, *Die Grundlagen der Arithmetik：Eine logisch mathematische Untersuchung über den Begriff der Zahl*, Breslau: M. & H. Marcus, 2. Auflage, 1934, S. x, 71.

能将任何东西表述给它。——还是让我们考察一种类似的情形！针对**一个**东西,人们既不能说它是1米长的,也不能说它不是1米长的,这就是巴黎的标准米。——但是,借此我们当然并没有将任何一种奇特的性质归属给这个东西,而只是标示出了它在用米尺进行测量的游戏中的独特作用。——设想一下,颜色样品也以与标准米类似的方式保存在巴黎。因此,我们解释道:"深棕色"指密封保存在那里的标准-深棕色的颜色。于是,针对这个样品,无论说它具有这种颜色还是不具有这种颜色,都将是没有任何意义的。

我们可以这样来表达这点:这个样品是我们借以做出颜色陈述的语言中的一件工具。在这个游戏中,它不是所表现的东西,而是表现的手段。——这点恰恰适用于语言游戏(48)中的一个元素,当我们说出"R"这个词以命名它时:我们借此将我们的语言游戏中的一个角色给予了这个东西;于是,它成为表现的**手段**。说"如果它不**存在**,那么它便不能具有**名称**",这和如下说法说出的东西同样多且同样少:如果没有这个东西,那么我们便不能在我们的游戏中运用它。——表面上看**必须**存在的东西属于语言。它是我们的语言中的一个范型;某种借以进行比较的东西。断定了这点可以意味着做出了一个重要的断言;但是,它仍然是一个关于我们的语言游戏——关于我们的表现方式——的断言。

51. 在语言游戏(48)的描述中我说过,语词"R"、"S"等等对应于诸方格的颜色。但是,这种对应在于什么;在什么范围内,人们可以说这些方格的某些颜色对应于这些符号?(48)中的解释肯定只是建立起了这些符号和我们的语言的某些语词(颜色名称)之间的一种关联。——现在,我们假定:诸符号的用法在这个游戏之中是以不同的方式,而且是通过指向范型的方式来教给人的。好的;但是,现在如下说法意味着什么:在**这个语言的实践**中某些元素对应于诸符号?——它在于如下之点吗:描述诸颜色方格的复合物的人在此总是说出"R"——在一个红色的方格出现的地方;说出"S"——在一个黑色方格出现的地方,等等?但是,如果在进行描述时他出错了,在看到一个黑色方格的地方,他错误地说出"R",情况如何?——在此什么是如下之点的标准:这是一个**错误**?——或者,"R"表示一个红色的方格这点在于如下事实吗:当使用这个语言的人们使用符号"R"时,在他们的精神中总是浮现着一个红色的方格?

为了看得更为清楚,在这里——正如在无数类似的情形中一样——我们必须考虑到诸过程的细节,必须**从近处观察**所发生的事情。

52. 如果我倾向于假定,一只老鼠经由自然发生而从灰色碎布和尘土之中产生出来,那么如下做法将是不错的:从如下方面精确地研究一下这些碎布:一只老鼠如何能够藏匿在它们之中,它如何能够到达那里,等等。但是,如果我深信,一只老鼠不可能从这些东西之中产生出来,那么这种研究或许就是多余的了。

但是,我们必须首先了解一下哲学中阻碍这样一种对细节的考察的东西是什么。

53. 现在,对于我们的语言游戏(48)来说,存在着这样的**不同的**可能情况,不同的情形,在其中我们会说,一个符号在这个游戏中命名一个具有某某颜色的方格。比如,在如下情况下我们便这样说:我们知道了这些符号的用法是以某某方式教给使用这个语言的人们的。或者,在如下情况下:人们以书面的形式,比如以一个表格的形式,写出:这个元素对应于这个符号,而且在这个语言的教学的过程中人们利用了这个表格,在某些有争议的场合,人们援引它来做出决断。

但是,我们也可以设想,一个这样的表格是语言使用中的一个工具。这时,一个复合物的描述是这样进行的:描述这个复合物的人随身带着一个表格,在其上寻找该复合物的每一个元素,并且在表格上从它转移到这个符号(事情也可能是这样的:被给予这个描述的那个人借助于一个表格将这个描述的诸语词翻译成有色方格的直观形象)。人们可以说:在此这些表格接受了在其它情况下记忆和联想所扮演的角色。(通常情况下,我们不会按照如下方式来执行命令"请给我拿一朵红色的花来!":我们在一个颜色表格中寻找红色,然后拿来一朵具有我们在表格中发现的那种颜色的花;但是,如果所要处理的事情是:选出或者混合出红色的一个特定的色调,那么如下事情便发生了:我们使用一个样品或者一个表格。)

如果我们将这样一个表格称为这个语言游戏的一条规则的表达,那么人们便可以说:可以将一个语言游戏中的非常不同的角色适当地分配给我们称为这个游戏的规则的东西。

54. 还是请来思考一下:在什么样的情况下我们说一个游戏是按照一条确定的规则玩的!

这条规则可以是这种游戏课程中的一种权宜手段。学习者得知了它,并且练习着应用它。——或者,它本身就是这个游戏的一个工具。——或者:一条规则既没有在这种课程中,也没有在这种游戏本身中得到运用;它也没有被写进一个规则清单。人们通过观看其他人玩这个游戏的方式来学习它。但是,我们说,它是按照某些规则来玩的,因为一个观察者可以从这个游戏的实践中读出这些规则,——像游戏行动所遵循的一条自然律一样。——但是,这个观察者在这种情形中如何区分开这个游戏者的一个错误和一个正确的游戏行动?——在游戏者的行为中存在着关乎此的标志特征。请想一想纠正一个口误的人的那种刻画性行为。即使我们不理解一个人的语言,认出如下之点也是可能的:他在做这样的事情。

55. "语言的名称所表示的东西必定是不可毁坏的:因为人们必定能够描写这样一种状态,在其中一切可以毁坏的东西都毁坏了。而且,在这个描述中包含有语词;于是,与它们对应的东西不应当遭到了毁坏,因为,否则,这些语词便没有意义了。"我不应该将我坐着的那个树枝锯掉。

现在,人们自然可以立即反对道,这个描述本身当然必须排除于这种毁坏之外。——但是,对应于这个描述的诸语词的东西,进而当这个描述为真时不应当遭到毁坏的东西,是给予这些语词以其意义的东西,——没有它们,它们不会有任何意义。——但是,这个人在某种意义上当然是对应于其名称的东西。但是,他是可以毁坏的;而当这个承受者被毁坏时,其名称并没有失去其意义。——对应于这个名称的东西,没有它该名称便没有意义的东西,是比如这样一个范型:在语言游戏中它是和这个名称联系在一起使用的。

56. 但是,如果没有任何这样的样品属于语言,如果我们**记住**

比如一个词所表示的那种颜色，那么情况会怎么样？"如果我们记住它，那么当我们比如说出这个词的时候，它便出现在我们的精神之眼前面。因此，如果我们随时回忆起它这种可能性应当存在，那么就其本身而言它必定是不可毁坏的。"——但是，我们到底将什么东西看成如下事情的标准：我们正确地回忆起了它？——当我们使用一个样品而非我们的记忆时，有时我们说：这个样品已经改变了其颜色，而且我们借助于记忆来判定这点。但是，难道我们有时不是也能谈论比如我们的记忆图像（比如）变暗了吗？难道我们不是像受一个样品摆布那样也受记忆的摆布吗？（因为一个人可能想说："如果我们没有记忆，那么我们便受一个样品的摆布。"）——或者也许受一种化学反应的摆布。设想你应当画出这样一种特定的颜色"F"，当化学物质 X 和 Y 彼此结合在一起时人们就会看到它。假定有一天你觉得这种颜色比另一天亮；这时，难道你有时不是会说："我必定弄错了，这种颜色肯定是昨天那种颜色"？这表明，我们并非总是将记忆告诉我们的东西用作最高的、不可上诉的裁决。

57. "红色的东西可以被毁坏，但是红色不可以被毁坏，所以'红色'一词的意义独立于一个红色的事物的存在。"——当然，说红这个颜色（是颜色，而非颜料）被撕破了或被踏碎了没有任何意义。但是，难道我们不是说"红色消失了"吗？请你不要抱住这样的说法不放：即使不再有任何红色的东西了，我们还是能够将红色召唤到精神之眼前面！这种说法就如同你要说：在那种情况下，总是还会存在着一种产生红色的火苗的化学反应。——因为如果你不再能回忆起这种颜色了，这时情况会怎样？——如果我们忘记了哪一种颜色具有这个名称,那么对于我们来说它便失去了它的意义;也即,我们不再能够用它来玩某个特定的语言游戏了。于是,这种情形可以与如下情形加以比较:曾经是我们的语言的一个手段的那个范型丢失了。

58. "我将仅仅这样的东西称为'**名称**',它不能出现于'X存在'这样的结合之中。——因此,人们不能说'红色存在',因为,如果没有红色,那么人们根本无法谈论它。"——更准确地说:如果"X存在"与如下命题应当断言了同样多的东西:"X"具有意义,——那么它便不是任何处理X的命题,而是一个有关我们的语言的用法的命题,即关于"X"一词的用法的命题。

表面上看,在做出如下断言时我们似乎说出了有关红色的本性的一些事情:"红色存在"这句话没有给出任何意义。它恰恰"凭借自身"而存在。同样的想法,——这是一个有关红色的本性的形而上学断言,——也表达于如下事实之中:我们说比如红色是与时间无关的,而且或许更为强烈地表达在"不可毁坏的"一词之中。

但是,真正说来,我们只是**想要**将"红色存在"理解成断言:"红色"这个词具有意义。或者,更为准确地说,也许是这样:将"红色不存在"理解成"'红色'没有任何意义"。只是我们不想说,那个表达式**说出了**这点,而要说,**如果**它究竟还具有一种意义,那么它必须说出了**这点**。我们要说:但是,在企图说出这点时,它陷入了自相矛盾——因为红色恰恰"凭借自身"而存在。然而,矛盾大概只存在于如下之点:看起来这个命题似乎是在谈论颜色,然而它应当是在就"红色"这个词的用法说出些什么。——不过,实际上,我们当然说,某种特定的颜色存在;而这种说法与如下说法意味着同样多的东西：某个具有这种颜色的东西存在。第一种说法并不比第二种说法更缺少精确性，在这样的地方情况尤其如此，在那里，"具有这种颜色的东西"不是物理对象。

59. "**名称**表示的仅仅是作为实际的**元素**的东西。不可毁坏的东西；在一切变化中保持不变的东西。"——但是，这是什么东西？——当我们说出这个命题时，它可是已经浮现在我们眼前了！我们已经说出了一个完全特定的心象。一幅我们要运用的特定的图像。因为经验肯定没有向我们展示这些元素。我们看到某种复合的东西（比如一把椅子）的**构成成分**。我们说，靠背是这把椅子的一个部分，但是它自己又是由不同的木块复合而成的；而椅子腿则是一个较为简单的构成成分。我们还看到这样一个整体，它变化了（遭到了毁坏），而它的构成成分却保持不变。这些便是我们借以从中制作关于实际的那幅图像的材料。

60. 如果现在我说："我的扫帚立在墙脚，"——这果真是一个有关扫帚把和扫帚头的陈述吗？无论如何，人们的确可以用一个说明扫帚把的位置和扫帚头的位置的陈述来取代这个陈述。而且前者的确是后者的一个进一步分析了的形式。——但是，为什么我将其称为"进一步分析了的"？——好了，当这把扫帚处于那里时，那么这当然意味着，扫帚把和扫帚头必定放在那里并且它们彼此处于特定的位置上；这点可以说早就隐藏在这个命题的意义之中了，并且现在在这个分析了的命题之中被**说出来了**。因此，那个说这把扫帚立在墙脚的人的意思真正说来是这样的吗：这个扫帚把放在那里，这个扫帚头放在那里，并且这个扫帚把插在这个扫帚头之内？——如果我们问某个人说：他的意思是否是这样的，那么他很有可能会说：他根本没有特别地想到这个扫帚把，或者根本没有特别地想到这个扫帚头。这会是**适当的**回答，因为他既没有想要特别地谈论这个扫帚把，也没有想要特别地谈论这个扫帚头。请设想你向某个人说"请将那个扫帚把和那个插在它之上的扫帚头给我带来！"——而不说"请将那把扫帚给我带来！"——难道对此的回答不是这样的吗："你是想要那把扫帚吗？为什么你如此奇特地表达这点？"——因此，他会更好地理解那个进一步分析了的命题吗？——人们可以说，这个命题与那个通常的命题完成了相同的东西，但是是以一种更为繁琐的方式做到这点的。——请设想这样一个语言游戏，在其中人们给某个人下达了这样一个命令：将某些由许多部分复合而成的东西带来，移动它们，或者诸如此类的事情。而且，请设想玩它的两种方式：在其中一种(a)中诸复合而成的东西（如扫帚、椅子、桌子等等）具有名称，像在(15)中一样；在其中另一种(b)中只有诸部分得到名称并且整体是借助于它们得到描述的。——究竟在什么样范围内第二个游戏中的一个命令是第一个游戏中的一个命令的一种分析了的形式？前者竟然潜伏于后者之中，而现在则经由分析被取出来了吗？——是的，当人们将扫帚把和扫帚头分开来时，这把扫帚便被分解了；但是，将那把扫帚拿来这个命令因此也是由诸相应的部分构成的吗？

61. "但是，你当然不会否认，(a)中的一个特定的命令与(b)中的一个命令说出了相同的东西；如果你不愿将第二个命令称为第一个命令的一种分析了的形式，那么你究竟将如何称呼它？"诚然,我也会说,(a)中的一个命令与(b)中的一个命令具有相同的意义;或者,如我前面所说的那样:它们完成了相同的东西。而这意味着:如果人们给我看比如(a)中的一个命令并且提出"这个命令与(b)中的哪一个命令同义?"这个问题,或者还有"它与(b)中的哪一个命令矛盾?",那么我将以如此这般的方式来回答这个问题。但是,借此人们并没有说:我们已经就"具有相同的意义"或者"完成了相同的东西"这个表达式的运用达成了**普遍的**一致。因为人们可以问:在什么样的情形下我们说"这只是同一个游戏的两种不同的形式"?

62. 请设想比如如下情况:那个接到(a)和(b)中的那些命令的人在拿来所要的东西之前要在一个将诸名称和诸图像彼此对应起来的表格中查看一下。那么,当他执行(a)中的一个命令和(b)中的那个相应的命令时他做了**相同的事情**吗?——既是又不是。你可以说:"这两个命令的**要义**是相同的。"在此我会说相同的话。——不过,如下之点并非处处都是清楚的:人们应当将什么称为一个命令的"要义"。(同样,人们也能针对某些事物说:它们的目的是某某。本质之点是:这是一只用以照明的**台灯**——它装饰了房间、填充了空闲的空间等等并非是本质性的。但是,本质的和非本质的并非总是清楚地区分开了。)①

63. 但是,(b)中的一个命题是(a)中的一个命题的一个"分析了的"形式这种说法易于误导我们,让我们以为前一种形式是更为

---

① 在 TSS 227a 和 227b 中,此处原本均还有这样一句话:"与(43)最后一段话的联系。"但是在 TS 227b 中,这句话被用横线划掉。(参见§43 的注释。)

基本的形式；只有它才表明了人们用另一种形式所意指的东西，等等。我们或许认为：仅仅拥有那种未加分析的形式的人缺少那种分析；而知道了分析了的形式的人则因此就拥有了一切。——但是，我难道不是可以这样说吗：正如前者一样，**后者**也丢失了事情的一个方面？

64. 请设想游戏(48)被改变成这样：在其中名称不表示单色方格，而是表示由每两个这样的方格构成的长方形。一个这样的半红半绿的长方形叫作"U"；一个半绿半白的长方形叫作"V"等等。难道我们不是可以设想这样的人吗：他们拥有这样的颜色组合的名称，而并不拥有单个的颜色的名称？请设想这样的情形，在其中我们说："这种颜色组合（比如法国三色国旗）具有一种十分独特的特征。"

在什么样的范围内这个语言游戏的符号需要一种分析？在什么样的范围内这个游戏甚至于**可以**经由(48)来取代？——它恰恰是**另一个**语言游戏；尽管它与(48)具有亲缘关系。

65. 在此我们碰到了那个站在所有这些考察之后的大问题。——因为人们现在会反对我说："你太轻松了！你谈论了所有可能的语言游戏，但是却从没有说过，究竟什么是语言游戏进而语言的本质之处。为所有这些过程所共同具有的东西，使得它们成为语言，或者成为语言的部分的东西。因此，你恰恰放弃了这种研究中的这样的部分，它那时曾经使你自己伤透了脑筋，也即有关**命题和语言**的一般的形式的部分。"

这是真的。——不去给出为我们称为语言的所有东西所共同具有的某种东西,我说,根本不存在这样一种东西,它为所有这些现象所共同具有,并且因为它我们运用同一个词来称谓所有这些现象,——相反,它们彼此以多种不同的方式**具有亲缘关系**。因为这种亲缘关系,或者这些亲缘关系,我们将它们都称为"语言"。我要努力解释这点。

66. 请考察一下比如我们称为"游戏"的诸过程。我指的是棋类游戏、纸牌游戏、球类游戏、战争游戏等等。什么是所有这些游戏所共同具有的东西?——请不要说:"某种东西**必定**为它们所共同具有,否则它们就不叫作'游戏'了"——而是**查看**一下是否有某种东西为它们都共同具有。——因为,当你查看它们时,你尽管看不到某种为它们**都**共同具有的东西,但是你将看到诸多相似性,诸多亲缘关系,而且是一大串相似性,亲缘关系。如前面已经说过的:请不要想,而要看!——比如看一下带有多种多样的亲缘关系的诸棋类游戏。现在,请转到纸牌游戏:在此你发现了与那第一类游戏的许多相应之处,但是许多共同的特征却消失了,而其它的共同的特征又出现了。现在,如果我们转到球类游戏,那么一些共同之处保留下来,但是许多共同之处却丧失了。——它们都是"**娱乐性的**"吗?请比较象棋和连珠棋。或者,到处都有输赢或者游戏者之间的一种竞争吗?请想一想单人纸牌游戏。在球类游戏中有输赢;但是,当一个小孩将球扔到墙上并又将其接住时,这个特征便消失了。请看一下技巧和运气所扮演的角色。象棋中的技巧与网球游戏中的技巧是多么不同。现在请想一想轮舞游戏:在此出现了娱乐的成分,但是又有多少其它的性格特征不见了!而且,我们可以以这样的方式来考察许许多多其它组游戏。我们看到相似性出现了,又消失了。

现在,这种考察的结果是这样的:我们看到一张由彼此交叠和交叉的相似性构成的复杂的网。大的方面和小的方面的相似性。

67. 我不能以比通过使用"家族相似性"这个词的方式更好的方式来刻画这些相似性;因为存在于一个家族的诸成员之间的那些不同的相似性就是以这样的方式交叠和交叉在一起的:身材、面部特征、眼睛的颜色、步态、气质等等,等等。——而且我将说:诸"游戏"构成了一个家族。

同样,比如数的种类也构成了一个家族。为什么我们称某种东西为"数"?好的,这大概是因为它与人们迄今为止称为数的一些东西具有一种——直接的——亲缘关系;而且经由此,人们可以说,它便获得了一种与我们也**如此**称谓的其它东西的间接的亲缘关系。我们扩展我们的数概念的方式有如在纺线时人们将纤维一根接一根地往上绕一样。这条线的强度不在于任意一根纤维贯穿于其整个的长度,而是在于许多根纤维彼此交叠在一起。

但是,如果一个人想说:"因此,某种东西为所有这些构成物所共同具有,——即所有这些共同之处的析取式"——那么我会回答说:在此你只是在玩弄字眼儿。同样,人们也可以说:某一种东西贯穿于整个这条线,——即这些纤维的无缝的交叠。

68. "好的;因此,人们将数概念向你解释成那些个别的、彼此具有亲缘关系的概念的逻辑和:基数、有理数、实数等等;同样,游戏概念被解释成相应的分概念的逻辑和。"事情未必如此。因为尽管我**可以**以这样的方式给予"数"这个概念以固定的界线,也即用"数"这个词来表示一个有着固定的界线的概念,但是我也可以这样来使用它:这个概念的外延**没有**经由一条界线而封闭起来。我们的确就是这样运用"游戏"这个词的。游戏概念究竟如何被封闭起来?什么还是一个游戏,什么不再是游戏了?你能给出界线吗?不能。你可以**划出**随便哪一条界线;因为还没有划出任何界线。(但是,当你应用"游戏"这个词时,这点还从来没有让你不安。)

"但是,这时这个词的应用可是没有受到规则的制约;我们用它玩的那个'游戏'没有受到规则的制约。"——并非其处处都由规则划出了界线;但是,的确也不存在任何关于如下事情的规则:比如在网球中人们应当将球抛多高,或者应当以多大的力气抛球,但是,网球仍然是一种游戏,而且它是有规则的。

69. 我们究竟如何向某个人解释什么是一个游戏?我相信,我们将给他描述**诸游戏**,而且我们可以这样来补充这个描述:"人们将这样的东西,**以及相似的东西**称为'游戏'。"我们自己竟然知道更多的东西吗?我们或许只是不能向另一个人准确地说出什么是一个游戏?——但是,这并不是无知。我们之所以不知道界线,是因为根本没有划出任何界线。如已经说过的,我们可以——为了一个特殊的目的——划出一条界线。借此我们才使得这个概念成为可用的吗?绝对不是!除非是相对于这个特殊的目的。正如给出"1 步 = 75 厘米"这样的定义的人并没有使得"1 步"这个长度计量单位成为可用的一样。如果你要说:"但是,此前它可绝不是精确的长度计量单位",那么我便回答说:好的,那时它是一个非精确的长度计量单位。——尽管你还欠我一个有关这种精确性的定义。——

70. "但是,如果'游戏'这个概念的界线如此未加限定,那么真正说来你可是不知道你用'游戏'在意指什么。"——如果我给出这样的描述:"这块地完全被植物所覆盖了",——你要这样说吗:只要我还不能给出一个关于植物的定义,我就不知道我在谈论什么?

对于我所意指的东西的一种解释或许是一个图样和这样的话:"这块地看起来大致是这样的。"或许我也会这样说:"它看起来**准确地**如此。"——因此,在那里恰恰是**这些**草和树叶放在这些位置之上吗?不,它并非意味这点。在**这种**意义上,我不会承认任何图像是准确的图像。[1]

[1] 某个人向我说:"请给孩子们看一个游戏!"我教给他们掷骰子游戏,另一个人向我说:"我不是意指这样一种游戏。"当他给我下达这个命令时,掷骰子游戏之排除必定浮现在他的心中了吗?①

71. 人们可以说,"游戏"这个概念是一个有着模糊的边缘的概念。——"但是,一个模糊的概念到底还是一个**概念**吗?"——一张不清楚的照片到底还是一个人的一幅图像吗?——那么,人们总是

---

① 在 TSS 227a 和 227b 中,这句话写在一张纸条上,置于第 59 和 60 页之间,上面标注有如下文字:"放在第 60 页上。"(评论和标注均非维特根斯坦手迹。可能是其他人从其它打字稿复本上抄写过来的。)在 TS 227b 第 60 页上的 §70 最后右上角标有"1",而在相应的纸条上的标注文字后也有这个注释符号。

可以有益地经由一幅清楚的图像来取代一幅不清楚的图像吗？难道那幅不清楚的图像常常不恰好就是我们所需要的东西吗？

弗雷格将概念与一个行政区加以比较，并且说：人们根本不能将一个界线不清的行政区称为行政区。这可能意味着我们不能用它做什么。①——但是，如下说法就没有意义吗："请你大致停在这里！"？请设想我和另一个人站在一个广场上并且说出这句话。在此我甚至于不会划出任何界线，而是比如用手做出一个指示性的动作——好像我指给他一个特定的**地点**一样。人们恰恰是以这样的方式解释比如什么是一个游戏的。人们给出例子，并且希望它们在某种意义上被理解。——但是，我用这种说法并非意指：他现在应该在这些例子中看到那种——出于某种原因——我不能说出的共同之处。而是意指：他现在应当以特定的方式**运用**这些例子。例示在此并不是一种**间接的**解释手段，——在缺少更好的手段时。——因为，每一种一般的解释也均可能被误解。我们恰恰就是**这样**玩这个游戏的。（我意指的是含有"游戏"这个词的语言游戏。）

72. **看到共同之处**。假定我指给某个人看不同的杂色图像，并且说："你在所有这些图像中都看到的那种颜色叫作'赭色'。"——这是这样一种解释，当另一个人寻找并且看到了为那些图像所共同具有的东西时，它便得到了理解。他于是能够将目光放在那种共同之处之上，能够指向它。

---

① 参见：G. Frege, *Grundgesetze der Arithmetik*, Band II, Jena: H. Pohle, 1903, S. 69-70.

请比较:我指给他看不同形状的图形,它们均被涂成了相同的颜色,并且我说:"这些图形彼此共同具有的东西叫作'赭色'。"

而且请比较:——我指给他看具有不同的蓝色调的样品并且说:"我将所有这些样品所共同具有的那种颜色称为'蓝色'。"

73. 如果一个人通过指向样品并且说"这种颜色叫作'蓝色',这种叫作'绿色'……"这样的方式向我解释诸颜色的名称,那么这种情形从许多方面可以与如下情形加以比较:他递给我一个表格,在其中这些语词出现在诸颜色样品的下面。——尽管这种比较也可能以许多方式误导人。——现在,人们倾向于将这种比较加以扩展:理解这种解释就意味着在精神中拥有一个关于所解释的东西的概念,也即一个样品或者一幅图像。现在,如果人们给我看不同的树叶并且说"人们将这个叫作'树叶'",那么我便得到一个关于树叶形状的概念,一幅处于精神之中的关于它的图像。——但是,关于一片树叶的这样一幅图像看起来到底是什么样的:它没有显示出任何特定的形状,而是显示了"为所有树叶形状所共同具有的东西"?绿颜色——为所有绿色调所共同具有的东西——"在我的精神中的样品"具有哪一种色调?

"但是,难道不可能存在着这样的'一般的'样品吗?比如一个树叶图式,或者一个**纯绿**的样品?"——当然可能!不过,这个图式之被理解成**图式**,而不是被理解成一片特定的树叶的形状,一块纯绿色小牌子之被理解成所有绿色的东西的样品,而不是被理解成纯绿色的样品——这点又在于这个样品的应用方式。

请问一下你自己:绿颜色的样品必须具有哪一种**形状**?它应当是

四角形的吗？抑或这时它便成为绿色的四角形的样品了吗？——因此，它应当具有"不规则的"形状吗？而且，什么东西阻止我们这时仅仅将它看成——也即将其用作——不规则形状的样品？

74. 如下想法也属于这里：将这片树叶看成"一般而言的树叶形状的"样品的人是以不同于将它看成比如这个特定的形状的样品的人**看**它的方式**看**它的。好的，事情很可能是这样的——尽管事实上它不是这样的——，因为它只是断言了，从经验上说，以特定的方式**看**树叶的人于是便以如此这般的方式运用它，或者按照某某规则运用它。自然存在着一种**以这样的方式**和**另一种方式**看这样的事情；而且也存在着这样的情形，在其中**如此**看一个样品的人一般说来会**以这样的方式**运用它，而且以不同的方式看它的人一般说来会以另一种方式运用它。比如，将一个立方体的示意图①看成由一个正方形和两个菱形构成的平面图形的人或许会以不同于立体地看这幅图像②的人的方式来执行命令"请给我拿来这样的某种东西！"

75. 知道什么是一个游戏，这意味着什么？知道它同时又不能说出它，这意味着什么？这种知识是一种未说出的定义的某种等价物吗？结果，当人们说出它时，我便可以承认它是我的知识的

---

① "一个立方体的示意图"德文为"die schematische Zeichnung eines Würfels"。在 MS 142:64 中（比较 TS 226:53），相应处为"die Zeichnung ⌷"（图样 ⌷）。

② "立体地看这幅图像"德文为"das Bild räumlich sieht"。在 TS 226:53 中，瑞斯先生是将其译为："sees the picture spatially"，后修改为"sees the picture in three dimensions"。维特根斯坦进一步将其修改为："sees the picture as having three dimensions"（将这幅图像看成具有三个维度）。

表达？难道我关于游戏的知识,我关于游戏的概念,不是完全表达在我能够给出的诸解释之中了吗！也即表达在如下事实之中:我描述不同种类的游戏的例子;表明人们如何可以依据与这些游戏的类比来构造出所有可能种类的其它游戏;说我大概不会再将某某称作一个游戏了;以及诸如此类的更多的事实。

76. 如果一个人划出了一条清楚的界线,那么我不能承认它就是我也一直想要划出的或者我在精神中已经划出的那条界线。因为我根本就不想划出任何界线。这时,人们可以说:他的概念与我的概念不是同一个概念,但是却与其具有亲缘关系。这种亲缘关系是存在于这样两幅图像之间的那种亲缘关系:其一是由界线不清的颜色斑点构成的,另一幅是由具有相似的形状和分布而又界线清楚的颜色斑点构成的。于是,亲缘关系同样是不可否认的,正如差异性一样。

77. 而且,如果我们将这种比较再往前推进一点,那么如下之点便清楚了:那幅清楚的图像**能够**到达的与那幅模糊的图像相似的程度取决于后者的不清楚的程度。因为,请你设想,相对于一幅模糊的图像,你应该勾画一幅与其"相应的"清楚的图像。在前者中有一个不清楚的红色的矩形;你用一个清楚的矩形来取代它。——的确可以画出许多这样的清楚的矩形,它们都对应于那个不清楚的矩形。——但是,如果在原图中诸颜色互相融合在一起,而没有留下一条界线的痕迹,——那么这时描画一幅相应于那幅模糊的图像的清楚的图像这件事不是就变成一项没有希望的任务了吗？这时,你不是必须要这样说吗:"在此我可以同样好地画一个圆形,正如我可以画一个矩形或者一个心形一样;所有颜色的确均渗入对方了。一切均是对的——而且一切均不对。"——比如,在美学或者伦理学中寻找对应于我们的概念的定义的人便处于这样的境地。

在这样的困境中始终要问一下自己:我们究竟是如何**学习**这个词(比如"善")的意义的?在什么样的例子中;在哪些语言游戏之中?(然后,你将更容易地看到:这个词必定具有一个诸意义的家族。)

78. 请比较:**知道**和**说出**:

勃朗峰有多少米高——

"游戏"这个词是如何被使用的——

单簧管听起来如何。

对于一个人可能知道某种东西却不能说出它这样的事情感到吃惊的人想到的或许是第一种情况。他想到的肯定不是一种像第三种情况那样的情况。

79. 请考察这个例子:当人们说"摩西不曾存在过"时,这可以意谓多种不同的东西。它可以意味着:当以色列人从埃及迁走时,他们没有**一个**领导者——或者:他们的领导者不曾叫作摩西——或者:根本不存在这样一个人,他完成了《圣经》针对摩西所报道的所有那些事情——或者等等,等等。——按照罗素的观点,我们可以说:"摩西"这个名称可以由不同的描述语来定义。比如它可以被定义为:"那个带领以色列人穿越沙漠的人","那个在这个时间在这个地点生活过并且那时被叫作'摩西'的人",或者"那个小孩时由法老的女儿从尼罗河里捞出的人",等等。而且,随着我们采取其中的一个还是另一个定义,命题"摩西存在过"便获得了一个不同的意义,其它处理摩西的每一个命题的情况也是完全一样的。——如果人们向我们说"N不曾存在过",那么我们也问:"你意指的是什么?你要说……,还是要说……,等等?"

但是,如果我现在做出了一个有关摩西的断言,——那么我便始终准备好了用这些描述中的某一个来取代"摩西"吗?我或许将说:我将"摩西"理解为这样的一个人,他完成了《圣经》针对摩西报道的事情,或者肯定完成了其中的许多事情。但是,多少?我已经就如下事情做出决定了吗:为了让我将我的命题作为假的而放弃掉,其中的多少事情必须被证明是假的?因此,对于我来说,"摩西"这个名称在所有可能的情形中都具有一个固定的且无歧义地确定好了的用法吗?——事情难道不是这样的吗:我可以说准备好了一整列支撑物,并且准备好了,当一个支撑物被从我那里抽走时,便以另一个来做支撑,并且反之亦然?——让我们再来考察一下另一种情形。当我说"N死了"时,名称"N"的意义的情况大概是这样的:我相信这样一个人生存过,即我(1)在某某地方看到过他,他(2)看起来是如此般的(图像),(3)做过某某事情,并且(4)在公民世界中拥有名称"N"。——当人们问起,我是如何理解"N"的,我会列举所有这些事项或者它们中的一些事项,而且在不同的场合会列举不同的事项。因此,我关于"N"的定义或许是这样的:"这样的那个人,关于他所有这一切均成立。"——但是,假定其中的某一点被证明是假的!——这时,我就愿意将命题"N死了"解释为假的吗?——即使只是某种在我看来次要的事项被证明是假的？但是,次要的事项的界线在哪里？——如果在这样一种情形下我给出了一个关于这个名称的解释,那么我现在愿意改动它。

而且,人们可以这样来表达这点:我在使用名称"N",但是它并没有一个**固定的**意义。(不过,这点并没有对其使用造成任何损害,正如一张桌子以四条腿而不是以三条腿做支撑这点没有对桌子的使用造成损害一样——尽管有时桌子因此而会摇晃。)

人们应该这样说吗:当我使用一个我不知道其意义的语词时,我因此便在说胡话？——你愿意怎么说就怎么说吧,只要这没有妨碍你看到实际情况。(而如果你看到了这点,那么你将不会说许多话。)

(科学定义的摇摆:今天被当作现象 A 的经验的伴随现象的东西明天将被用来定义"A"。)

80. 我说:"那里有一把椅子。"假定当我走向那里并且想将它拿来时,它突然从我的视野中消失了,情况如何？——"因此,它绝不是椅子,而是某种幻觉。"——但是,几秒钟后我们又看到了它,又能抓到它,等等。——"因此,这把椅子的确是在那里,而它之消失是某种幻觉。"——但是,假定过了一些时间它又消失了,——或者似乎消失了。现在,我们应该说什么？对于这样的情形你准备好了这样的规则了吗,——它们说:人们是否还可以将这样的东西称为"椅子"？但是,在使用"椅子"这个词时,我们并不拥有这些规则;我们应当这样说吗:真正说来我们没有给这个词联系上任何意义,因为我们没有为其应用的所有可能情形配备好规则？

81. 兰姆西有一次在与我谈话时对我强调说:逻辑是一门"规范科学"。我不知道当兰姆西说这句话时准确地说来到底哪一种想法浮现在他的脑海之中;但是,毫无疑问,他的想法与我后来才弄明白的如下想法是密切相关的:也即,在哲学中我们常常将语词的使用与按照固定的规则而进行的游戏、演算**加以比较**,但是我们却不能说使用语言的人**必定**在玩这样一种游戏。——不过,如果现在人们说,我们的语言表达式**只是在接近**这样的演算,那么由此人们便立即站在了一种误解的边缘。因为这时事情或许看起来是这样的:好像我们在逻辑中谈论的是一种**理想的**语言。好像我们的逻辑是一种可以说适用于真空的逻辑。① 然而,逻辑可不是在一门自然科学处理一种自然现象那种意义上处理语言或者思维的,人们最多能够说我们**构造**理想的语言。但是,在此"理想的"这个词是误导人的,因为这听起来好像是说这些语言比我们的口语更好,更为完善;好像需要逻辑学家来最后向人们指明一个正确的命题看起来是什么样的。

但是,所有这一切只有在人们就理解、意指和思维概念获得了更大程度的清晰性之后才能显露在适当的光线之下。因为这时如下之点也将变得清楚了:什么能够诱导我们(而且已经诱导我)认为,说出一个命题并且**意指**或**理解**它的人因此就是在从事一个按

---

① 这句话德文为"Als wäre unsre Logik eine Logik, gleichsam, für den luftleeren Raum"。瑞斯先是将其译作"As though our logic were a logic, as it were, for empty space",后将其中的"empty space"改为"a vacuum"。维特根斯坦建议译作:"As though our logic was, so to speak, a logic, not taking into account friction and air resistance"(好像我们的逻辑可以说是一种没有考虑到摩擦和空气阻力的逻辑)。(参见 TS 226:58)

照确定的规则进行的演算。

82. 我将什么称为"那条他据以行事的规则"？——是那个令人满意地描述了我们所观察到的他对这些词所做的使用的假设？或者是那条在使用这些符号时他加以查询的规则？抑或是当我们追问他的规则时他作为答案提供给我们的那条规则？——但是，如果这种观察没有让我们清楚地认出任何规则，而且这个问题没有揭露出任何规则，情况如何？——因为尽管他对于我的问题——他如何理解"N"——给予了一种解释，但是他愿意收回和改动这种解释。——因此，我应该如何来确定那条他据以玩游戏的规则？他自己也不知道它。或者，更为正确地说："他据以行事的规则"这个表达式在此还能说出什么？①

83. 在此语言与游戏之间的类比难道不是有助于我们的理解吗？我们的确可以很容易地设想：人们在一片草地上通过玩一个球来进行娱乐，而且是这样：他们开始玩现存的不同的游戏，但是许多都没有玩到底，在此期间他们漫无目的地将球扔到高处，用球开玩笑似地互相追逐，将其扔向对方，等等。现在，一个人说：整个时间人们一直在玩一个球类游戏，并且因此在每一次扔球时都在按照特定的规则行事。

---

① 最后一句话德文为"Was soll der Ausdruck'Regel, nach welcher er vorgeht' hier noch besagen?"，瑞斯将其译作"what is the expression, 'rule according to which he plays', supposed to mean here?"（在此"他据以玩游戏的规则"这个表达式应该意味着什么？），维特根斯坦将其改作"what use is there left for the expression 'rule according to which he plays'?"（在此"他据以玩游戏的规则"这个表达式还有什么用？）。（参见TS 226:58）

难道不是也存在着这样的情形吗,在其中我们玩游戏而且——"边玩边制定规则"?甚至于也存在着这样的情形,在其中我们边玩边改动规则。

84. 我曾经针对一个语词的应用说:并非其处处都由规则划出了界线①。但是,一个处处都由规则划出了界线的游戏看起来究竟是什么样的?其规则不允许任何怀疑侵入进来;它的所有漏洞都被堵住了。——难道我们不能设想一条制约着一条规则的应用的规则和一种被**这条**规则所消除的怀疑吗?——等等。

但是,这并不是说,因为我们能够**设想**一种怀疑,我们便怀疑。我尽可以设想,某个人在每一次打开他的房门之前都怀疑:是否一个深渊在其后已经张开了;在他每次穿过这扇门之前他都要弄确实这点(而且甚至有一次他被证明是有道理的)——但是,我可是没有因为这样的原因而在相同的情况下做出怀疑。

85. 一条规则像一个路标那样立在那里。——难道它没有给任何关于我要走的路的怀疑留下余地吗?它表明了当我从它旁边走过时我应当向哪一个方向走吗?——是按照大路走,还是按照田间小路走,抑或是横穿过田野?但是,在哪里写着:我必须按照哪一个方向遵守它;是按照手的方向走,还是(比如)按照与其相反的方向走?——如果不是一个路标立在那里,而是一连串连接在一起的路标立在那里,或者是粉笔线条在地上延伸,——那么对于它们来说只存在着**一种**释义吗?——因此,我可以说,这个路标可

---

① 参见§68。

是为一种怀疑留下了余地。① 或者,更准确地说:它有时为一种怀疑留下余地,有时没有。现在,这不再是任何哲学命题,而是一个经验命题。

86. 假定一个像(2)那样的语言游戏是借助于一个表格来玩的。A 给予 B 的符号现在是书写符号。B 有一个表格;在第一栏中出现的是在游戏中使用的书写符号,在第二栏中出现的则是建筑石材形状的图像。A 给 B 看一个这样的书写符号;B 在这个表格中寻找它,将目光投向与其相对的那幅图像,等等。因此,这个表格是这样一条规则,在执行命令时 B 按照它来行事。——人们是通过训练来学习在这个表格中寻找这幅图像的,这种训练的一个部分或许在于:学生学习着用手指在表格中水平地从左边移动到右边;因此,可以说是学习着画出一系列水平线条。

请设想,现在人们引进了不同的读解一个表格的方式;也即,有一次是像上面说的那样,按照这样的图式来读解:

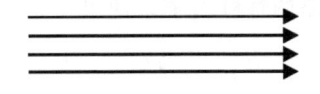

另一次是按照这个图式来读解:

---

① 这句话德文原文为:"Also kann ich sagen, der Wegweiser läßt doch einen Zweifel offen"。在 TSS 227a 和 227b 中"einen"原本为"keinen",这样这句话意义为:"因此,我可以说,这个路标可是没有为任何怀疑留下余地。"后来维特根斯坦修改稿子时将"keinen"中的"k"划掉了。不过,在 TS 227b 中,这个改动又被取消了,并在相应改动的上面以红字注明:"文本保留 keinen"(STET keinen)。(非维特根斯坦手迹。)显然,修改后的形式与上下文的思想更为吻合。安斯考姆版采用的是原来的形式。哈克和舒尔特版采用了修改了的形式。

或者按照另一个图式来读解。①——这样一种图式作为关于如何使用其的规则被附加在这个表格之上。

现在,难道我们不能想象出进一步的规则,以解释**这条**规则吗? 另一方面,如果没有附加上那个箭头图式,那第一个表格便是不完全的吗?② 如果没有其图式,这些其它的表格就是不完全的吗?③

87. 假定我解释道:"我将'摩西'理解成这个人——如果有这样一个人的话——他带领以色列人走出埃及,不管那时他是如何被称呼的,而且也不管他做了其它什么事情,或者没有做其它什么事情。"——但是,关于这个解释的诸语词,类似于有关"摩西"这个名称的怀疑是可能的(你将什么叫作"埃及",把谁叫作"以色列

---

① 在 MS 142:73 中,这句话是这样的:"或者按照这个图式来读解:"

② 在 MS 142:73 中,这句话是这样的:"另一方面,如果没有附加上如下图式,那第一个表格便是不完全的吗?

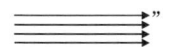

③ 这句话德文为:"Und sind es die andern Tabellen ohne ihr Schema?"在 MS 142:73 中,相应的话是这样的:"Und sind es die andern ohne das ihre?"瑞斯将其译作:"And are the others without theirs?"(这些其它的表格就没有其图式吗?)。维特根斯坦给出的译文是这样的:"And so, are the other(abnormal)tables incomplete without their diagrams"(因此,如果没有其图式,这些其它的[不正常的]表格就是不完全的吗)。因此,"这些其它的表格"当指指示人们以非正常的方式读解那第一个表格(即该评论第一段话所谈论的那个表格)的诸箭头图式——即该评论第二段话所谈论的第二和第三个图式。(参见 TS 226:60-61)

人"，等等?)。这样的问题甚至于当我们达到像"红色的"、"漆黑的"、"甜的"这样的词时也没有走到尽头。——"但是，如果一个解释真的不是最后的解释，那么它如何有助于我的理解呢？这种解释于是肯定绝没有结束；因此，我还是没有理解，而且从来没有理解，他所意指的东西！"——好像一个解释如果没有另一个解释来支撑，那么它似乎还悬在空中。然而，一个解释尽管可能搁在人们提供的另一个解释之上，但是它绝不需要另一个解释，——除非**我们需要用它来避免一个误解**。人们可以说：一个解释是用来清除或者防止某个误解的——因此，是这样一个误解，即如果没有这个解释，它便会出现；但是并不是：我能够想象的每一个误解。

事情可能易于显得是这样：好像每一种怀疑只是**显露了**基础中的一个现存的漏洞；结果，一个可靠的理解只有在这样的时候才是可能的：这时我们先行怀疑了所有**可以**怀疑的东西，并且接着消除了所有这些怀疑。

如果一个路标在通常的情况下实现了其目的，那么它便是正常的。

88. 当我向一个人说"请你大致停在这里！"时[①]——难道这个解释不能完美地起作用吗？难道不是每一种不同的解释也都可能失灵吗？

"但是，难道这个解释不是不精确的吗？"——它是不精确的；为什么人们不应该将它称为"不精确的"？只不过我们要理解"不

---

① 参见§71。

精确的"意味着什么！因为它现在并非意味着"不可用"。请我们还是考虑一下，与这种解释相对，我们将什么称作一个"精确的"解释！或许是经由粉笔线条而对一个行政区进行的划界？在此我们立即想到，这种线条是有宽度的。因此，一条颜色界线会是更为精确的。不过，这种精确性在此到底还有一种功能吗；它不是在空转吗？我们可还是没有确定，应当将什么看作这样的清楚的界线的跨越；如何，用什么样的工具，来确立这点。等等。

我们理解如下说法意味着什么：将一块怀表调到准确的时刻，或者，——调节它，以便让它走得准确。但是，如果人们这样问，情况如何：这种准确性是一种理想的准确性吗，或者它在多大的程度上接近于它？——我们自然可以谈论这样的时间测量，在那里存在着一种不同的，而且像我们会说的那样，比在用怀表进行的时间测量中所获得的准确性更大的，准确性。在那里"将时钟调到准确的时刻"这句话具有一种不同的，即使是有亲缘关系的意义，而且"读表"是一个不同的过程，等等。——如果现在我向某个人说："你应当更准时地来吃饭；你知道1点钟准时开饭"——在此真正说来就没有谈到**准确性**吗？因为人们可能说："请想一下实验室中或天文台里的时间确定；**在那里**你看到，'准确性'意味着什么。"

"不精确的"，这真的是一种责难，而"精确的"则是一种表扬。这可是意味着：不精确的东西不像较精确的东西那样完美地达到其目的。因此，在此事情取决于我们将什么东西称为"目的"。如果我没有准确到1米地给出从我们到太阳之间的距离，这便是不精确的吗？如果我没有准确到0.001毫米地告诉细木工桌子的宽度，这便是不精确的吗？

关于准确性的**一种**理想并没有预先规定下来；我们不知道，我们应当在其名下想象些什么东西——除非你自己规定了应当如此称谓什么东西。但是，对你来说，做出这样一种规定——一种让你满意的规定——是困难的事情。

89. 通过这些思考，我们便站在了出现如下问题的地方：在什么样范围内逻辑是某种崇高的东西？

因为似乎一种特殊的深度——一般的意义——归属于它。因此，它似乎处于所有科学的基础之处。——因为逻辑的考察研究所有事物的本质。它要对诸事物进行刨根究底的探查，不应该关心事实上发生的事情究竟是这样的还是那样的。——它并非源起于一种对于自然发生的事件之事实的兴趣，也并非源起于把握因果关联的需要。而是源起于一种力图理解所有经验上的事物的基础或者本质的努力。但是，事情并非是这样的：好像为此我们应该去寻找新的事实的踪迹；相反，对于我们的研究来说，具有本质意义的是我们不想借助于它来学习任何**新的**东西。我们要**理解**某种东西，某种已经公开地摆放在我们眼前的东西。因为某种意义上说我们似乎不理解**这个东西**。

奥古斯丁(《忏悔录》XI/14)："那么，时间是什么？假定没有人问我，我知道它是什么；当我想要向一个询问者解释它时，却茫然不知了。"①——人们不能针对一个自然科学问题(比如有关氢的比重的问题)这样说。当没有人问我们时我们知道，但是当我们

---

① 维特根斯坦给出的是拉丁文，我的译文基于：*Confessions*, tr. H. Chadwick, Oxford: Oxford University Press, 1992, XI/XIV[17], p. 230。

应该就其做出解释时我们却不再知道的东西是某种我们必须要**想起**的东西。(而且显然,它是某种我们出于某种理由难于想起的东西。)

90. 好像我们必须**透视**现象:但是,我们的研究并不是指向**诸现象**的,而是可以说,指向现象的"**诸多可能性**"的。这也就是说,我们想起我们就诸现象所做的**那些陈述的种类**。因此,奥古斯丁也想起人们就事件的延续、就其过去、现在、或者将来所做的不同的陈述。(这些陈述自然不是关于时间、过去、现在和将来的**哲学**陈述。)

因此,我们的考察是一种语法的考察。这种考察通过消除误解来澄清我们的问题。也即这样的误解,它们是有关诸语词的用法的,部分说来是由我们的语言的诸不同的领域中的表达形式之间的某些相似性而引起的。它们中的一些可以通过如下方式来清除:用一种表达形式来取代另一种表达形式;人们可以将这种做法称为对我们的表达形式的一种"分析",因为这个过程有时与分解具有一种相似性。

91. 但是,现在事情可能看起来是这样的:好像存在着某种像对我们的语言形式的最终的分析这样的东西,进而**一种**完全分解了的表达形式。也即:好像我们的习惯的表达形式本质上说来还是未经分析的;好像某种有待揭露的东西隐藏在其内。而如果我们做了这种揭露,那么这个表达式由此便变得完全清楚了,并且我们的任务便得以完成了。

人们也可以这样来说出这点:我们通过使我们的表达式变得

更为精确的方式来清除误解；但是，现在事情看起来是这样：好像我们在奔向一种确定的状态，在奔向完全的精确性；而且好像这就是我们的研究的真正的目标。

92. 这点表达在对于语言、命题、思维的**本质**的追问之中。——因为即使我们在我们的研究中也在力图理解语言的本质——其功能、其结构，这可不是这个问题看到的**那个东西**。因为它在本质中看到的并不是某种已经公开地摆放在光天化日之下的、经过整理便**可以综览的**东西。而是某种**处于表面之下**的东西。某种处于内部的东西，某种当我们透视事物时所看到的东西，某种一种分析应当从里面挖掘出来的东西。

"**本质向我们隐藏起来了**"：这就是我们的问题现在所采取的那种形式。我们问："什么是语言？"，"什么是命题？"这些问题的答案要一劳永逸地给出；而且是独立于将来的任何经验的。

93. 一个人可能说："命题，这是世界上最为平常不过的东西"，而另一个人可能说："命题——这是某种非常令人惊奇的东西！"——后者未能做到这样的事情：直接去查看一下命题是如何起作用的。因为我们的有关命题和思维的表达方式的诸形式阻碍他这样做。

为什么我们说命题是某种令人惊奇的东西？一方面，这是因为它享有的重大的意义。（这是对的。）另一方面，这种意义和对于语言的逻辑的一种误解误导了我们，使得我们认为，命题必定完成了某种异乎寻常的事情，甚至于某种独一无二的事情。——经由**一种误解**，我们觉得：命题似乎**做了**某种奇特的事情。

94. "命题，一种令人惊奇的东西！"：在此已经包含着对于整个表现的崇高化。包含着在命题**符号**和事实之间设定一种纯粹的中间物的趋向。① 甚或欲纯净化、崇高化命题符号本身的趋向。——因为我们的表达形式通过让我们去追捕吐火女怪的方式而以多种方式阻碍我们看到如下之点：我们所要处理的是日常的事物。

95. 或者："思维必定是某种独一无二的东西。"当我们说出、**意指**事情是如此这般的时候，我们与我们所意指的东西一起并非在事实前面的某个地方便止步不前了；相反，我们意指**某某-是-如此这般的**。② ——不过，人们也可以这样来表达这个悖论（它的确具有一个自明之理的形式）：人们能够**思维**非实际的情形。

96. 其它的错觉从各个侧面连接到我们这里所意指的这个独特的错觉之上。思维、语言现在似乎构成了世界的独一无二的关

---

① 这句话德文为："Die Tendenz, ein reines Mittelwesen anzunehmen zwischen dem Satz*zeichen* und den Tatsachen"。瑞斯的英译为："The tendency to assume a pure intermediate entity between the proposition *sign* and the facts"，维特根斯坦将其改作："The tendency to assume a pure(immaterial) entity mediating between the proposition *sign* and the facts"（包含着设定这样一种纯粹的[非物质的]存在物的趋向，它在命题**符号**和事实之间起着牵线搭桥的作用）。

② "意指"德文为"meinen"，"我们所意指的东西"德文为"was wir meinen"。这节直接的手稿基础为 MS 157a:49r - 50r。从其上下文看，"meinen"只能译作"意指"。不过，如果不考虑该语境，那么它也可译作"认为"，相应地，"was wir meinen"也可译作"我们的意见"。（请比较 §438）在修改瑞斯的英译文时，维特根斯坦将"was wir meinen"译作"what we mean"，同时提供了另一种译法："our meaning"（我们的意义）。（参见 TS 226:67）另外，请注意：在 TS 227a 和 TS 227b 中，该节前均有"或者："字样，而在安斯考姆版与哈克和舒尔特版中均无此字样。

联物、图像。命题、语言、思维、世界这些概念前后排成一排,每一个均等价于另一个。(但是,为什么现在要使用这些语词?在其中它们要得到应用的那个语言游戏①付诸阙如。)

97. 思维被一个光环环绕着。——其本质,逻辑,呈现了一种秩序,而且是世界的先天的秩序,也即,那种**诸种可能情况**的秩序,必定为世界和思维所共同具有的秩序。但是,这种秩序似乎必定是**最为简单的**。它**先于**所有经验;必定贯穿于整个经验;它自己不能带有任何经验上的混浊或不确定性。——相反,它必定是由纯而又纯的水晶构成的。不过,这种水晶不是作为一种抽象物而出现的,而是作为某种具体的东西,甚至于是作为那种最为具体的东西,可以说是**最为坚硬的东西**,而出现的。(《逻辑哲学论》5.5563)

我们处于这样的错觉之中:独特的东西,有深度的东西,我们的研究中对于我们来说具有本质意义的东西,在于:它力图把握语言的无与伦比的本质。也即存在于命题概念、语词概念、推理概念、真理概念、经验概念等等之间的那种秩序。这种秩序是一种存在于——可以说——**超级**-概念之间的**超级**-秩序。然而,如果"语言"、"经验"、"世界"这些语词具有一种运用的话,那么它们当然必定具有一种像"桌子"、"灯具"、"大门"这些语词的运用一样卑微的运用。

98. 一方面,如下之点是清楚的:我们的语言的每一个命题

---

① 异文:"要用它们来玩的那个语言游戏"。

"按照其现状就是有秩序的"①。这也就是说,我们并不是**在争取达到**一个理想:好像我们的日常的、模糊的命题还没有一个完全无可指摘的意义,而一个完善的语言还有待我们构造出来。——另一方面,如下之点似乎是清楚的:在存在着意义的地方必定存在着完善的秩序。因此,即使在最为模糊的命题之中也潜存有这种完善的秩序。

99. 人们想说,一个命题的意义自然可能没有决定这点或那点,但是,该命题可是必定具有**一个**确定的意义。一个不确定的意义,——真正说来这**根本就不是任何**意义。——这就有如:一条不清楚的边界真正说来根本就不是任何边界。在此人们或许这样想:如果我说:"我将那个人牢固地关在了那个房间里——只让一扇门开着"——那么我根本就没有将他关起来。他被关起来了这点仅仅是假象。在此人们倾向于说:"因此,借此你根本没有做什么。"留有一个缺口的围墙实际上**根本就不是**什么围墙。但是,这竟然是真的吗?②

100. "如果**在诸规则**中存在着模糊性,那么它根本就不是游戏。"——但是,这时它就不**是**任何游戏吗?——"是的,或许你将

---

① 引号中的话当是指《逻辑哲学论》,5.5563。
② 在未经修改的 TS 227a 和 TS 227b 中,§99 还有如下一段话(另起段),后用交叉线和横线划掉:"一个游戏的规则很可能会给我们留下某种自由,不过,它们当然必定是完全确定的规则。"——这就像是人们说"尽管你通过四面墙可以给一个人留下某种活动的自由,但是墙壁本身必定是完全坚硬的"。假定我说:这不是真的,那么人们的回答将是:"好的,墙壁很可能是有弹性的,但是这时它们必定具有一种**完全**确定的弹性。"——

称其为游戏,但是无论如何它绝不是完善的游戏。"这也就是说:这时它肯定被污染了,而我现在感兴趣的是被污染的东西。——不过,我要说:我们误解了理想在我们的表达方式中所扮演的角色。也即:即使我们也会将其称为一个游戏,只是我们被理想搞晕了,因此没有清晰地看到"游戏"这个词的实际的应用。

101. 我们要说,在逻辑中不可能存在某种模糊性。我们现在生活在这样的想法之中:理想**必定**出现在实在之中。然而,人们还没有看到,它是**如何**出现在其中的,而且还没有理解这种"必定"的本质。我们相信:它必定待在其中;因为我们相信我们已经在其中看到了它。

102. 关于命题的逻辑结构的严格而清晰的规则在我们看来是处于背景中的某种东西,——隐藏在理解的介质中的某种东西。我现在已经看到了它们(尽管是经由一个介质),因为我的确理解这个符号,用它来意指某种东西。①

103. 理想不可动摇地端坐在我们的思想之中。你不能从其中走出来。你必然总是一再地返回来。根本没有什么外面;外面缺少生命所需要的空气。——这点来自于何处?这种想法可以说像眼镜一样戴在我们的鼻子上,我们经由它来看我们所察看的一

---

① 在未经修改的 TS 227a 和 TS 227b 中,该节接下来还有如下一段话(不另起段),后被以交叉线和横线划掉:

这种理想地严格的结构是以某种具体的东西的形式显现给我的。我使用了一个比喻;但是,经由如下错觉,它却显得不像是比喻:对于一个概念词来说,会有一个//必定有一个//为它的所有的对象所共同具有的东西对应于它。

切。我们根本不会产生将其摘下的想法。

104. 人们将包含在表现方式之中的东西表述给事物。* 我们将给我们留下深刻印象的比较的可能性当成是对于一种最为一般的事态的知觉。①

> * 法拉第(M. Faraday),《一支蜡烛的化学史》(*The Chemical History of a Candle*):"水是一个个体事物——它从来没有发生变化。"②

105. 如果我们相信,那种秩序,那种理想,一定要在实际的语言之中被发现,那么我们现在便对人们日常生活中称为"命题"、"语词"、"符号"的东西不满意了。

逻辑所处理的命题、语词应当是某种纯净的且轮廓鲜明的东西。我们现在为**真正的**符号的本质伤透了脑筋。——它或许是符号的**心象**?或者是现在这一时刻的**心象**?

---

① 在未经修改的 TS 227a 和 TS 227b 中,§104 原为§115,出现在第 86 页,其第一句话原为:"这种错觉的表达就是对我们的语词所做的形而上学的运用。"后被删除。在第 82 页,在原§103 和§104 之间插入了如下指示(英文):"104. 从第 86 页插入。"在第 86 页,序号"115."被改成"104.",同时在左侧空白处注有(英文):"插在§103 后(第 82 页)。"因此,原§104 变成了§105。

② 在 TS 227b 中,§104 之第二句话(修改后为第一句话)后标有"*",并且在页脚附有注释符号"*",其后注有如下文字:"来自于法拉第的引文:'水……'。"(为维特根斯坦手迹。)但是,后来该注被划掉。所提到的引文打印在一个纸条上,置于第 85 和 86 页之间。引文前注有如下文字:"放到§104 中(第 86 页)。"(TS 227a 中没有这样的注释符号及相关评论。)

106. 在此可以说不垂头丧气是困难的，——看到如下之点是困难的：我们必须停留在日常思维的事物之上，而不是走上这样的歧路，在那里我们似乎必须描述最为精细之处，但是，借助于我们的手段，我们又根本不能描述它们。好像我们应当用我们的手指来修理好一张被破坏了的蜘蛛网一样。

107. 我们越是仔细地考察实际的语言，那种存在于它和我们的要求之间的冲突就越是强烈。（逻辑的水晶般纯净性肯定没有**作为结果出现**在我面前；相反，它是一种要求。）这种冲突变得难以忍受；现在，这种要求有成为某种空洞的东西的危险。——我们走上了结在地面上的薄冰层，在那里没有摩擦力，因此在某种意义上说条件是理想的，但是，恰因如此，我们也不能行走了。我们要行走；于是，我们需要**摩擦力**。请回到粗糙的地面上来！[1]

> [1] 逻辑的哲学绝不是在这样一种意义上谈论命题和语词的，它不同于当我们在日常生活中说出比如下面这样的话时谈论命题和语词的那种意义："这里写有一个汉语命题"，或者"不，这只是看起来像书写符号，但是是一个装饰品"，等等。
>
> 我们在谈论空间的和时间的语言现象；而不是在谈论一种非空间和非时间的怪物。[只不过，人们可能以不同的方式感兴趣于一个现象。]不过，我们谈论它们的方式有如我们谈论象棋的棋子的那种方式——我们给出关于它们的游戏规则，而不是描述其物理的性质。
>
> "真正说来，什么是一个语词？"这个问题类似于如下问

题:"什么是一个棋子?"①

108. 我们认识到,我们称为"命题"、"语言"的东西并非是我曾经想象的那种形式上的统一体,而是彼此之间具有或大或小的亲缘关系的构成物的家族。——但是,现在逻辑的情况如何?在此其严格性似乎脱落了。——由此它不是就完全消失了吗?——因为逻辑如何能够丧失其严格性?自然不是经由这样的方式:人们通过压价的方式将它的严格性的一部分从它那里买过来。水晶般的纯净性的*偏见*只能经由如下方式来予以清除:我们扭转我们的全部考察的方向。②(人们可以说:考察的方向必须加以扭转,但是要围绕着我们的真正的需求这个支点来扭转。)

109. 没错,我们的考察不可能是科学的考察。③ "与我们的偏见相反,这个或者那个是可以设想的"④——无论这可能意味着什

---

① 在 TS 227a 中,这个评论写在一张纸片上(非维特根斯坦手迹),置于第 83 和 84 页之间,在纸片左上方注有"放于对面"字样;在 TS 227b 中,该评论打印在一张纸片上,置于第 82 和 83 页之间,并且在§107 最后一句话右上角有注释符号"1"。在 TSS 227a 和 227b 中,第二段话"[ ]"内的文字均纵向书于纸片左侧空白处。(在 TS 227b 中,这些文字出自维特根斯坦之手,而在 TS 227a 中则出自于他人之手。)在安斯考姆版中这几段话构成了§108 之第二至第四段话;在哈克和舒尔特版中它们以框内评论的形式位于§108 后。

② 在未经修改的 TS 227a 和 TS 227b 中此处还有下面这句话,后被划掉:"由此,那种纯净性便获得了一个不同的位置。"

③ 可能是指《逻辑哲学论》,4.111。

④ "可以设想的"德文为:"denken lasse",后者也可译作"可以思维的"。在此,维特根斯坦想到的或许是兰姆西的相关做法。(请进一步参见 Zettel,§272,载于:Wittgenstein,*Werkausgabe*, Band 8, ed. G. E. M. Anscombe und G. H. von Wright, Frankfurt:Suhrkamp,1984。)

么——这样的经验不可能引起我们的兴趣。(关于思维的普纽玛式的理解。①)我们不可以建立任何形式的理论。在我们的考察中不可以出现任何假设性的东西。一切**解释**均须去除,出现在其位置之上的只能是描述。这种描述从哲学问题那里接受到其光亮,也即其目的。这些问题自然绝不是经验的问题;相反,它们是经由一种关于我们的语言的工作过程的洞见而得到解决的,而且是以这样的方式——人们认识到这种工作过程:**抗拒着**一种误解它的冲动。这些问题不是经由新的经验的提供,而是经由人们早已熟悉的东西的组织而得到解决的。哲学是一场反对我们的语言手段给我们的理智所造成的着魔状态的战斗。

110. "语言(或者思维)是某种独一无二的东西"——这点被证明是一个迷信(**不是**错误!),其本身是经由语法错觉引起的。

现在,激情便归因于这些错觉、这些问题。

111. 经由对我们的语言形式的一种曲解而产生的问题具有

---

① "普纽玛"为斯多葛学派重要概念"Pneuma"的音译。我们知道,在斯多葛学派那里,普纽玛是指由四元素(火、空气、水和土)中的主动元素即火和空气结合而成的气息,是所有存在着的物体的维持原因(sustaining cause)。就有生命物体而言,普纽玛则作为其生命原则而引导着有其生长和发育。在动物中普纽玛也被称作灵魂或心灵(psychê)。对斯多葛学派的这种观点,维特根斯坦显然有所了解。他曾经在如下意义上谈论关于心灵(或灵魂)的"普纽玛式的理解"(die pneumatische Auffassung):心灵就有如人的气息一般,没有了这样的气息,人的身体有如槁木,人就死亡了。在此,维特根斯坦显然是在"Pneuma"这个词的原初意义上使用它的。按照普纽玛式的心灵观,思维是在心灵这种神奇的介质之内进行的最为重要的过程。因而,我们也可以说,离开思维,人的身体有如毫无生命气息的槁木一般,人就死亡了。这样的思维观便是维特根斯坦所谓"Die pneumatische Auffassung des Denkens"的意义所在。(参见《哲学语法》,韩林合译,商务印书馆,2012年,§§328,680;MS 130:3)

深刻的特征。它们是深刻的不安;它们像我们的语言的诸形式一样深深地扎根于我们之中,而且它们的意义与我们的语言的重要性那般巨大。——请我们问一下自己:为什么我们觉得一个语法玩笑是**深刻的**?(这肯定是那种哲学的深刻性。)①

112. ②一个被吸纳进我们的语言的形式之中的比喻引起了一个虚假的表面现象;它令我们不安:"事情事实上可不是**这样的**!"——我们说。"但是,事情可必定**是这样的**!"

113. ③我一再地暗自说"事情可是**这样的**——"。④ 好像只要我能够将我的目光**十分精确地**调准到这个事实之上,能够将其移到焦点中,那么我就必定把握住事情的本质。

114. 《逻辑哲学论》4.5:"命题的一般的形式是:事情是如此这般的。"——这是一个属于这样种类的命题,即人们向自己无数次地重复说出它。人们相信,他们在一再地跟踪本性,然而他们只是在沿着我们看待它的那种形式行进。

115. 一幅**图像**束缚住了我们。我们不能逃出来,因为它包含在我

---

① 在未经修改的 TS 227a 和 TS 227b 中,该评论接下来还有两段话,后被删掉。其中讲述了路易斯·卡罗尔的如下"语法玩笑":"We called him Tortoise because he taught us"。(参见 *Alice's Adventures in Wonderland*, ch. IX)在此,由于"taught us"(教我们)与"tortoise"(乌龟)谐音,所以卡罗尔想到有人会将"taught us"的人称为"tortoise"。由此便产生了一个著名的语法玩笑。

② 在未经修改的 TS 227a 和 TS 227b 中,该节开始是这样的:"哲学问题。"后被划掉。

③ 在未经修改的 TS 227a 和 TS 227b 中,该节开始是这样的:"我是否在思考有关命题的本质,理解的本质,私人的、只有我自己意识到的体验的本质:"后被划掉。

④ 异文:"我说'事情可是**这样的**——'并一再地给自己讲解这些相同的命题。"该异文只出现在 TS 227a 中,未出现于 TS 227b 中,为维特根斯坦手迹。

们的语言之中,而且我们的语言好像只是在强硬地向我们重复着它。

116. 当哲学家们使用一个语词——"知道"、"存在"、"对象"、"我"、"命题"、"名称"——并且试图把握事物的**本质**时,人们必须总是问一下自己:这个语词在作为其故乡的语言中事实上曾经被如此使用过吗?——

我们将语词从其形而上学的运用中再次地引导回其日常的运用中来。

117. 人们向我说:"你可是理解这个表达式的?因此,——我也是在你所了解的那种意义上使用它的。"——好像这种意义就像是这样一个雾气圈,这个词随身带着它,并且将其带到每一种运用之中。

(如果比如一个人说,"这个在这里"[与此同时他暗中指向一个对象]这个命题对于他来说具有意义,那么他最好自问一下,人们实际上是在什么样的特殊的情形中运用这个命题的。于是,在这样的情形中它具有意义。)

118. 这种考察从哪里获得其重要性,因为它可是似乎只是毁坏了一切令人感兴趣的东西,也即一切伟大的且重要的东西?(可以说所有大型的建筑物;在这个过程中它只留下了碎石和瓦砾。)但是,我们毁坏的仅仅是充气建筑物①,而且我们清理了它们立于其上的语言的地基。

119. 哲学的结果是某句单纯的胡话之发现和理智在冲撞语言的界限时所得到的肿块。它们,这些肿块,让我们认识到了那种

---

① 德文为"Luftgebäude",也可译作"空中楼阁"。

发现的价值。

120. 当我谈论语言（语词、命题等等）时，我必定是在谈论日常的语言。对于我们想要说出的东西来说，这种语言或许是太粗糙、太物质化了吗？**另一种语言究竟如何构建起来？**——令人惊奇的是，这时，我们竟然能够用我们的语言做些什么！

在我的关于语言的诸解释中，我已经必须应用这个完全的语言（而不是比如一种预备性的、临时的语言），这点已经表明，我只能给人们提供有关这个语言的表面的东西。

是的，但是，这时这些说明如何能够令我们满意呢？——好的，你的问题甚至于也已经用这个语言来撰写了；它们必须要用这个语言来加以表达，如果有什么要被追问的话！

你的疑虑是误解。

你的问题牵涉到语词；因此，我必须谈论语词。

人们说：重要的事情不是语词，而是其意义；此时人们以像考虑这样一个物件的方式来考虑意义，即尽管它不同于语词，但是还是与其同属一类的。这是语词，这是意义。金钱和人们能够用它买到的牛。（但是另一方面：金钱和其用途。）

121. 人们可能认为：如果哲学谈论"哲学"这个词的用法，那么就必定存在着一种二阶哲学。但是，事情恰恰不是这样的；相反，这里的情形相应于正字法理论的情形，它也处理"正字法理论"这个词，但是这时它并非就是这样一种二阶正字法理论。

122. 我们的不解的一个主要来源是：我们没有**综览**我们的语

词的用法。——我们的语法缺少可综览性。——综览式表现①促成了理解,后者恰恰在于:我们"看到诸关联"。由此便有了**中间环节**的找到和发明的重要性。

综览式表现概念对于我们来说具有根本的意义。它标示了我们的表现形式,我们察看事物的那种方式。(这是一种"世界观"吗?)

123. 一个哲学问题具有这样的形式:"我找不到路了。"

124. 哲学不应当以任何方式损害语言的实际的用法,因此,最后它只能描述它。

因为它也不能为其提供基础。

它不改动任何东西。

它也不改动数学,任何数学上的发现均不能使其有所前进。对于我们来说,一个"数理逻辑的首要问题"②就是一个数学问题,

---

① "综览式表现"的德文为"die übersichtliche Darstellung"。其中的形容词"übersichtlich"来自于名词"übersicht"。后者意为:给出了特定的关联的、简明的(像表格一样的)表现,可译作"一览表"。因此,"die übersichtliche Darstellung"的字面意义当为:像一览表一样的表现。请看维特根斯坦1931年11月20日写给石里克的信中的如下自我表白:"命题的**分析**并不在于发现隐藏的东西,而是在于**列表给出**(*Tabulieren*)语词的语法,也即语词的合乎语法的用法,在于其**综览式表现**。"(转引自 A. Pichler, *Wittgensteins Philosophische Untersuchungen:Vom Buch zum Album*, Amsterdam:Rodopi, 2004, p. 86)在此,我们要注意:"übersicht"进一步来自于动词"übersehen",其意义之一为:在其关联中把握或理解事物。后期维特根斯坦多处使用了这个词。我一般将后者译作"综览"。相应地,我将与"übersichtlich"相应的名词"übersichtlichkeit"译作"可综览性"。

② "数理逻辑的首要问题"(德文为"führendes Problem der mathematischen Logik";英文为"the leading problems of mathematical logic")一语源自于兰姆西。兰姆西所讨论的问题是所谓"判定问题":如何找到一个规则性的程序,以判定任何一个给定的公式是真的还是假的。(参见:F. P. Ramsey, *The Foundations of Mathematics and Other Logical Essays*, London:Routledge, 1931, p. 82)

正如任何其它数理逻辑问题一样。

125. 借助于一种数学的,逻辑-数学的,发现来解决①一个矛盾,这并不是哲学的事情。相反,使得令我们不安的数学的状况,这个矛盾得到解决②之前的状况,成为可以综览的,这才是哲学的事情。(借此人们并没有避开比如一个困难。)

根本的事实在此是这样的:我们为一个游戏制定了规则,一种技术,然后,当我们遵守这些规则时,我们并没有像我们所假定的那样行事。因此,可以说我们纠缠在我们自己的规则之中了。

这个纠缠在我们的规则之中的事实就是我们欲理解的东西,也即欲综览的东西。

它向我们的意指概念投来一束光明。因为在那些情形中事情是以不同于我们所意指的、所预见的那种方式发生的。当比如一个矛盾出现了时,我们恰恰说:"我没有这样意指它。"

这个矛盾的市民地位,或者其在市民世界中的地位:这就是那个哲学问题。

126. 哲学恰恰只是将一切摆放在那里,它不解释任何东西而且不推导出任何东西。——因为一切均已经公开地摆放在那里了,也没有什么要解释的。因为或许被隐藏起来的东西引不起我们的兴趣。

人们也可以将这样的东西称为"哲学":**在**所有新的发现和发

---

① 异文:"清除"。

② 异文:"避免"。

明**之前**就已经是可能的东西。

127. 哲学家的工作是为了一个特定的目的来收集纪念品。①

128. 如果人们想要在哲学中提出**论题**,那么人们绝不会就它们而进行辩论,因为所有人都会同意它们。

129. 事情对于我们来说的最为重要的角度因为其简单性和平常性而被隐藏起来了。(人们不能注意到它们,——因为它们总

---

① "纪念品"德文为:"Erinnerungen"。在 TS 213:419 中,有这样一句相关的评论:"哲学的学习实际上是一种回顾(Rückerinnern)。我们记起(Wir erinnern uns),我们实际上是按照这样的方式使用这些词的。"(*The Big Typescript*:TS 213, German-English Scholars' Edition, ed. and tr. C. G. Luckhardt and M. A. E. Aue, Oxford: Blackwell, 2005, S. 309)哈克和舒尔特根据这句话断言,"Erinnerungen"不应该像安斯考姆那样译成"reminders"(提醒物,纪念品),而应该译成"recollections"(回忆起来的事物,记忆印象)。(参见 *Philosophical Investigations*, revised fourth edition by P. M. S. Hacker and J. Schulte, Endnotes, pp. 252-253)显然,他们忽略了这句话与《哲学研究》第 127 节的一个重要区别:后者讨论的是维特根斯坦意义上的新哲学家的工作;而前者讨论的则是正在学习这种哲学的人的学习过程,或者更准确地说,这种哲学所要"治疗"的对象的治疗过程。维特根斯坦意义上的新哲学家的主要工作就是"收集"相关的表达式的有意义的使用情形,指出它们的复杂的语法联系和区别,也即提供相关的综览式的表现。新哲学家们这样做的目的是为了让患有相关的理智疾患的人(传统哲学家们)在看到相关的综览式的表现后,认识到他们的理智疾患的根源,以便从其煎熬中摆脱出来。这样的工作某种意义上类似于一个游客在旅游时收集纪念品的工作。请参见如下段落:

可以说,我收集有关牙疼的有意义的命题,这是一种语法研究的刻画性的过程。我不收集真的命题,而是收集有意义的命题,正因如此,这种考察绝不是心理学的考察。(人们经常想将其称为一种元心理学[Metapsychologie]。)

人们可以说:哲学不断地搜集命题材料,而不关心其真性或者假性;只有在逻辑和数学的情况下它才仅仅处理"真的"命题。

牙疼感受这种经验并非是:一个人,我,具有某种东西。

在疼中我区分出一个强度,一个位置,等等,但是并不区分出任何所有者。

(TS 213:505-506)

是公开地出现在人们的眼前。)人们的研究的真正的基础根本引不起人们的注意。除非他们曾经注意到**这点**。——而这也就意味着:一经看到,便会被看作最为引人注目的、最为强烈的东西,没有引起我们①的注意。

130. 我们的清晰的、简单的语言游戏并非是指向对于语言②的一种未来的整编的预备性的习作,——可以说是在没有考虑到摩擦力和空气阻力的情况下所做出的初步的接近。不如说,这些语言游戏在此是作为**比较的对象**出现的,它们经由相似性和不相似性应当将一线光明投向我们的语言的状况之中。

131. 因为只有经由如下方式我们才能免除我们的断言中那种不合理之处或者空洞之处,即我们将那种范例当作它实际上所是的东西,当作比较的对象——可以说当作尺子;而不是将其当做那种实际**必须**加以符合的偏见。(我们在做哲学时如此容易陷入的那种独断论。)

132. 我们意欲在我们关于语言的用法的知识中建立起一个秩序;一个为了某个特定的目的的秩序;诸多可能的秩序中的一个;而不是**那个**秩序。为了这个目的,我们将一再地**强调**我们的日常的语言形式易于让人忽略的那些区别。由此,人们或许得到了这样的印象:好像我们将改造语言看成我们的任务。

---

① 异文:"他们"。
② 异文:"我们的实际的语言"。

为了特定的实践的目的而进行的这样一种改造——为了在实践的使用中避免误解而改进我们的术语——或许是可能的。不过,我们所处理的诸情形不是这样的。我们所关心的诸困惑可以说并不是当语言工作时,而是当其空转时产生的。

133. 我们并不想以一种闻所未闻的方式使有关我们的语词的运用的规则系统变得精细或者完全。

因为我们所追求的那种清晰性的确是**一种完全的**清晰性。但是,这只是意味着,哲学的问题应当**完全地**消失。

真正的发现是这样的发现,即它使我能够停止做哲学——在我情愿这样做的任何时候。——即这样的发现,它让哲学平静下来,以便它不再受到这样的问题的鞭打,它们使**它自己**成为问题。——取而代之的是,现在在诸例子中一种方法将得到显示,而且人们能够中断这些例子的序列。——诸问题,而非**一个**问题,得到了解决(诸困难得到了消除)。[1]

[1] 不存在**一种**哲学的方法——但是或许存在诸方法——可以说诸不同的疗法。①

134. 让我们来考察这个命题:"Es verhält sich so und so"(事

---

① 在 TSS 227a 和 227b 中,这句话写在一个纸条上,均注有如下文字:"第 91 页注。"在 TS 227a 第 91 页上的 §133 的最后右上角注有文字:"1.(脚注,纸条)。"TS 227b 相应处则有如下文字:"纸条。"(这句话及标注文字均非维特根斯坦手迹。)

情是如此这般的)——我如何能够说这就是每一个命题的一般的形式①?——首先,它**自己**就是一个命题,一个德语命题,因为它具有主语和谓语。但是,这个命题是如何被应用的——也即,在我们的日常的语言之中？因为我可只是**从那里**把它拿过来的。

我们说比如:"他向我说明了他的处境,说 Es verhält sich so und so,因此他需要一笔预支款。"因此,在这样的范围内人们可以说那个命题代表着任何陈述。它被用作命题**模式**;但是,这只是因为它具有一个德语命题的结构。人们也可以不用它,而直接说:"das und das ist der Fall"(某某是实际情况),或者"so und so liegen die Sachen"(这些事情是如此这般的),等等。人们也可以像在符号逻辑中那样,简单地使用一个字母、一个变项。② 但是,当然没有人会将字母"p"称为一个命题的一般形式。如前所述:"Es verhält sich so und so"之所以被这样称谓了,这仅仅是因为它自己就是人们称为一个德语命题的东西。不过,尽管它是一个命题,它还是仅仅作为命题变项才有用处。说这个命题与实在一致(或者不一致),这是显而易见的胡话,因此,它说明了这点:我们

---

① 参见《逻辑哲学论》,4.5。

② 在未经修改的 TS 227a 和 TS 227b 中,这句话是这样的:"而且生长在新逻辑中的人或许将倾向于在此仅仅使用一个字母,或者一个变项。" 在 TS 227b 中,"新逻辑"改成"符号逻辑","或许将倾向于"被改成"可能倾向于"。在未经修改的 TS 227a 和 TS 227b 中,在这句话之前,本来还有这样一句话:"但是,我们可以想象,为了这个目的,人们运用一个有意义的命题——比如像'天是蓝色的'这样一个陈腐的命题。"在 TS 227b 中,"所有人都是会死的"替换掉了"天是蓝色的"。后被用交叉线和横线划掉。

的命题概念的标志特征**之一**就是**命题声响**①。

135. 但是,难道我们就没有一个关于如下事项的概念吗:什么是一个命题,我们将"命题"理解为什么?——当然有;在我们也拥有一个关于如下事项的概念的范围内:我们将"游戏"理解为什么?当被问及什么是一个命题时——无论现在我们是应该回答另一个人,还是应该回答我们自己——我们将给出诸例子,而且人们可以称为诸命题的归纳序列的东西也出现于其中;好了,以**这样的**方式我们便拥有了一个关于命题的概念。(请比较命题概念与数概念!)

136. 其实,将"事情是如此这般的"说成命题的一般形式就等于给出这样的解释:一个命题是可以为真或为假的任何东西。因为我本来也可以说"某某是真的",而不说"事情是……"(Es verhält sich...)。(但是也可以说:"某某是假的。")但是,现在

"p"是真的 = p

"p"是假的 = 非 p

而且,说一个命题是可以为真或为假的任何东西,这就等于说:我们将这样的东西称为一个命题,即**在我们的语言之中**我们将真值函项演算应用于其上。

---

① 在未经修改的 TS 227a 和 TS 227b 中,在此还接有一个补充语:"——像我们会称谓的那样"。同时,在未经修改的 TS 227a 和 TS 227b 中接下来还有这样一段话(另起段):"我不会产生比如这样的想法:不使用那个命题模式,而是使用'Es so'这样的形式;当然,在不运用任何系词的语言中,这个形式很可能被用作命题变项。"在 TSS 227a 和 227b 中这段话均被划掉,但在 TS 227b 中,先是在其左侧空白处写上了"文本保留"字样,后这几个字又被划掉。

现在,命题是可以为真或为假的东西这个解释好像通过说出这样的话确定了什么是一个命题:适合于"真"这个概念的东西,或者"真"这个概念适合于其上的东西就是一个命题。因此,好像我们具有一个关于真和假的概念,借助于它我们现在便能确定什么是一个命题并且什么绝不是一个命题。(像**嵌入**一个齿轮那样)**嵌入**真概念的东西就是一个命题。

但是,这是一幅糟糕的①图像。这就好像人们说:"王就是人们可以对着它叫将的**那个**棋子。"不过,这当然仅仅可能意味着,我们在我们的象棋游戏中只叫将王。正如只有一个**命题**才可以是真的这个命题只能说出如下之点一样:我们只将"真"或"假"表述给我们称为一个命题的东西。什么是一个命题,这点在**一种**意义上是由(比如德语)命题构造规则决定的,在另一种意义上是由符号在语言游戏中的用法决定的。"真"和"假"这些词的使用也可以是这个游戏的一个组成部分;这时,对于我们来说它便属于命题,但是它并非"**适合**"于它。正如我们也可以说叫将**属于**我们关于王的概念(可以说是作为其一个组成部分而属于它)一样。说叫将不**适合**于我们关于兵的概念之上将意味着:这样一种游戏——在其中人们对着兵叫将、在其中比如丢了兵的人输了——是无趣的,或者是愚蠢的,或者太过复杂了,或者诸如此类的东西。

137. 当我们通过"谁或者什么……?"这个问题来学习确定一个命题中的主语时,情况究竟会如何?——在此当然存在着这个主语对于这个问题的一种"**适合**";因为不然的话,我们如何经由这

---

① 异文:"误导人的"、"虚假的"。

个问题而得知那个主语是什么?我们是以一种与通过背诵字母表至"K"而得知字母表中的哪一个字母跟在其后的方式类似的方式得知这点的。现在,在什么样的范围内"L"适合那个字母序列?——在**同样的**范围内人们也可以说"真"和"假"适合于命题;而且,人们可以通过向一个小孩说出如下话的方式教他如何将命题与其它的表达式区分开来:"请问一下你自己,你是否可以在其后说'是真的'。——如果这些词是合适的,那么它便是一个命题。"(同样,人们本来也可以说:请问一下你自己,你是否可以在其前面放上"事情是**这样的**"[Es verhält sich *so*]这些词。)

138. 但是,我所理解的一个词的意义[1]难道就不能适合于我所理解的那个命题的意义吗?或者,一个词的意义难道就不能适合于另一个词的意义吗?——自然了,如果一个词的意义就是我们对其所做的**使用**,那么谈论这样一种适合便没有意义了。但是现在,当我们听到或者说出一个词时,我们便**理解了**其意义;我们一下子便把握住它;我们以这样的方式所把握住的东西当然是某种不同于那种延展于时间中的"使用"的东西!

---

[1](a) 如果人们说一个命题没有意义,那么并非好像是其意义没有意义。相反,这个语词表达式①被排除于语言之外了。

(b) 我必定**知道**我是否理解一个词吗?难道不是也发生这样的事情吗:我自以为我理解一个词(并非不同于我自以为

---

① 异文:"这个命题"。

我理解一种计算方式这种情况),现在结果是,我并不理解它?("我一直相信,我知道什么叫作'相对的'和'绝对的'运动,但是我看到,我不知道这点。")

(c)"三个否定又产生一个否定,这点必定已经包含在我现在所使用的一个否定之中。"(发明一种"意谓"的神话的企图。)

(d)事情好像是这样的:双重否定等于肯定这点得自于否定的本性。(在这种说法中包含着正当之处。什么样的正当之处?**我们的**本性与二者密切相关。)

(e)不可能存在一种关于如下问题的讨论:对于"不"这个词是这些规则还是其它的规则是正确的(我的意思是:它们是否合乎它的意义)。因为如果没有这些规则,这个词还没有任何意义;而如果我们改变了诸规则,那么它现在便具有了一种不同的意义(或者没有任何意义),这时我们便也可以同样好地改变这个词。①

---

① 在 TSS 227a 和 227b 中,第 95 页上的§138 第一句话中间均有注释符号"1"。在 TS 227a 中,§138 左侧空白处纵向书有如下文字(英文):"脚注:纸条 a 到 e。"(非维特根斯坦手迹。)在 TS 227a 中,相应纸条(有四张)是从其它打字稿中裁剪下来的,其上内容分别标有 a,b,c,d,并且在纸条左上角分别标有"第 95 页(1)"、"第 95 页(2)"、"第 95 页(3)"、"第 95 页(4)"字样。在第一张纸条上方和下方空白处补写有如下文字(为维特根斯坦手迹):"好像诸语词的意义很容易地彼此相适合。"在 227b 中,纸条上的文字被抄写在两张纸上(非维特根斯坦手迹),在第一张纸的右上角写有页数"95",而且 a 中的文字被划掉了。在两个复本中,c 均分成两段。按照相应指示,我将其拆成 c 和 d。这样,原来的 d 便成为 e。注意:安斯考姆版去掉了 a(可能是因为其内容与§500 大致相同的原因);保留了 b,并将其置于与§138 相连的脚注中(第 53 页注);而 c,d,e 则被置于与§552 相连的脚注中(第 147 页注)。(目前无法确定安斯考姆版的这种独特的处理方式的根据。或许,在现已丢失的 TS 227 排印复本上维特根斯坦就是这样处理的。)哈克和舒尔特版则以框内评论的形式将 b 置于§138 和§139 之间,将 c,d,e 置于§549 和§550 之间。

139. 当某个人对我说出比如"立方体"这个词时,我知道它所意谓的东西。但是,当我这样**理解**它时,这个词的全部的**运用**竟然能够浮现在我的心中吗?

是的,但是另一方面,这个词的意义难道不是也是经由这种运用获得规定的吗?那么,这些规定现在会发生矛盾吗?我们这样地**一下子**把握住的东西与一次运用能够一致吗?[1]能够适合于或者说不适合于它吗?我们瞬间想起的东西、瞬间浮现于我们心中的东西如何能够适合于一次**运用**?

当我们**理解**一个词时浮现于我们心中的东西真正说来究竟是什么东西?——难道它不是某种像一幅图像那样的东西吗?它不**能是**一幅图像吗?

现在请假定,在听到"立方体"这个词时一幅图像浮现在你的心中。比如一个立方体的图样。① 在什么范围内这幅图像能够适合于"立方体"这个词的一次运用,或者不适合于它?——或许你会说:"这很简单;——当这幅图像浮现在我心中时,如果我指向比如一个三角棱镜,说这是一个立方体,那么这种运用便不适合于这幅图像。"——但是它不适合吗?我是有意这样来选取这个例子的,即人们非常容易想象这样一种**投影方法**,按照它这幅图像现在的确是适合的。

立方体的图像的确向我们**提示**了某种运用,但是我也可以以其它的方式来运用它。

---

① 在《哲学研究》原始稿即 MS 142:126 中,这句话为:"比如这幅图像⌗。"

[1](a)"我相信,在这种情形中那个正确的词是……"这不是表明了如下之点吗:这个词的意义是这样的某种东西,它浮现在我们的心中,它可以说构成了我们在此所想要使用的那幅精确的图像?请设想,我正在在"雄伟的"、"庄严的"、"壮观的"、"令人起敬的"这些词之间进行选择;难道这不是好像我在一个公文包内的诸图样之间进行选择吗?不是;人们谈论**适当的词**,这点并不就**表明**这样的某种东西的存在:它……。不如说,人们之所以倾向于谈论那种类似于图像的东西,是因为人们感觉到一个词是适当的;因为在诸语词之间进行选择常常就像是在相似的但是并非相同的图像之间进行选择;因为人们常常使用图像,而非语词,或者使用图像来解释语词;等等。

(b)我看到一幅图像:它表现了这样一个老人,他正拄着拐杖往一条陡峭的路上走。——如何是这样?当他以这样的姿势沿着大街往下滑时,情况看起来难道不是可能也是这样的吗?一个火星上的居民或许就会这样来描述这幅图像。我不需要解释为什么**我们**不这样来描述它。①

---

① 这个评论在 TSS 227a 和 227b 中均手书于单张纸上(非维特根斯坦手迹),置于第 95 和 96 页之间。第 95 页最后的文字为§139 第二段中的"我们这样地**一下子**把握住的东西与一次运用能够",第 96 页第一行开首部分文字为§139 第二段中的"一致吗?能够适合于或者说不适合于它吗?"。这也就是说,从物理形式上看,这个评论出现于§139 中间。在此,维特根斯坦没有给出有关其位置的进一步的提示。为了便于引用,我将这个评论权且标注为§139 相应处的注释。

140. 但是,这时我的错误是属于什么种类的;这样的错误,人们想着这样来表述它:即我本来相信,这幅图像现在强制我做出一种特定的运用? 我如何竟然能够相信这点? 在此我已经相信了什么? 竟然存在着这样一幅图像或某种类似于这样一幅图像的东西吗:它强制我们做出一种特定的应用,并且我的错误因此是一种混淆吗?——因为我们可能倾向于也这样来表达我们自己:我们至多会处于一种心理的强制之下,但绝不会处于任何逻辑的强制之下。在此事情似乎完全是这样:好像我们知道两类情形。

我的论证究竟起到了什么作用? 它让我们注意到(让我们回忆起)如下之点:我们有时也愿意将一种与我们原来所想起的那种过程不同的过程称为"立方体图像的应用"。我们的"这幅图像强制我们做出一种特定的应用的信念"因此就在于:我们只是想到了一种情形而没有想到任何其它的情形。"也存在着另一种解答"意味着:也存在着另外某种东西,我愿意称其为"解答";我愿意将某某图像、某某类比应用于其上,等等。

现在,本质之点是:我们看到,尽管在听到一个词时同一个东西浮现在我们心中,但是其应用却可以是不同的。那么,它两次具有相同的意义吗? 我相信,我们会否认这点。

141. 但是,如果不仅仅这个立方体的图像浮现在我们的心中,而且此外还有那种投影方法浮现在我们的心中,情况如何?——我该如何设想这点?——比如这样:我在我前面看到一个关于投影方式的图式。比如这样一幅图像:它显示了两个经由投影射线相互联结在一起的立方体。——但是,本质上说这竟然让我前进一步了吗？难道现在我不是也能够设想对于这个图式的不同的应用吗？——是的，但是一种**应用**难道因此不是能够**浮现于我的心中**吗？——当然能；只是我们必须进一步弄清楚我们对于**这种**说法所做的应用。假定我在向某个人解释不同的投影方法，以便他事后应用它们；让我们问一下自己，在什么样的情形下我们会说，我所意指的**那种**投影方法浮现在他的心中。

现在，我们显然承认关于此事的两类标准：一方面，在某个时间浮现在他心中的那幅图像（无论它是什么样的），另一方面，他——在时间进程中——对这个心象所做的那种应用。（而且，在此如下之点难道不是很明显吗：这幅图像是在幻想中浮现在他心中的，而不是相反，作为一个图样或者一个模型摆在他面前；或者甚至于是由他作为模型制作出来的，这点完全不是本质性的？）

现在，图像和应用会发生冲突吗？好的，在这幅图像让我们期待一种不同的应用的范围内，它们会发生冲突；因为人们通常情况下对**这幅**图像做出**这种**应用。

我要说：在此存在着一种**正常的**情形和诸不正常的情形。

142. 只是在正常的情况下语词的用法才给我们清楚地规定好了；我们知道，毫不怀疑，在这种或那种情况下我们应该说出什么。一种情形越是不正常，如下之点就越是成问题：现在在这里我们应该说什么。如果事情变得与其事实上的情形完全不同了——比如，不存在任何刻画性的疼的表达、惧怕的表达、欢乐的表达；规则的情形成为例外，例外的情形成为规则；或者，二者变成具有大致相同的发生频率的现象——那么我们的正常的语言游戏因此也就丧失其用处了。——如果下面这样的事情经常发生,那么将一块乳酪放在天平上并按照天平的偏移来确定价钱的做法便丧失其用处了:这些乳酪不明原因地突然长大或变小了。[1]当我们谈论诸如表达与情感之间的关系以及诸如此类的事情时,这个评论将会变得更加清楚。

[1]为了解释一个概念的意义——我指的是其重要性——我们必须说出的东西常常是极其普通的自然事实。即这样的事实,由于其太过普通,人们几乎总是不提到它们。①

143. 现在,我们来考察这种语言游戏:B 应当遵从 A 的命令按照一条特定的构造规律写出符号序列。

这些序列中的第一个应当是十进位系统中的自然数序列。——他如何学习理解这个系统?——首先,人们写给他看诸数列并且要求他抄写出它们。(请不要反感"数列"这个词,在此它并非得到了不正确的运用!)即使在这里就已经有了学习者的正常的和不正常的反应。——我们或许首先手把手地引导他抄写出序列 0 到 9;但是,接下来**交流的可能性**将取决于这样的事实:他现在独立地继续写下去。——在此我们可以设想比如如下情况:他

---

① 在 TSS 227a 和 227b 中,第(98 和)99 页上的§142"这些乳酪不明原因地突然长大或变小了"后均有注释符号"1"。在 TS 227a 中,该评论左侧(第 99 页)空白处标有如下文字(英文):"脚注:(所附纸条)。"所附纸条夹在第 99 和 100 页之间,其上并没有注释符号。在 TS 227b 中,相应评论左侧没有上述标注文字,所附纸条夹在第 98 和 99 页之间,其上标有注释符号"1"。纸条上的文字及打字稿中相应标注文字均非维特根斯坦手迹。

现在虽然独立地复写出了数字,但是并不是按照顺序写出它们,而是无规则地一会儿复写出这个,一会复写出那个。于是,交流便**就此终止了**。——或者另一方面,他在顺序上犯了"**错误**"。——后者与第一种情形之间的区别自然是一种频率上的区别。——或者:他犯了一个"**系统性的错误**",比如他总是只抄写出隔一位的数;或者,他这样来复写0,1,2,3,4,5,…这个序列:1,0,3,2,5,4,…。在此我们几乎想说,他**错误地**理解了我们。

但是,请注意:在一种无规则的错误和一种系统性的错误之间根本不存在任何清楚的界线。这也就是说,在你倾向于称为一种"无规则的错误"的东西和你倾向于称为一种"系统性的错误"的东西之间。

现在,人们或许能够让他戒除这种系统性的错误(像让他戒除一种坏习惯一样)。或者,人们承认他的复写方式并且努力将正常的方式作为他的方式的一种变种、变异教授给他。——而且在此我们的学生的学习能力也可能中断。

144. 当我说"在此学生的学习能力**可能**中断"时,我究竟在意指什么?我是从我的经验传授这点的吗?自然不是!(即使我曾经有过这样一种经验。)我用那个命题究竟在做什么?我当然希望发生这样的事情:你说:"是的,这是真的,人们也可以设想这点,这样的事情也是可能发生的!"——但是,我是想让一个人注意到如下之点吗:他能够想象这点?——我想将这幅图像置于他的眼前,并且他之**接受**这幅图像在于:他现在倾向于以不同的方式考察一个给定的情形:也即将其与**这个**图像序列加以比较。我已经改变了他**看**问题的方式。[印度数学家:"请看一下这个!"]①

145. 现在,这个学生令我们满意地写出了序列 0 到 9。——只有在如下情形下这点才是实际情况:他**经常地**成功做到这点,而不是在每做一百次尝试之中他才做对一次。我现在继续指导他写出这个序列,并将他的注意力引向第一个序列在个位上的再次出现这个事实;接着,将其引向它在十位上的再次出现这个事实。(这只是意味着,我应用某些强调方式,在某些符号上加下划线,以某某方式在一个数底下写上另一个数,等等。)——现在,他有一次独立地将这个序列写下去了,——或者他没有做到这点。——但是,为什么你这样说;**这是不言而喻的!**——自然了;我只是想说:每一个进一步的**解释**的效果都取决于他的**反应**。

但是,现在我们假定,在教授者几次努力之后,他正确地将这个序列继续写下去了,也即以我们做这事的那种方式。现在我们因此可能说:他掌握了这个系统。——但是,他必须将这个序列正确地继续写到多远,以便我们能够有根据地这样说?很清楚:在此你不能给出任何边界。

146. 如果现在我问:"当他将这个序列继续写到第一百位那么远时,他便理解了这个系统了吗?"或者——如果在我们的原始的语言游戏中我不应当谈论"理解":当他将这个序列正确地继续

---

① 此节手稿来源为 MS 142:130-131。在 MS 142 中,括号内的话是这样的:
我在某个地方读到:对于印度数学家来说,一个附加有"请看一下这个!"这样的话的几何图形(有时)是用作对于一个命题的证明。这种看(Ansehen)也引起了看问题的方式上的一种转变。

写**到那里**时,他便拥有了那个系统了吗?——在此你或许说:拥有那个系统(或者还有:理解那个系统)不可能在于:人们将那个序列继续写到**这个**或**那个**数;这仅仅是理解的应用。理解本身是这样一种状态,正确的运用**发源于它**。

那么,在此人们想到的真正说来是什么东西?难道人们不是想到了一个序列从其代数表达式得出的过程吗?或者无论如何想到了某种类似的东西?——但是,我们从前可是曾经到过这里。我们事实上恰恰可以想到不止**一种**对于一个代数表达式的应用;而且,尽管每一种应用方式又可以以代数的方式写出来,但是这显然并没有让我们走得更远。——应用还是理解的一个标准。

147. "但是,它如何可以是理解的一个标准?当**我**说我理解一个序列的规律时,我可并非是在这样的**经验**的基础上说出这点的:直到现在为止我一直是以如此这般的方式应用这个代数表达式的!无论如何我可是从我自己这里知道:我意指的是某某序列;至于我事实上将它展开到了多远,这点是无所谓的。"——

因此,你的意思是:即使完全不考虑对于在特定的数之上的实际的应用的回忆,你也知道这个序列的规律的应用。你或许说:"这是显然易见的!因为这个序列肯定是无穷的,而我能够展开的那段序列则是有穷的。"

148. 但是,这种知道在于什么?请允许我来问:你**什么时候**知道这种应用?始终知道?白天和黑夜都知道?或者只是在你正好想到这个序列的这个规律的时候?这也就是说:你知道它,正如你也知道字母表和两数乘法表一样吗?或者,你将"知道"称为一种意识状态或者过程吗①——比如一种想到某种东西的过程或其它类似的过程?

149. 当人们说知道字母表是一种心灵状态时,人们想到的是我们借以解释这种知道的**表露**的一种心灵装置(比如我们的大脑)的状态。人们将这样一种状态称为倾向。不过,在应当存在着关于这种状态的两种标准这样的范围内,在此谈论一种心灵的状态[1]并非是没有疑义的②;即在不考虑这种装置的结果的情况下对于其构造的一种认识。(在此没有比如下做法更为混乱的了:将"意识的"和"无意识的"这样的语词用在意识状态和倾向这样的对立之上。因为那对语词掩盖了一种语法区别。)

[1](a)"理解一个词",一种状态。但是,这是一种**心灵**状态吗?——我们将忧郁、激动、疼痛称为心灵状态。请做这样的语法观察:我们说

"他一整天都忧郁得很。"

"他一整天都非常激动。"

"他从昨天开始便具有不间断的疼痛。"

——我们也这样说:"从昨天开始我便理解这个词。"但是,我"不间断地"理解它吗?——是的,人们可以谈论一种理解的中断。但是,是在什么样的情形下?请比较:"你的疼什么时候减轻了?"和"你什么时候就已经停止理解这个词了?"

---

① 异文:"或者,你所谈论的知道是一种意识状态或过程吗"。
② "并非是没有疑义的"原为"是误导人的"。

(b)假定人们提出如下问题,情况如何:你什么时候**能**玩象棋?总是?或者在你走一步棋时?在走每一步棋时你都能玩全部象棋吗?——多么奇特,能玩象棋需要那么短的时间,而一局棋则需要长得多的时间。①

150. "知道"这个词的语法显然与"能够"、"有能力"这些词的语法具有紧密的亲缘关系。但是,与"理解"这个词的语法也具有紧密的亲缘关系。("掌握"一种技术。)

151. 好的,但是还存在着**这样一种**对"知道"这个词的运用:我们说"现在我知道它了!"——同样说"现在我能做它了!"和"现在我理解它了!"

请想象这个例子:A 写出数列;B 看着他并且努力在这个数列中找到一条规律。如果成功了,他便喊道:"现在我能继续下去了!"——因此,这种能力,这种理解,是某种在一瞬间出现的东西。因此,请查看一下:在这里出现的东西是什么?——A 写下数 1,5,11,19,29;这时 B 说他现在知道如何继续下去了。在此发生了什么?可能发生了各种各样不同种类的东西;比如:在 A 一个又一个地慢条斯理地将数放在那里的过程中,B 忙着尝试将不同的

---

① 这个评论在 TS 227a 中打印在两个纸条上(从 TS 228 裁剪而来),夹在第 103 和 104 页之间,在纸条左侧空白处分别纵向注明:"103(1)"、"103(2)",但是在第 103 页并没有出现注释符号"1";在 TS 227b 中,该评论手书于单张纸上(非维特根斯坦手迹),夹在第 102 和 103 页之间,在这张纸的左上角标有"1",在第 103 页上的§149 第一句话"当人们说知道字母表是一种心灵状态时"右上角本来标有注释符号"1",但是后来被划掉,并将其移到这段话中间"在此谈论一种心灵的状态"的右上角。

代数公式用在写出的数上。当 A 写下 19 时, B 试用公式 $a_n = n^2 + n - 1$; 下一个数确证了他的假定。

或者情况也可能是: B 没有想到公式。他带着某一种紧张感看着 A 如何写出他的数; 与此同时各种各样不甚清楚的思想浮现在他的大脑中。最后, 他自问道: "差的序列是什么?"他发现它是: 4, 6, 8, 10, 并且说: 现在我能够继续下去了。

或者他向那里看了一下, 说: "是的, 我知道**这个**序列"——并且继续写出它; 正如当 A 写出 1, 3, 5, 7, 9 这个序列时他大概也会做的那样。或者, 他什么也不说, 只是继续将这个序列写下去。或许他拥有一种人们可以称为"这是容易的!"这样的感觉。(这样一种感觉是比如像在拥有一种轻微的恐惧时所产生的那种轻快的吸气的感觉。)

152. 但是, 我在这里所描述的这些过程竟然就是**理解**吗?

"B 理解这个序列的系统"当然并非简单地意味着: B 想到了公式"$a_n = \cdots\cdots$"! 因为完全可以设想, 他想到了这个公式, 但是却不理解。"他理解了"必定包含着比如下事项更多的东西: 他想到了这个公式。它也同样包含着比理解的那些或多或少地刻画性的**伴随过程**或者表露中的任何一种更多的东西。

153. 现在, 我们试图把握似乎隐藏在那些粗糙的、因而映入我们的眼帘之中的伴随现象之后的理解的心灵的过程。但是, 这是不能成功的。或者, 更为正确地说: 它根本不是一种真正的尝试。因为即使假定我发现了某种在所有那些理解情形中均发生的东西, ——为什么现在**这**就应当是理解? 进而, 如果我那时的确说了"现在我理解了"——**因为**我那时理解了,那么这种理解的过程如何竟然能够是隐藏着的?!当我说它是隐藏着的时候,——我究竟如何知道我要寻找什么?——我陷入混乱之中。

154. 但是,等一等!——如果"现在我理解了这个系统"与"我想到了公式……"(或者"我说出了这个公式","写出它",等等)没有说出相同的东西,那么由此就有如下结论吗:我将命题"现在我理解了……"或者"现在我能够继续写下去"用作发生于这个公式的说出之后或之侧的一种过程的描述?

如果必定有某种东西站"在这个公式的说出之后",那么它是**某些这样的情况**,它们使我有权利说:我能够继续下去了,——在我想到这个公式时。

根本不要将理解设想成"心灵过程"!——因为**这**是那种使你陷入困惑的说法。相反,请问自己:究竟在什么样的情形下,在什么环境中,我们说"现在我知道如何继续下去了"?我意指的是,当我想到这个公式时?——

在存在着刻画理解的特征的过程(甚至于心灵过程)这样的意义上,理解绝不是心灵过程。

(一种疼痛感觉的减弱或增强,一首乐曲、一个命题的听到:心灵过程。)

155. 因此,我要说:当他突然知道如何继续下去、理解了这个系统时,他或许拥有一种独特的体验——当人们问他"当你突然把握了这个系统时,情况是怎样的,在那里发生了什么"时,他或许会描述的东西,像我们上面所描述的那样——但是,对于我们来说,使得他有权利在这种情形中说他理解了、他知道如何继续下去的东西是那些在其中他拥有这样一种体验的**情况**。

156. 如果我们插入对于另一个词——即"阅读"这个词——的考察,那么这点将会变得更为清楚。首先,我必须说明,在这种考察中我不把对所读到的东西的意义的理解算作"阅读";相反,阅读在此是将写下的文字或印出的文字转化成声音的活动;但是也是按口授进行笔录的活动,誊写印出来的文字的活动,按照乐谱演奏的活动,以及诸如此类的活动。

这个词在我们的日常生活的诸情形中的使用对于我们来说自然是极其熟悉的。但是,这个词在我们的生活中所扮演的角色,进而我们在其中运用它的那个语言游戏,则是难于描绘的——即使给出粗线条的描绘也是困难的。一个人——比如一个德国人——在学校或者在家中经历了一个我们这里非常平常的课程类型,他在这种课程中学会了阅读他的母语。稍后,他阅读书籍,信件,报纸等等。

那么,当他比如读报纸时,发生了什么事情?——他的眼睛掠过——像我们所说的那样——印出的语词,他发出它们的音,——或者只是对他自己说出它们;而且,对于某些词,他是通过将它们的印刷形式作为整体来把握的方式说出它们的,而对于另一些词,他则是在他的眼睛看清了最初几个音节之后说出它们的,对于一些词,他又是一个音节一个音节地读出它们的,而对其中的一个或另一个词,他或许又是一个字母一个字母地读出它们的。——如果他虽然在阅读过程中既没有大声地说话,也没有对自己说话,但是此后便能够逐字地或以接近于这样的方式复述一个命题,那么我们也会说,他阅读了这个命题。他可能注意他所阅读的东西,或者也可能——像我们会说的那样——像单纯的阅读机器那样运转,我的意思是:大声而正确地阅读,而没有注意他所阅读的东西;或许在此期间他的注意力指向了某种完全不同的东西(以至于当人们马上就此而问他时,他不能说出他读了什么)。

现在,请将一个初学者与这个读者进行比较。前者通过费力地拼出每个字母的方式来阅读诸语词。——不过,他从上下文中猜测一些词;或者,他或许已经部分地记住了这个读物。于是,教师说,他实际上没有**阅读**这些词(而且,在某些情形下,他只是假装在阅读它们)。

当我们思考**这种**阅读,即思考初学者的阅读,并且问我们自己**阅读**在于什么时,我们便倾向于说:它是一种独特的有意识的精神活动。

我们也针对学生说:"自然只有他知道他是否真的在阅读,或者仅仅是在凭记忆说出这些词。"(关于"只有**他**知道……"这些命题还必须进行进一步的讨论。)

但是,我要说:我们必须承认,——就关涉到所印出来的语词中的任何**一个**的说出这件事来说——有可能相同的东西发生在那个"假装"阅读它的学生的意识和那个"阅读"它的训练有素的读者的意识之中。当我们谈论初学者时和当我们谈论训练有素的读者时,"阅读"这个词是**以不同的方式**被应用的。——现在,我们自然想说:当训练有素的读者和初学者说出这个词时,发生在他们之内的东西不**可能**是相同的。如果没有任何区别存在于他们正好意识到的东西之中,那么区别便存在于他们的精神的未被意识到的工作过程之中；或者也存在于大脑之中。——因此，我们想说：在此无论如何存在两种不同的机制！而且在它们之内发生的东西必定将阅读与并非阅读区别开来。——但是，这些机制可只不过是假设；是用以解释、概括你所知觉到的东西的模型。

157. 请你思考如下情形：人类或者其他存在物被我们用作阅读机器。他们为了这个目的而被训练。训练他们的那个人针对一些人说，他们已经能够阅读，针对另一些人说，他们还不能阅读。以一个到现在为止还没有参加到训练中来的学生的情形为例：如果人们指给他看一个写出的词，那么他有时会发出某些声音，有时"偶然地"发生这样的事情：它们大致是对的。某个第三方在这种情形中听到了这个学生的声音并且说："他在阅读。"不过，这个教师则说"不，他不是在阅读；这只是一种偶然情况。"——但是，我们假定，当现在人们将更多的语词呈现给这个学生时，他连续地做出正确的反应。过了一些时间后这个教师说："现在他能够阅读了！"——但是，那第一个词的情况如何？这个教师应当说："我错了，他**的确**阅读了"——或者："他只是稍后才开始真正的阅读的"？——什么时候他开始阅读？哪一个词是他所**阅读**的第一个词？这个问题在此是没有意义的。除非我们解释道："一个人'阅读'的第一个词是他正确地阅读的第一个由 50 个词构成的词列的第一个词"（或者诸如此类的东西）。

与此相反，如果我们用"阅读"来指某种对于从符号到所说出的声音的转变过程的体验，那么谈论他真正地阅读过的某个**第一个词**就肯定地具有意义了。这时，他可以比如说："在听到这个词时我第一次具有了这样的感受：'现在我在阅读'。"

或者另一方面,在与此不同的、有关这样一种阅读机器——它比如按照一架自动发声钢琴的方式将符号翻译成声音——的情形中,人们可以说:"只是在某某事情发生在这架机器上之后——某些部件经由电线联结起来之后——这部机器才**阅读**了;它所阅读的第一个符号是……"

但是,在有生命的阅读机器的情形下,"阅读"意味着:以如此这般的方式对书写符号做出反应。因此,这个概念完全独立于有关一个心灵的或者其他的机制的概念。——这个教师在此也不能针对被训练者说:"或许他已经阅读了这个词。"因为根本不存在有关他所做的事情的任何怀疑。当这个学生开始阅读时所发生的那种变化是他的**行为**中的一种变化;在此谈论"新的状态中的"某个"第一个词"没有任何意义。

158. 但是,这点的原因难道不是仅仅在于我们对于发生于大脑之内和神经系统之内的诸过程的知识太过稀少了吗?如果我们对这些过程知道得更为精确,那么我们便会看到,经由这样的训练哪些联结被建立起来了,而且当我们向他的大脑中看时,我们便能够说:"他现在**阅读了**这个词,现在这种阅读联结被建立起来了。"——事情或许**必定**是这样的——因为,否则,我们如何能够如此确信,存在着这样一种联结?事情是这样的这点或许是先天的——抑或它仅仅是或然的?——而且,这种或然性是什么样的?请一定要问一下你自己:关于这些事项,你**知道**什么?——但是,如果事情是这样的这点是先天的,那么这就意味着它只是一种对于我们来说非常有说服力的表现形式。

159. 但是，当我们思考这点时，我们却企图说：关于一个人**在阅读**这件事的唯一真正的标准是有意识的阅读行为，从诸字母读出诸声音的有意识的行为。"一个人肯定知道他是否在阅读或者只是在假装阅读！"——假定 A 要让 B 相信，他能阅读西里尔文字①。他熟记一个俄语命题，接着说出它，在这个过程中他看着印出来的语词，好像他在阅读它们。在此我们肯定会说 A 知道他没有进行阅读，而且在他假装阅读时他恰恰感觉到这点。因为自然存在着大量或大或小程度上刻画了阅读一个印出来的命题这件事的感觉；回忆起这些感觉是不难的：请想一想停顿的感觉，更为仔细地看的感觉，读错的感觉，对于词序的较大和较小的熟练性的感觉，等等。同样存在着有关背出所熟记的东西这件事的刻画性感觉。在我们的情形中 A 则不具有任何刻画了阅读的感觉，而且他或许拥有一系列刻画了撒谎的感觉。

160. 但是，请你设想这样的情形：我们让一个能够流利地阅读的人阅读一个他此前从没有看到过的文本。他将它读给我们听——但是带有这样的感觉，即他好像在说出某种他所熟记的东西（这可能是某种毒药的作用）。在这样一种情况下，我们会说他真正说来并没有读这篇东西吗？因此，在这里我们会把他的感觉当作他是否在阅读的标准吗？

或者也可以设想这样的情形：当人们给一个受到某种毒药

---

① 西里尔文字(cyrillische Schrift)是由西里尔字母拼写而成的文字系统。西里尔字母是由传教士西里尔(Saint Cyril, 827–869)于公元九世纪所创建的字母。包括俄语在内的斯拉夫语系的许多语言均由西里尔字母拼写而成。

的影响的人看一列不必属于任何现存的字母表的书写符号时，他按照这些符号的数目说出诸语词，因此好像这些符号就是诸字母，而且他这样做时拥有着阅读的一切外表的特征和感觉。（在梦中我们具有类似的经验；醒来以后人们或许说："我觉得好像是在阅读符号，——尽管根本没有什么符号。"）在这样一种情形中一些人会倾向于说这个人在**阅读**这些符号；另一些人则倾向于说他没有阅读它们。——假定他以这样的方式将四个符号构成的一组符号读作（或者释作）OBEN①——现在，我们给他看处于相反的次序之中的同样的符号并且他读出 NEBO，而且以这样的方式在进一步的试验中他总是保守着诸符号的相同的释义：在此我们或许倾向于说他特别为此编造了一个字母表并且接着按照它进行阅读。

161. 现在，也请思考如下之点：在如下两种情形之间存在着一个连续的过渡序列，即这样的情形，在其中某个人凭记忆不经意地说出他应当阅读的东西的情形，和这样的情形，在其中他逐个字母地读出每一个词，而完全没有求助于从上下文中做出的猜测，或者凭记忆而来的知识。

请做如下试验：说出从 1 到 12 的数列。现在，请看一下你的表的表盘并且**读出**这个序列。——在这种情形下你将什么称作"阅读"了？这就意味着：为了使得它成为**阅读**，你做了什么？

162. 让我们试一下这样的解释：如果某个人是从样品**得出**复

---

① 德文词，意为上面。

制品的,那么他便在阅读。我将他所阅读的或誊写的文本称为"样品";将他按照其进行书写的那种口授称为"样品";将他所演奏的总乐谱称为"样品";等等,等等。——假定我们现在在教比如某个人学习西里尔字母表,在教他每一个字母应该如何发音,——如果这时我们给他看一小段阅读材料,并且他通过如下方式阅读了它:他像我们所教授的那样说出每一个字母,那么我们也很可能会说,他借助于我们给予他的那条规则从字形得出了一个语词的声音。这也是一个清楚的**阅读**情形。(我们可以说,我们已经将"字母表规则"教授给了他。)

但是,为什么我们说,他从印出来的语词**得出了**说出的语词?我们所知道的东西比如下之点更多吗:我们已经教他应该如何说出每一个字母,而且他接着大声地读出这些词? 我们或许将会回答说:这个学生表明,他借助于我们给予他的那条规则将印出来的东西转变成说出来的东西。——当我们按照如下方式改动了我们的例子时,人们如何能够**表明**这点这件事将会变得更为清楚:这个学生不是要朗读出这个印出来的文本,而是要誊写出它,要将印刷体转换成手写体。因为在这种情况下我们可以以一个表格的形式将这条规则给予他;在一栏中出现的是印刷字母,在另一栏中出现的则是斜体字母。他是从印刷出来的东西中得出文字的,这点显示在如下事实之中:他查看这个表格。

163. 但是,假定他这样做了并且与此同时总是将一个 A 改写成一个 b,将一个 B 改写成一个 c,将一个 C 改写成一个 d,等等,而且将一个 Z 改写成一个 a,情况如何?——我们甚至于也将这样的做法称作一种按照表格而进行的得出活动。——现在,我们可以说,他是按照§86中的第二个图式而不是按照第一个使用它的。

即使这种做法或许也还是一种按照表格而进行的得出的活动,它仍然是借助于一个不具备任何简单的规则性的箭头图式得到表现的。

但是假定他没有停留在**一种**转写方式上;相反,他按照一条简单的规则改变它:如果他有一次将一个 A 改写成一个 n,那么他便将下一个 A 改写成一个 o,将再下一个 A 改写成一个 p,等等。——但是,这种做法和一个无规则做法之间的界线在哪里?

但是,现在这就意味着如下之点吗:"得出"这个词真正说来没有任何意义,因为事情看起来的确是这样:这种意义,当我们追逐它时,便化为乌有了?

164. 在情形(162)中,"得出"这个词的意义清楚地呈现在我们面前。但是,我们说过,这只是得出的一种完全特殊的情形,一种完全特殊的装束;如果我们想认出得出的本质,那么我们必须将这身装束从它身上脱下来。现在,我们将这些独特的壳从它身上揭下;但是,这时这种得出本身便消失不见了。为了找到真正的洋蓟,我们将其叶片剥掉了。因为它(162)自然是一种特殊的得出情形,但是得出的本质之处并非就隐藏在这种情形的外表之下;相反,这种"外表"是得出的诸情形的家族中的一种情形。

以这样的方式我们也用"阅读"这个词来表示诸情形的一个家族。在不同的情形中我们运用关于一个人在阅读这件事的不同的标准。

165. 但是，阅读——我们想说——可是一种完全特定的过程！[1]请阅读一个印刷页，于是你们便看到了它；在那里发生着某种独特的并且极具刻画作用的东西。——那么，当我阅读这件印刷品时，究竟发生了什么？我看到印刷出来的语词并且说出语词。但是，这自然不是全部；因为我可以看到印刷出来的语词并且说出语词，可是这并不是阅读。即使在如下情况下这也不就是阅读：我说出的语词是人们按照一个现行的字母表**应当**从那些印刷出来的语词读出的语词。——如果你说阅读是一种特定的体验，那么你是否是在按照一条人们普遍地接受的字母表规则进行阅读这点肯定就根本不扮演任何角色了。因此，阅读体验中的具有刻画作用的东西在于什么？——在此我想说："我所说出的那些语词是以独特的方式**来到的**。"也即，它们不是以当我比如想出它们时它们来到的那种方式来到的。——它们是自动地来到的。——但是，即使这也是不够的；因为我的确可能是在我看着印刷出来的语词的过程中**突然想到**诸语词的声音的，借此我当然没有阅读这些语词。——在此我还可以说：我也不是像比如回忆起关于所说出来的语词的某些东西那样突然想到它们的。我不想说比如：印刷的词"nichts"（什么也没有）总是让我回忆起声音"nichts"。——相反，所说出的语词好像是在阅读过程中溜进来的。情况甚至于是这样：如果没有一个独特的对于语词的声音的内在的听的过程相伴，我根本不能查看一个印刷的德语词。

[1]"一种完全特定的"（气氛）这个表达式的语法。

人们说"这张脸具有一种完全**特定的**表情"，并且或许搜寻刻画它的语词。①

166. 我曾经说,所说出的诸语词在阅读时是"以独特的方式"来到的;但是,是以哪一种方式?难道这不是一种虚构吗?请来看一下单个的字母并且注意字母的声音是以哪一种方式来到的。请读字母 A。好了,这个声音是如何来到的?——我们根本不知道该就此说些什么。——现在,请写下一个小写的拉丁文的 a!——在书写时手的运动是如何来到的?是以一种不同于前面的试验中的那个声音来到的方式来到的吗?我向这个印刷的字母看去并且写下这个草体字母;我不知道更多的事情。——现在,请你瞧一下符号 ☉②并且与此同时让自己想到一个声音;说出它。我想到了声音"U";但是,我不能说,在这个声音**来到**的那种方式中存在着一种本质的区别。这种区别存在于某种另外的情形之中:我事先向我自己说,我应当让我自己想到一个声音;在这个声音来到之前,存在着某种紧张感。我并非像在看到字母 U 时那样自动地说出声音"U"。我也不像**熟悉**诸字母那样**熟悉**那个符号。

---

① 在 TS 227a 中,这个评论部分打印、部分手写在一张纸条上(维特根斯坦手迹);在 TS 227b 中,它全部手写在一张纸条上(非维特根斯坦手迹)。在两者中该纸条均置于第 115 和 116 页之间。第 115 页上的最后的文字为§164 第二段最后一句话前半部分,第 116 页第一行上的文字为§164 第二段最后一句话后半部分。第二行(和第三行开始)上的文字为§165 第一句话。维特根斯坦没有给出进一步的位置提示。为了读者引用方便,我将这个评论权且标注为§165 第一句话的注释。(请比较§606。)

② 在 TSS 227a 和 227b 中没有这个符号,相应处留有一个空白。在 TS 227a 相应一行的左侧空白处有一补入标志"∧?"。据《哲学研究》早期稿第一部分 TS 220 之§143 补入。

我可以说紧张地看着它,同时怀有对于其形状的某种兴趣;与此同时我想到一个反过来的西格马①。——请想象,你现在必须将这个符号规则性地用作字母;因此,你习惯于一看见它便说出一个特定的声音,比如声音"sch"。我们能够说出比如下之点更多的东西吗:过了一段时间以后,当我们看到这个符号时,这个声音便自动地来到了? 也即:在看见它时我不再问自己:"这是哪一个字母?"——我自然也不对自己说"在看到这个符号时我将说出'sch'"——也不说:"这个符号以某种方式让我回忆起声音'sch'。"

(请将如下想法与此加以比较:记忆图像经由一种独特的特征与其它的想象图像区别开来。)

167. 什么样的意思包含在如下命题之中:阅读可是"一种完全特定的过程"? 这的确可以意味着:在阅读时总是发生一种我们再次认出的特定的过程。——但是,假定我现在有一次阅读一个印刷出来的命题,另一次按照莫尔斯电码将其写出来,——在此真的发生了相同的心灵过程了吗? 不过,与此相反,在阅读一个印刷页的体验中自然存在着一种齐一性。因为这种过程的确是一种齐一过程。的确容易理解的是,这种过程有别于比如一看见任意的线条便让自己想到诸语词的过程。——因为一行印刷出来的语词的单纯的样子的确就已经是极其独特的了,也即就已经是一幅十分特别的图像:大小大致相同且从形状上看也彼此相近的诸字

---

① 西格马即希腊字母"Σ"。

母总是一再地出现;大部分说来总是一再地重复的、我们无限熟悉的语词完全像熟悉的面孔。——请想一想当一个词的正字法被改变时我们所感受到的那种不舒服的感觉。(而且还请想一想语词的书写问题所激起的那些更深刻的感受。)自然并非每一种符号形式都给我们造成了**深刻的**印象。比如,逻辑代数中的一个符号可以经由任意其它的符号来代替,而这并不会在我们这里激起深刻的感受。——

请考虑这样的情形:我们像熟悉听到的语词图像那般地熟悉看到的语词图像。

168. 目光在一行印刷的文字之上滑行的方式也不同于其在一列任意的钩子和涡卷形花饰上的滑行方式。①(不过,在此我谈论的不是经由对阅读者的眼睛的活动的观察能够确定下来的东西。)人们想说,那种目光以一种特别无阻力的方式在滑动,没有挂在什么上;而且它当然没有**滑下来**。与此同时在想象中进行着一种不随意的言说。当我阅读德语和其它语言时情况就是这样的;无论所读的是印刷出来的文字,还是手写的文字,而且是以不同的书写形式写出来的。——但是,所有这一切中的什么东西对于阅读本身来说是本质性的?并非是一种出现于所有阅读情形中的特征!(请将阅读通常的印刷体文字时所发生的过程与对全部以大写字母印刷出来的语词[有时字谜的答案就是这样印出来的]的阅

---

① 在这段话的手稿来源 MS 115:209 中,相应于此处的地方有如下钩子和花饰图案:

读加以比较。多么不同的过程！——或者将其与对我们的文字的从右向左的阅读加以比较。)

169. 但是,当我们阅读时难道我们就没有感受到诸语词图像对我们的言说的一种因致①作用吗？——请读一个命题！——现在请沿着这个序列

&.8§ ≠ § ≠?ß+%8!'§*②

看下去并且与此同时说出一个命题。如下之点难道不是可以感受得到的吗:在第一种情形中,言说与对诸符号的看见**联系在一起**,而在第二种情形中它则是在没有这样的联系的情况下在对这样的符号的看见的旁边进行着？

但是,为什么你说,我们感受到一种因致？因致可是我们经由实验所确定的东西;经由比如对于诸过程的规则性的共现的观察。我究竟如何能够说:我**感受到了**那种经由实验如此确定下来的东西？(如下之点的确是真的:我们并非仅仅经由对于一种规则性的

---

① "因致"德文为"Verursachung"。后者的动词形式为"verursachen",它是相应于"Ursache"(原因)的动词形式(二者的英文形式同为"cause"),意为:由某个原因而引起或导致。通常汉语中简单地译作"引起"或"导致"。这种译法过于宽泛。在本译稿中,有必要时,我们将其译作"因致"。

② 在手稿 MS 142:152 中,相应的序列是这样的:

在进一步的手稿来源 MS 115:209 中,相应的序列是这样的:

在 TS 227(进而《哲学研究》印行稿)中的形式之所以有所改变,显然是因为这样的涡卷形花饰无法在打字机上打出的缘故。但是,在接下来的相应的文字表述中,维特根斯坦并没有做出相应的改变。这样,读者不免会感到困惑。

共现的观察来确定因致。)人们更可以说,我感受到:诸字母是我为什么以如此这般的方式进行阅读的**根据**。因为,当某个人问我"你为什么**以这样的方式阅读**?"时——那么我便经由在那里出现的诸字母来为此提供根据。

但是,**感受到**我所说出的、所想到的这种根据,这应该意味着什么?我想说:在阅读时我感受到诸字母对于我的某种**影响**——但是并没有感受到那个任意的涡卷形花饰的序列对于我所说出的东西的某种影响。——请再一次比较一个单个的字母与一个这样的涡卷形花饰!我也会这样说吗:当我读"i"时,我感受到了这个字母的影响?自然存在着这样一种区别:我是在看见"i"时,还是在看见"§"①时,说出 i-音。这个区别或许在于:在看见这个字母时,那种对 i-音的内在的听便自动地,甚至于违反我的意志地,发生了;而且当我大声地读出这个字母时,其说出比在看到"§"时更少费力。这也就意味着——当我做这个**试验**时,事情是这样的;但是,当我偶然地瞥见符号"§"、说出一个比如包含 i-音的语词时事情自然不是这样的。

170. 如果我们没有将字母的情形与任意的线条的情形加以比较,那么我们的确从来不会产生这样的想法:在阅读时我们**感受到了**字母对我们的**影响**。在此我们无论如何注意到了一种**区别**。并且我们将这种区别释作影响和影响的缺失。

而且,当我们有意图地慢条斯理地阅读时,——比如为了看到

---

① 在手稿来源 MS 142:153 中"§"为" ",在进一步的手稿来源 MS 115:210 中"§"为" "。下同。

在阅读时究竟发生了什么事情,我们尤其倾向于这种释义。当我们可以说完全有意图地让诸字母**引导着**我们自己时。但是,这种"让……引导着我自己"又只是在于:我好好地看着诸字母,——比如将某些其他的思想排除在外。

我们自以为,经由一种感受我们知觉到了可以说一种存在于语词图像和我们说出的声音之间的联结机制。因为当我谈论影响的、因致的、受到引导的体验时,这的确应当意味着:我可以说感受到了这样的操纵杆的运动,它们将诸字母的样子与言说联结在一起。

171. 我本来可以以不同的方式借助于语词来恰当地表达我在阅读一个语词时所具有的体验。因此,我可以说,所写下的东西**促使我想起**那些声音。——但是我也可以这样说:字母和声音在阅读时构成了**一个统一体**——可以说一种合金。(比如在著名人物的面孔和其名称的声音之间存在着一种类似的熔合。我们觉得,这个名称是这张面孔的唯一适当的表达。)当我感受到这种统一性时,我可以说:在所写下的这个词中我看到,或者听到这个声音。——

不过,现在请读一下几个印刷出来的命题——像你通常没有想到阅读概念时所做的那样;并且问一下自己,在阅读时你是否具有过这样的统一性、影响等等的体验。——请不要说,你无意识地拥有过它们! 也请不要让自己受到这样的图像的误导:这些现象"在更近地观望时"显示自身! 如果我应当描述一个对象从远处看起来是什么样子的,那么这个描述不会经由如下做法而变得更为精确:我说出在更近地观望时可以从其上注意到的东西。

172. 请想一想被引导的体验！请自问一下：当我们比如被引导着走一段**路**时，这种体验在于什么？——请你想象这样的情形：

你待在一个游戏场上，比如蒙着眼睛，并且被某个人牵着手引导着一会儿向左走，一会儿向右走，你必须始终对他的手的拉动有所准备，还要留意不要因一次出其不意的拉动而摔倒。

或者也可以是这样：你被一个人用力地牵着手引导着走向你不愿去的地方。

或者：在跳舞时你被舞伴引导着；你尽量让自己善于感受，以便猜测他的意图并且服从最为轻微的指压。

或者：某个人引导着你散步；你们边走边聊；无论他走到哪里，你都跟着。

或者：你沿着一条田野小路走，让自己受到它的引导。

所有这些情形彼此都是相似的；但是，什么是为所有这些体验所共同具有的东西？

173. "但是，被引导可是一种特定的体验！"——对此的答复是：你现在**想到**一种特定的被引导的体验。

如果我要回忆起这个人的体验，他在前面的诸例子之一中在书写时被印刷出来的文本和表格引导着，那么我们便想象那种"认真的"查看，等等。与此同时我甚至于拥有一种特定的面部表情（比如一个认真的记账员的表情）。在这幅图像中比如**谨慎**是非常本质性的；在另一幅图像中自己的每一种意志之排除又是本质性的了。（不过，请设想，某个人用谨慎的表情——为什么不用谨慎的感觉？——伴随着平常之人不经心地做的事情。——现在他就是谨慎的吗？请你想象比如：服务员带着外在的谨慎的迹象将茶盘及其上的所有东西摔在了地上。)如果我想起这样一种特定的体验,那么它似乎就是**那种**被引导的(或者阅读的)体验。不过,现在如果我问自己:你做什么?——你看着每一个符号,此外你做出这种表情,你经过考虑地写下诸字母(以及诸如此类的东西)。——因此,这就是被引导的体验?——在此我想说:"不是,它不是这种体验;后者是某种更为内在的、更为本质的东西。"——事情似乎是这样:首先所有这些或多或少地非本质的过程都被包裹在一种特定的气氛之中,现在当我过去仔细地查看时,它却溜走了。

174. 请问一下你自己,你如何"**经过考虑地**"画出一条与给定的线段平行的线段,——另一次,经过考虑地画一条与它成一个角的线段。什么是考虑的体验?在此你马上想到一种特定的面部表情,一个手势,——而且接着你想说:"而且它恰恰是一种**特定的**内在的体验。"(借此你自然根本没有说出任何更多的东西。)

(在此存在着一种与有关意图的、意志的本质的问题的联系。)

175. 请在纸上胡乱地画出一个形状。①——现在,在旁边描画它,让自己受到它的引导。——我想说:"肯定的!我现在让什么引导着。但是,其间发生了什么刻画性的东西?——当我说出所发生的东西时,我便觉得它不再具有刻画作用了。"

但是,现在请注意这点:**当我让什么引导着时**,一切均是简单的,我没有注意到任何**独特**的东西;但是此后,当人们问我在那里

---

① 在手稿 MS 142:157 相应处附有下图:

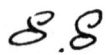

发生了什么时,它似乎就成为某种不可描述的东西了。**此后**,任何描述均不能令我满意了。我可以说不能相信,我仅仅是向那里观看,做出这个表情,画出了这个线条。——但是,我竟然**回想**起了某种其它的东西吗?没有;然而,我却觉得必定存在着某种其它的东西;而且是在这样的时候:当我与此同时轻轻地念出语词"**引导**"、"**影响**"以及诸如此类的词时。"因为我可是被**引导着**的",我向我自己说。——只有这时才出现了那种有关以太状的、不可捉摸的影响的观念。

176. 当我事后想到这种体验时,我具有这样的感受:其中的本质之处是一种"关于某种影响的体验",一种关于某种联结的"体验"——与任何一种诸现象的单纯的同时性相反;但是,同时我又不想将任何体验到的现象称为"影响的体验"。(如下观念便存在于此:意志不是任何**现象**。)我想说,我体验到了那种"**因为**";不过,我不愿将任何现象称为"因为体验"。

177. 我想说:"我体验到了那种因为。"但是,这并不是因为我回忆起了这种体验;而是因为在我思考在这样一种情形中我所体验到的东西时我是通过"因为"(或者"影响",或者"原因",或者"联结")这样的概念的介质来看待它的。——因为如下说法自然是正确的:我是在这个样品的影响下画出这条直线的;但是,这点并非简单地在于我在画这条直线时所感觉到的东西——而是,在有些情况下,比如在于:我是以与另一条线平行的方式画出它的;尽管即使这点对于被引导这件事来说一般说来也并非具有本质的意义。——

178. 我们也说："你肯定**看到了**，我是让它引导着的"——看到了这点的人看到了什么？

如果我对我自己说："我的确是被引导着的"——那么我或许此外还做出一个表达这种引导的手部运动。——请做出这样一个手部运动，好像你是在一路引领着某个人，并且接着问一下你自己，这种运动的**引导成分**在于什么。因为在此你肯定没有引导任何人。然而，你却想将这种运动称为一种"引导性的"运动。因此，在这种运动和感觉之中并没有包含着引导的本质，但是你却急于使用这个名号。恰恰是引导的**一种显现形式**将这个表达式强加给了我们。

179. 现在我们回到我们的情形(151)。显然：如果从经验上说在这个公式的想到——说出、写出——和这个序列的实际的继续写下去这件事之间不存在一种关联，那么我们不会说，B 有权利说出"现在我知道如何继续下去了"这些词——因为他想到了这个公式。——而且，现在人们可能认为，命题"我能够继续下去了"与如下命题说出了同样多的东西："我具有这样一种体验，它从经验上说导致这个序列的继续。"但是，当 B 说他能继续下去时，他所意指的是这点吗？在那时那个命题浮现在他的精神之中了吗？或者，他愿意将它作为他所意指的东西的解释给出吗？

不是。如果他想到了这个公式，那么"现在我知道如何继续下去了"这些词便得到了正确的应用：也即在某些情况下。比如，如果他学会了代数，以前已经使用了这样的公式。——但是，这并非意味着，那个断言仅仅是关于构成了我们的语言游戏的表演场地的全部情况的描述的一种缩写。——请想一想我们如何学习使用那些表达式:"现在我知道如何继续下去了","现在我能够继续下去了",等等;在哪些语言游戏的家族中我们学习它们的用法。

我们也可以想象这样的情形:在 B 的精神中仅仅发生了如下事情,即他突然说"现在我知道如何继续下去了"——或许带有一种放松的感受;而且他现在事实上继续计算出这个序列,而并没有使用这个公式。在这种情形中我们也会——在某些情况下——说他已经知道如何继续下去了。

180. **这些词就是以这样的方式被使用的。**在比如这最后一种情形下,将这些词称为一种"关于一种心灵状态的描述"是完全误导人的。——在此人们不如将它们称为一个"信号";至于它是否得到了正确的应用,我们则根据他接着所做的事情来加以判定。

181. 为了理解这点,我们也必须思考如下事项:假定 B 说他知道如何继续下去了——但是,现在当他要继续下去时,他却卡壳了,不能继续下去:这时我们应该说,当他说他能够继续下去时,他错了,还是应该说:他那时本来能够继续下去,只是现在他不能这样做了?——显然,在不同的情形下我们将说出不同的东西。(请你思考这两类情形。)

182. "适合"、"能够"、"理解"的语法。任务:(1)在什么时候人们说,一个圆柱体 Z 适合于一个空心圆柱体 H? 只有在 Z 插在 H 之中的时间内吗?(2)人们有时说:Z 在某某时间不再适合于 H 了。在这样一种情形下人们使用哪些标准来判定如下之点:这种事情在这个时间发生了?(3)人们将什么看作如下事项的标准:一个物体在一个特定的时间改变了其重量——这时它并没有放在天平上?(4)昨天我凭记忆就知道这首诗;今天我不再知道它了。在什么样的情形下如下问题具有意义:"什么时候我不再凭记忆知道它了"?(5)某个人问我:"你能举起这个重量吗?"我回答说:"是的。"现在,他说"请做这个!"——这时我不能举起它了。在什么样的情形下人们会认可这样的辩护:"当我回答说'是的'时,我**能**做这个事情,只是现在我不能做它了"?

我们所认可的关于"适合"、"能够"、"理解"的标准比事情初看起来的样子复杂得多。这也就是说,用这些语词所玩的游戏,它们在语言的交流中的运用(它们是其手段),比我们想相信的要复杂——这些词在我们的语言中所扮演的角色不同于我们想相信它们所扮演的角色。

(为了消解哲学悖论,我们必须理解这个角色。正因如此,通常说来一个定义对此来说是不够的;一个语词是"不可定义的"这样的断言则更是不够的。)

183. 但是,事情为什么是这样的?——现在,情形(151)中的命题"现在我能继续下去了"与"现在我想到了这个公式"意味着相同的东西还是不同的东西?我们可以说,后一个命题在这些情况下与前一个命题具有相同的意义(完成了同样的事情)。但是也可以说,**一般说来**,这两个命题不具有相同的意义。我们也说:"现在我能继续下去了,我的意思是,我知道这个公式";正如我们说:"我能走了,也即,我有时间";但是我们也说:"我能走了,也即我已经足够结实了";或者:"就我的腿的情况来说,我能走了",也即,当我们将走的**这种**条件与其它的条件加以对比的时候。但是,在此我们必须避免相信,对应于这种情形的本性,存在着一个由(比如关于一个人走路这样的事情的)所有条件构成的**总体**,以至于如果它们都得到了满足,那么他可以说便**不**能做除了走路之外的其它的事情。

184. 我要回忆起一首曲子,却想不起来了;突然我说,"现在我知道它了!"并且唱出它。当我那时突然知道它时,情况是什么样的?在这一刻我当然不可能一下子想到它的**全部**!——你或许说:"这是一种特定的感受,好像它现在在**那里**了"——但是,它现在**是**在那里了吗?如果我现在开始哼唱它并且卡住了,情况如何?——好的,但是,难道在这一刻我不能**确信**我知道它吗?因此,它的确在某种意义上存在于**那里**了!——但是,是在哪一种意义上?如果他比如将这首曲子唱了一遍,或者从头到尾地在内在的耳朵前面听到了它,那么你肯定会说它在那里。我自然不否认,这首曲子在那里这个断言也可以被赋予一种完全不同的意义——比如这样的意义:我拥有一张上面写有它的纸条。——而且,他"确信"他知道它这点究竟在于什么?——人们自然可以说:如果某个人深信地说,现在他知道这首曲子了,那么在这一刻它便(以某种方式)全部出现在他的精神前面了——而这就是对于下面的话的一种解释:"这首曲子全部出现在他的精神前面了。"

185. 现在,我们回到我们的例子(143)。那个学生现在掌握了——按照通常的标准判断起来——这个基数序列。现在,我们也教他写出其它的基数序列并且使得他这样做:听到比如"+n"这样形式的命令后他便写下形如

$$0, n, 2n, 3n, \cdots\cdots$$

这样的序列；因此，听到命令"+1"后，便写下基数序列。——我们已经就他的理解问题在 1000 以内做了练习和随机的检验。

现在，我们让这个学生继续写出一个序列（比如"+2"）的 1000 以外的数，——这时他写道：1000，1004，1008，1012。

我们对他说："瞧一下，你做了什么！"——他不理解我们。我们说："你可是应当加上二；瞧，你是怎么开始这个序列的！"——他回答说："是的！这难道不对吗？我认为，我**应当**这样做。"——或者，假定他指着这个序列说："我可是以相同的方式继续写下来的！"——这时如下做法是没有用的：说"可是，你难道没有看到……吗？"——并且给他重复已有的解释和例子。——在这样一种情形下我们可以说，比如：这个人生来就像**我们**理解"直到 1000 以前总是加上 2，直到 2000 以前加上 4，直到 3000 以前加上 6，等等"这个命令那样来根据我们的解释理解那个命令的。

这种情形与如下情形类似：一个人生来就以这样的方式来对手的指示动作做出反应，即他按照从指尖到手腕的方向而不是按照从手腕到指尖的方向看过去。

186. "因此，你说的话归结为如下之点：为了正确地服从命令'+n'，在每一个阶段一种新的洞见——直觉——都是必需的。"——对于正确的服从来说！那么，究竟如何来决断在一个特定的点上哪种做法是那个正确的步骤？——"那个正确的步骤是那个与这个命令——像它被**意指的**那样——一致的步骤。"——因此，在你给出命令"+2"时，你意指的是他应当在 1000 之后写下 1002——那时你也意指了他应当在 1866 之后写下 1868，而且在 100034 之后写下 100036，等等——无穷数目的这样的命题吗？——"不是；我意指的是，他应当在他写出的**每一个数**之后写出紧接着的第二个数；由此就得出了所有那些命题的位置。"——但是，成问题的恰恰是：在任意一个位置，什么得自于那个命题。或者还有——我们应当将什么称为在任意一个位置上与那个命题（而且也与你那时给予那个命题的那种**意指**，——无论这种意指在于什么）的"一致"？比在每一个点上都需要一种新的直觉这种说法更为正确的说法几乎是：在每一个点上都需要一种新的决断。

187. "但是，我可是即使在我给出这个命令时就已经知道了他应当在 1000 之后写出 1002！"——肯定的；你甚至于可以说，那时你已经**意指了**这点；只是你不要让"知道"、"意指"这些词的语法误导了你。因为你想要说的肯定不是：你那时已经想到了从 1000 到 1002 的过渡——而且即使你想到了这个过渡，你可是没有想到其它的过渡。你的断言"我那时就已经知道了……"大概意味着："如果那时一个人问我，他应当在 1000 之后写出哪个数，那么我会回答说'1002'。"对此我不怀疑。它是一个具有比如如下形式的假设："如果他那时落入水中，那么我们会跟着他跳下去。"——那么，你的想法的错误之处在哪里？

188. 在此我首先想说：你的想法是这样的——对那个命令的那种意指可是已经以它那种方式做出了所有那些过渡：在你从身体上到达这个或那个过渡之前，你的心灵在意指时可以说已经提前飞走了，做出了所有过渡。

因此，你倾向于给出下面这样的说法："那些过渡**真正说来**已经做出了；即使在我在书面上、口头上，或者在思想中，做出它们以前。"它们似乎以一种**独一无二**的方式被预先决定了,被预见了——正如只有意指能够预见实际一样。

189. "但是,诸过渡因此就**没有**经由那个代数公式决定下来吗?"——在这个问题中包含着一种错误。

我们运用下面这个表达式:"那些过渡经由公式……决定了。"它是**如何**被运用的? ——我们或许可以谈到如下事实:人们被教育着(被训练着)这样来运用公式 $y = x^2$,以至于如果所有人都用相同的数代替 x,那么他们总是为 y 计算出相同的数。或者,我们可以说:"这些人被如此加以训练,以至于他们在听到命令'+3'后在相同的阶段都做出相同的过渡。"我们可以这样来表达这点:对于这些人来说,命令"+3"完全地决定了从一个数到接下来的数的每一个过渡。(他们与另一些人形成了鲜明的对照:后者在听到这个命令后不知道他们要做什么;或者,他们虽然充满确信地对其做出反应,但是每一个人均以不同的方式对其做出反应。)

另一方面,我们可以将不同种类的公式,以及属于它们的不同种类的运用(不同种类的训练)彼此加以对照。然后,我们将一种特定种类的(以及带有其运用方式的)公式**称为**"这样的公式,对于一个给定的 x,它们决定了一个数 y",而将另一种公式**称为**这样的公式,"它们对于一个给定的 x 没有决定数 y"。($y = x^2$ 属于第一类,$y \neq x^2$ 属于第二类。)于是,命题"公式……决定了一个数 y"就是一个有关公式的形式的断言——而且现在我们就需要区别开一个形如"我所写下的这个公式决定了 y"或者"这里有一个决定了 y 的公式"这样的命题和一个类如"公式 $y = x^2$ 对于一个给定的 x 决定了数 y"这样的命题。于是,问题"在那里有一个决定了 y 的公式吗"与问题"在那里有一个这种类型或者那种类型的公式吗"便意味着相同的东西——但是,我们应该用"$y = x^2$ 是一个对于一个给定的 x 决定了 y 的公式吗"这个问题来做什么,这点并不是立即就清楚的。人们或许可以将这个问题指向一个学生,以便检查一下他是否理解"决定"这个词的运用;或者,它可以是这样一项数学任务,即在一个特定的系统中证明:x 只有一个平方。

190. 现在,人们可能说:"这个公式是如何被意指的这点决定了应当做出哪些过渡。"什么是这个公式是如何被意指的这点的标准? 或许是我们惯常地使用它的那种方式,人们教授我们使用它的那种方式。

我们对比如一个正在使用一个我们所不熟悉的符号的人说:"如果你用'x! 2'①意指 x^2,那么你将得到 y 的**这个值**,如果你用它意指 2x,那么你将得到 y 的**那个值**。"——现在,请问一下你自己:人们如何做到这点——用"x! 2"**意指**其中的一个或者另一个?

因此,以这样的方式,那种意指能够预先决定诸过渡。

191. "好像我们能够一下子把握这个词的全部运用。"——像

---

① 在手稿来源 MS 117:3 中此符号为"$\frac{x}{2}$";在 TS 221:139 和 TS 222:2 中手写补入的符号亦如此。在 TS 227:136 中相应符号直接打印成"x! 2"。从上下文看,当采用手稿中的形式。注意:"$\frac{x}{2}$"不同于"$\frac{X}{2}$"。舒尔特将二者混为一谈了。(参见 *Philosophische Untersuchunge: Kritisch-genetische Edition*, hrsg. von J. Schulte, in Zusammenarbeit mit H. Nyman, E. von Savigny and G. H. von Wright, Frankfurt am Main: Suhrkamp, 2001, Frühfassung[TS 221], §169, S. 330)

比如**什么**？——难道人们不**能**——某种意义上说——一下子把握它吗？而且,在**哪一种**意义上你不能做到这点？——事情恰恰好像是这样的:我们似乎能够在一种更为直接得多的意义上"一下子把握"它。但是,对此你有一个范例吗？没有。自动地向我们提供出来的仅仅是这种表达方式。作为交叉的图像的结果。

192. 你绝没有这个超级的事实的范例,但是你却被诱导着使用一个超级-表达式。(人们可以将这称作一种哲学的最高级。)

193. 作为其工作方式的记号的机器:首先,我可能说,一部机器似乎已经内在地拥有它的工作方式。这点意味着什么？——如果我们知道了这部机器,那么所有其它的事情,即它将进行的运转,似乎便已经完全决定了。

我们这样说,好像这些部件只能这样运动,好像它们不能做其它任何事情。事情怎么会这样——因此,我们忘记了它们之弯曲、之断裂、之熔化等等的可能性？是的;在许多情况下我们根本想不到这些可能性。我们将一部机器或一部机器的图像用作一种特定的工作方式的记号。我们将这幅图像告诉比如某个人,并且假定,他将这些部件的运动现象从它推导出来。(正如我们可以通过如下方式告诉某个人一个数一样:我们说,它是 1,4,9,16,……这个序列中的第二十五个数。)

"一部机器似乎已经内在地拥有它的工作方式"意味着:我们倾向于,将机器的将来的运转就其确定性方面与这样的对象加以比较,它们已经放在抽屉内,现在我们要将其取出来。——但是,当我们所要做的事情是预言一部机器的实际的行为时,我们不这样说话。这时,我们一般不会忘记诸部件变形的可能性,等等。不过,当我们对如下事情感到惊奇时,我们的确会这样说话:我们如何竟然能够将一部机器用作一种运转方式的记号,——因为它当然也能够以完全**不同的**方式运转。

我们可以说,一部机器,或者其图像,是一个由这样一些图像形成的序列的初始项,它们是我们学会从这幅图像中推导出来的。

但是,当我们考虑到一部机器本来也可以以其它的方式运转时,事情看起来似乎可能是这样的:机器的运转方式之包含在一部作为记号的机器中的方式好像必定比其包含在一部实际的机器中的方式更为确定。在那里,这些之为经验上预先决定的运转这点还不够,而且它们必须已经真正地**出现**了——在一种神秘的意义上。这点当然是真的:机器记号的运转之预先得到决定的方式不同于一部给定的实际的机器的运转预先得到决定的方式。

194. 人们究竟什么时候想到:一部机器已经以某种神秘的方式内在地包含着其可能的运转?——好的,当人们做哲学时。什么诱导我们想到这点?我们谈论机器的那种方式。比如,我们说,这部机器**具有**(拥有)这些运转可能性;我们谈论理想的刚性机器,它只**能**以如此这般的方式运转。——运转**可能性**,它是什么?它不是**运转**;但是它似乎也不是运转的单纯的物理条件——比如,这样的条件:在轴承和轴颈之间留有一个活动空间,轴颈没有过紧地嵌入轴承内。因为这点虽然从经验上说构成了运转的条件,但是人们也可以想象事情是其它样子的。一个运转的可能性应当更像这个运转本身的影子。但是,你知道这样的影子吗?我并非将影子理解成关于这个运转的任意一幅图像,——因为这幅图像肯定不必是恰恰**这个**运转的图像。但是，这个运转的可能性则必定是恰恰这个运转的可能性。（瞧，在这里语言的波浪冲得有多么高！）

只要我们向自己提出如下问题，那么波浪便消退了：当我们谈论机器时，我们究竟是如何使用"运转的可能性"这个词的？——那么，这些奇怪的想法从何而来？好的，我通过比如一幅运转的**图像**来向你说明运转的可能性："因此，可能性是某种类似于实际的东西。"我们说："它还没有运转起来，但是它已经具有了运转起来的可能性"——"因此，这种可能性是某种与实际非常接近的东西"。尽管我们可能怀疑，是否是如此这般的物理条件使得这种运转成为可能的，但是我们从来不讨论，**这个**是否是这个或者那个运转的可能性："因此，一个运转的可能性与这个运转本身处于一种独一无二的关系之中；这种关系要比一幅图像与其对象之间的关系密切得多"；因为人们可以怀疑，这个是否是这个对象或者那个对象的图像。我们说"经验将告诉我们，是否是这个给予了这个轴颈以这种运转的可能性"，但是我们不说"经验将告诉我们，这个是否是这个运转的可能性"："因此，如下之点不是一个经验事实：这个可能性是恰恰这种运转的可能性"。

我们关注着我们自己关于这些事物的表达方式，但是没有理解它们，而是曲解了它们。当我们做哲学时，我们就如同野蛮人，如同原始人，他们听到了文明人的表达方式，曲解了它们，于是从其释义中抽取出至为奇怪的结论。

195."但是，我的意思并非是：我现在（在把握时）所做的事情**从因果上和经验上**决定了将来的运用，而是：以一种**奇特**的方式，这种运用本身在某种意义上就发生在现在。"——但是,"在**某种意义上**"它的确就发生在现在!真正说来,在你所说的话中只有"以一种奇特的方式"这个表达式是错误的。其余的部分是正确的;这个命题只有在如下情况下才显得是奇特的,即当人们为它想象这样一种语言游戏,它不同于我们事实上在其中运用它的那种语言游戏。(某个人曾经向我说,他小时候曾经对如下事实感到惊异:裁缝师能"**缝制一件衣服**"——他那时认为这意味着,一件衣服是经由单纯的缝而制作出来的;方式是,人们将一根线缝在另一根线上①。)

196. 语词的未得到理解的运用被释作一个奇特的**过程**的表达。(正如在如下情况下一样:人们将时间认作奇特的介质,将心灵认作奇特的存在物。)

197. "好像我们能够一下子把握这个词的全部运用。"——我们的确说我们做这件事。也即,我们有时的确用这些词来描述我们所做的事情。但是,在所发生的事情中并没有任何令人吃惊的东西,任何奇特的东西。如果我们被引导着认为:将来的发展必定已经以某种方式现身于那种把握的行为之中,但是它事实上又没有现身于其中,那么事情便变得奇特了。——因为我们说,毫无疑问,我们理解这个词,另一方面,它的意义又在于它的运用。毫无疑问,我们现在想玩象棋;但是,象棋游戏是经由其所有的规则而成为这种游戏的(等等)。因此,在我**已经**玩了之前,我就不知道我那

---

① 在未经修改的 TS 227a 和 TS 227b 中最后一句话是这样的:"方式是:人们比如将一根线放在另一根线上并且将它们彼此缝在一起。"

时想玩的东西吗？或者，事情也可以是这样的吗：所有的规则都包含在我的意图行为之中了？那么，是经验教给我如下事实的吗：通常这种玩法跟随着这种意图行为？因此，我可是不能确信如下之点吗：我那时意图做什么？如果这是胡话，——那么在意图行为和被意图的东西之间存在着什么样的超级-坚固的结合？——存在于"来玩一局棋吧！"这句话的意义和该游戏的所有规则之间的那种结合是在哪里做成的？——好了，是在该游戏的规则清单之中，在象棋课程之中，在每天玩这种游戏的实践之中做成的。

198. "但是，一条规则如何能够教导我在**这个**位置我必须做什么？无论我做了什么，经由某一种释义，它可是都可以与这条规则一致起来。"——不，人们不应当这样说。相反，人们应当说：每一种释义均与被释义的东西一起悬于空中；它不能用作后者的支撑物。孤立地看，诸释义并没有决定意义。

"因此，无论我做了什么，它们与规则都可以一致起来吗？"——让我这样来问一下：一条规则的表达——比如说那个路标——与我的行动具有什么样的关系？在此存在着一种什么样的结合？——好的，或许是这样的结合：我被训练着对这个符号做出一种特定的反应，而且现在我这样进行反应。

但是，借此你仅仅是给出了一种因果的关联，仅仅解释了，事情如何到达了这样的地步：我们现在按照这个路标行走；而并没有解释这种遵从——这个——符号的活动真正说来在于什么。不是；我也还暗示了：一个人只有在这样的范围内才按照一个路标行走，即存在着一种惯常的用法，一种习惯。

199. 我们称为"遵守一条规则"的东西是仅仅**一个**人在一生中仅仅能做**一次**的事情吗？——这自然是一个有关"遵守规则"这个表达式的**语法**的评论。

一条规则不可能被仅仅一个人遵守了仅仅一次。仅仅一个报告不可能被做出了仅仅一次，仅仅一个命令不可能被下达了仅仅一次，或者仅仅一个命令不可能被理解了仅仅一次，等等。——遵守一条规则，做一个报告，下达一个命令，玩一局棋，是**习惯**（习俗，制度）。

理解一个命题，意味着理解一个语言。理解一个语言，意味着掌握一门技术。

200. 如下情形自然是可以设想的：在一个不知道游戏的民族中，两个人坐在棋盘边，完成一局棋的诸步骤；甚至于也拥有所有那些心灵伴随现象。如果**我们**看到这种场景，那么我们会说他们在玩象棋。但是，现在请设想，一局棋被按照某些规则翻译成一系列这样的行动，我们不习惯于将它们与一个**游戏**联想在一起，——比如发出喊声和跺脚。现在，假定那两个人不是玩我们所习惯的那种象棋形式，而是喊叫和跺脚；而且是以这样的方式，这些过程可以按照适当的规则翻译成一局棋。现在我们还倾向于说他们在玩一种游戏吗？而且，人们有什么根据可以这样说？

201. 我们的悖论是这样的：一条规则不能决定任何一种行动方式，因为我们可以使每一种行动方式均与这条规则协调一致。回答是：如果可以使每一种行动方式均与这条规则协调一致，那么也可以使二者互相矛盾。因此，在此既不存在一致也不存在矛盾。

在此存在着误解这点已经显示在如下事实之中：在这样的思路中，我们将一个释义放在另一个释义之后；好像每一种释义都至少让我们平静了一小会儿，直到我们想到这样的另一种释义，它又处于这种释义之后。因为借此我们便表明了，存在着这样一种对于规则的把握，它**不**是一种**释义**；相反，在一个又一个的应用情形中，它表露在我们称为"遵守这条规则"的事情中和我们称为"违反它而行动"的事情中。

因此，存在着一种给出这样一种说法的倾向：每一次遵守规则的行动都是一种释义。但是，人们只应当将这样的东西称为"释义"：用规则的一种表达来代替其另一种表达。

202. 因此，"遵守规则"是一种实践。**相信**自己在遵守规则并不是：遵守规则。因此，人们不可能"私人地"遵守规则，因为，否则，相信遵守规则便同于遵守规则了。

203. 语言是一座由诸条道路构成的迷宫。你从一边过来并且你知道怎么走；你从另一边来到相同的位置，并且你不再知道怎么走了。

204. 从实际情况来看，我可以发明比如这样一个游戏，从来没有人玩过它。——不过，这也是可能的吗：人类从来没有玩过游戏；但是，有一天一个人发明了一种游戏，——然后，它却从来没有被人玩过？

205. "**意图**之中，这个心灵过程之中的令人惊奇之处肯定是：对于它来说习惯、技术的存在是不必要的。比如，可以设想，两个人在一个从来没有任何游戏在其中被玩过的世界中玩一局棋，甚至于只是玩了一局棋的开始的部分,——然后就受到了干扰。"

但是,象棋难道不是经由其规则得到定义的吗?这些规则如何存在于意图玩象棋的那个人的精神之中?

206. 遵守一条规则,这类似于这种事情:服从一个命令。人们是被训练着做这事的,人们以特定的方式对命令做出反应。但是,如果现在一个人**这样**,一个人**那样**对命令和训练做出反应,那么情况会怎样?究竟谁是对的?

请设想,你作为一个研究者来到一个不熟悉的国度,它有着一种你完全陌生的语言。在什么样的情况下你会说那里的人们在下达命令、理解命令、服从命令、违抗命令等等?

共同的人类行动方式是我们借以向我们自己释义一种陌生的语言的参考系。

207. 让我们设想,那个国度的人们从事着通常的人类活动并且与此同时使用着一种看起来发音清楚的语言。如果人们查看他们的活动,那么它们是可以理解的,在我们看来是"合乎逻辑的"。但是,如果我们试图学会他们的语言,那么我们发现,这是不可能的。因为在他们那里在所说出的话,声音与诸行动之间没有任何规则性的关联;但是,尽管如此,这些声音并不是多余的;因为如果我们用东西堵住比如这些人中的一个人的嘴,那么这有着与在我们这里同样的后果:没有那些声音,他们的行动便陷于混乱——像我所要表达的那样。

我们应当说,这些人具有一种语言;具有命令、报告,等等吗?

为了成为我们称为"语言"的东西而必需的那种规则性付诸阙如。

208. 因此，我经由"规则性"来解释"命令"意味着什么和"规则"意味着什么吗？——我如何向某个人解释"规则的"、"齐一的"、"相同的"的意义？——针对一个比如说只说法语的人，我将通过相应的法语词来解释这些语词。但是，对于还不拥有这些**概念**的人来说，我将通过**例子**和**练习**来教他使用这些语词。——而且，在此我报告给他的东西并不比我自己知道的东西少。

因此，在这个课程中，我将给他看相同的颜色，相同的长度，相同的图形，让他发现并制作出它们，等等。我将比如引导他按照一个命令"有规律地"将装饰图案的序列继续下去。——而且此外还将级数继续下去。因此，比如按照……这样继续下去：………。

我将事情做给他看，他学着我的样子做；我通过同意、拒绝、期待、鼓励的表露来影响他。我听他自便，或者阻止他；等等。

请设想，你是这样一个课程的见证人。在其中没有一个词是经由其自身得到解释的，没有制造出任何一种逻辑循环。

"等等"和"等等，以至无穷"这样的表达式在这个课程中也得到了解释。此外，一个手势在此也能派上用场。表示"这样继续下去！"或者"等等"的手势具有一种可以与指向一个对象或者一个地点的功用相比的功用。

我们要区分：作为一种书写方式的缩写的"等等"和**并非**这样使用的"等等"。"等等，以至无穷"**绝不是**书写方式的缩写。我们不能写出π的所有位数，这并不是一种人类的不足——像数学家们有时相信的那样。

一次想要停留在所展示出来的例子上的课程不同于一次"**指**

向**其外**"的课程。

209. "但是,理解难道不是比所有例子都到达了更远的地方吗?"——一种十分令人惊异的说法,而且是十分自然的!——

但是,这就是**全部**吗?难道就没有一种更为深入的解释吗;或者,对于这种解释的**理解**就真的不必更为深入一些吗?——甚至于,我自己竟然**拥有**一种更为深入的理解吗?**我拥有**比我在解释中所给出的东西更多的东西吗?——那么,我拥有更多的东西这种感受究竟是从哪里来的?

事情就像这样的情形一样吗:我将没有界限的东西释作这样的长度,它超出每一种长度之外?

210. "但是,你真的向他解释了你自己所理解的东西吗?你难道没有让他**猜测**本质的东西吗?你给他提供例子,——而他必须猜测它们的趋向,进而你的意图。"——我能够给予自己的每一个解释,我也将其提供给他。——"他猜测我所意指的东西"将意味着:对于我的解释的不同的释义浮现在他的脑海之中,而且他猜定它们之一。因此,在这种情形下他可能提出问题;而我则可以而且将会给他以回答。

211. "无论你如何教他将这个装饰图案的序列继续下去,——他如何能够**知道**他应该如何独立地将其继续下去?"——那么,**我**如何知道这点?——如果这意味着"我有根据吗?",那么回答是:根据在我这里将很快用尽。那时,我将没有根据地行动。

212. 如果我惧怕的某个人命令我将一个序列继续写下去,那么我将充满确信地迅速行动起来,根据的缺失干扰不了我。

213. "但是,这个序列的这个开始部分显然可以经由不同的方式加以释义(比如经由代数表达式),因此,你必须首先选中这样一种释义。"——完全不是这样!在有些情况下一种怀疑是可能的。但是这并非就是说,我已经做出怀疑了,或者甚至于仅仅能够做出怀疑。(关于一个过程的心理学"气氛"所要说的话与此相关。)

只有直觉能够消除这种怀疑吗?——如果它是一种内在的声音,——那么我如何知道,我应当如何遵从它?我如何知道,它没有误导我?因为,如果它能正确地引导我,那么它也能误导我。

((直觉,一种不必要的遁词。))①

214. 如果一种直觉对于1,2,3,4,……这个序列的展开来说是必要的,那么它对于2,2,2,2,……这个序列的展开来说就也是必要的。

215. 但是,难道至少相同的不是相同的吗?

对于相同性来说,在一个事物与其自身的相同性中我们似乎具有一个不可能出错的范型。我要说:"在此可是不可能有不同的释义。当他在他前面看到一个事物时,他也就看到了相同性。"

因此,如果两个事物像一个事物那样,那么它们便是相同的吗?现在,我应当如何将其中一个事物显示给我的东西应用到这两个事物的情形之上?

---

① 在《哲学研究》中,双层括号内的话的意思通常是:要考虑将其它地方(手稿、打字稿)的相关段落放在这里。

216. "一个事物与其自身是同一的。"——没有比这个例子更漂亮的关于这样一个命题的例子了:它没有任何用处,但是却与一种想象的活动结合在一起。事情好像是这样:我们在想象中将这个事物放进它自己的形式之中,并且看到它是适合的。

我们也可以说:"每一个事物都适合于其自身。"——或者换个说法:"每一个事物都适合于它自己的形式。"与此同时,人们观看着一个事物并且想象,一块空地为其预留好了,现在它精确地适合于它。

这个斑点 ♠ "适合"于其白色的环境吗?——**但是**,如果原先出现的不是这个斑点,而是一个小孔,而且现在它适合于它,**那么事情看起来恰恰就是这样的**。人们用"它适合"这个说法所描述的恰恰并非简单地就是这幅图像。并非简单地就是这种**情形**。

"每一个颜色斑点都精确地适合于其环境"是一个有点儿专门化的同一性命题。

217. "我如何能够遵守一条规则?"——如果这不是一个有关原因的问题,那么便是一个有关如下事情的辩护的问题:我**如此**按照这条规则行动。

如果我耗尽了根据,那么现在我便达到了坚硬的岩石,我的铲子变弯了。我这时便倾向于说:"我恰恰是这样行动的。"

(请回想一下,我们有时之所以要求解释,并不是因为其内容的缘故,而是因为解释的形式的缘故。我们的要求是一种建筑学上的要求;这种解释是一种没有承载任何东西的假檐口。)

218. 如下想法来自于何处:开头的那部分序列是不可见地铺设至无穷的钢轨的一段可见的部分?好的,我们可以不考虑规则,而考虑钢轨。无穷长的钢轨对应于规则的没有界限的应用。

219. "那些过渡真正说来已经全部做出了"意味着：我不再有任何选择了。一旦被打上了一个特定的意义的印记,这条规则便画出了贯穿于整个空间的其遵守的线条。——但是,如果这样的某种东西真的是实际情况,那么它对我有什么帮助？

它对我没有帮助；只有在其要被象征式地加以理解的时候,我的描述才是有意义的。——**我感觉如此**——我应当说。

当我遵守规则时,我不做出选择。

我**盲目地**遵守规则。

220. 但是,那个象征性的命题的目的是什么？它应当是在强调存在于因果制约性和逻辑制约性之间的一种区别。

221. 我的象征性的说法真正说来是对于一条规则的使用的一种神话式描述。

222. 这条线提示我应当如何行走。——但是,这自然仅仅是一幅图像。如果我判定,它可以说不负责任地给我提示这个或那个,那么我不会说,我将它作为一条规则来遵守。

223. 人们没有感受到：人们必须总是等待这条规则的暗示（耳语）。事情恰恰相反。我们并非紧张地期待它现在或许向我们说出的东西；相反,它总是对我们说相同的东西,而且我们做它向我们说的事情。

人们可以向人们所训练的那个人说："请看,我始终做相同的事情：我……"

224. "一致"这个词和"规则"这个词彼此**具有亲缘关系**,它们是表兄弟。如果我教一个人其中一个词的用法,那么他因此也就学到了另一个词的用法。

225. "规则"这个词的运用与"相同的"这个词的运用交织在一起。(正如"命题"的运用与"真"的运用交织在一起一样。)

226. 假定一个人通过写下序列 x^2+1 的方式来跟随序列 $x=1,3,5,7,\cdots\cdots$①。他问自己:"但是,我总是在做相同的事情,还是每次都在做不同的事情?"

日复一日地答应说"我明天将拜访你"的人是每天说出了相同的事情;还是每天都说出了不同的事情?

227. 如下说法有意义吗:"如果他每次都做**不同的**事情,那么我们不会说:他在遵守一条规则"?这**没有任何**意义。

228. "一个序列对于我们来说拥有**一副**面孔!"——没错;但是,哪一副面孔?好的,肯定是那副代数的面孔,一段展开式的面孔。或者,它还有一副其它的面孔吗?——"但是,在那副面孔中可是就已经包含了一切!"——不过,这绝不是有关这段序列的断言,或者有关我们在其中所看到的东西的断言;而是如下事实的表达:我们只关注这条规则的嘴并且**做出行动**,而不诉求任何进一步的指导。

---

① "x^2+1"和"$x=1,3,5,7,\cdots\cdots$"有误。但是,TS 227a 和 TS 227b 原本均如此。在 TS 227b 中后被他人改为:"$2x+1$"和"$1,3,5,7,\cdots\cdots$"。但是,"$2x+1$"也有问题,也不是序列"$1,3,5,7,\cdots\cdots$"的通项,除非让 x 的取值从 0 开始,但这不符合惯例。因此,哈克和舒尔特版将其改作"$2x-1$"。

229. 我相信,我在一段序列中十分敏锐地知觉到了这样一个图样,这样一种刻画性的特征,为了达至无穷,另外它只需要那个"等等"就行了。

230. "这条线提示我应当如何行走":这只是如下说法的一种改写:它是我的有关我应当如何行走这件事情的**最后的**主审机关。

231. "但是,你可是看到了……!"好的,这恰恰是一个受到这条规则的强制的人的刻画性的表露。

232. 假定一条规则提示我应当如何遵守它;也即,当我用眼睛跟踪着这条线时,现在一个内在的声音向我说:"请**这样画**!"——什么是这种听从一种灵感的过程和遵守一条规则的过程之间的区别?因为它们肯定不是相同的过程。在灵感的情况下我**等待着**指示。我不能教给另一个人我的这种跟随这条线的"技术"。除非我教给他一种倾听,一种感受能力。但是,这时我自然不能要求他像我一样跟随这条线。

这不是我的按照一种灵感和按照一条规则而行动的经验;而是语法评论。

233. 人们也可以设想在一种算术中有这样一种课程。在此,学生们可能每一个人均按照他自己的方式进行计算,——只要他们仅仅倾听内在的声音并且听从它。这种计算犹如一种作曲过程。

234. 但是,难道我们不是也能像我们进行计算那样进行计算(所有人均一致地进行计算,等等),但是在每一步中却都具有这样的感受:像受到一个魔法引导着那样被规则引导着;我们或许对我们竟然是一致的这点感觉惊异不已?(这种一致性大概要归功于神祇。)

235. 由此你只是看到了,都有些什么东西属于我们日常生活中称为"遵守一条规则"的东西的貌相!

236. 计算大师虽然得到了正确的结果,但是却不能说出他们是如何得到的。我们应当说他们没有进行计算吗?(一个由诸情形构成的家族。)

237. 请设想,一个人以这样的方式将一条线作为规则来跟随:他拿着一个圆规,让其尖端之一沿着这条作为规则的线行进,而让另一个尖端画出一条遵从这条规则的线。在他如此沿着这条规则行进的时候,他好像带着极大的精确性变换着这个圆规的打开的程度,与此同时他总是盯着这条规则,好像它决定了他的行动一样。现在,我们这些看着他的人在这个圆规的开合过程中看不出任何形式的规则性。我们不能从他那里学习跟随这条线的方式。在此我们或许真的会说:"这个样品似乎向他**提示了**他应该如何走。但是,它根本不是任何规则!"

238. 为了能够让我觉得这条规则似乎预先就已经生产出了其所有后果,它们对我来说必须是**不言而喻的**。就像这种颜色叫作"蓝色"这点对我来说那么不言而喻一样。(关于如下事情的标准:这对我来说是"不言而喻的"。)

239. 他应当如何知道,当他听到"红色"时要选择哪种颜色?——非常简单:他应当将这种颜色拿来,即在听到这个词时他便在心中想到其图像。——但是,他应当如何知道,哪种颜色是这样的颜色,"他想到了其图像"?为此需要一个进一步的标准吗?(的确存在着这样一种过程:选择那种听到……这个词一个人便想到的颜色。)

"'红色'意谓这样的颜色,在听到'红色'这个词时,我便在心中想到它"——是一个**定义**。绝不是对经由一个词而进行的表示的**本质**的解释。

240. 在如下事情上没有爆发任何争论(比如在数学家们之间):人们是否是按照一条规则行事的。在这样的事情上人们比如不会动手打起来。这点属于这样的脚手架,我们的语言正是以此为起点而进行工作的(比如给出一个描述)。

241. "因此,你说,人们的一致决定了什么是正确的和什么是错误的?"——人们所**说出**的东西是正确的和错误的;而在**语言**中人们是一致的。这绝非意见上的一致,而是生活形式上的一致。

242. 属于经由语言而进行的交流的东西不仅有定义上的某种一致,而且有判断上的某种一致(尽管这听起来或许是那么奇特)。这似乎取消了逻辑;但是,并没有取消它。——其中之一是要描述测量方法,另一个是要发现并且说出测量的结果。但是,我们称为"测量"的东西也是经由测量结果的某种恒常性来规定的。

243. 一个人可以鼓励自己,命令自己,听从自己,责怪自己,惩罚自己,给自己提出一个问题并且回答它。因此,人们也可以设想这样的人,他们只以独白的方式说话。用自言自语来伴随他们的活动。——一个观察他们并偷听到他们所说的话的研究者能够成功地将他们的语言翻译成我们的语言。(由此他便能够正确地预言这些人的行动,因为他也听到他们打定主意和做出决定。)

但是,这样一种语言也是可以设想的吗:一个人可以用它为了自己的使用而写出或者说出他的内在的体验——他的感受、情绪等等?——难道我们不能用我们的通常的语言做到这点吗?——但是,我并不是这样意指它的。这个语言的语词应当指涉只有说话者才能知道的东西;指涉他的直接的、私人的感觉。因此,另一个人不能理解这个语言。

244. 语词如何**指涉**感觉?——在此似乎不存在任何问题;因为难道我们不是天天都在谈论感觉并且命名它们吗?但是,名称与所命名的东西之间的联系是如何建立起来的?这个问题同于如下问题:一个人是如何学习感觉名称的意义的?比如"疼"这个词的意义。这是一种可能性:语词被与这种感觉的原始的、自然的表达联系起来并且取而代之。一个小孩伤着了自己,他哭喊起来;于是,大人们向他说话,并且教给他一些惊呼语,后来又教给他一些命题。他们教给这个小孩一种新的疼痛行为。

"因此,你说'疼'这个词真正说来意谓哭喊?"——相反;疼的语词表达取代了哭喊而并没有描述它。

245. 我究竟如何能够欲借助于语言进一步地步入疼的表露与疼之间呢?

246. 那么,在什么样的范围内我的感觉是**私人的**?——好,只有我能够知道我是否真的具有疼;另一个人只能对其进行猜测。——这一方面是假的,另一方面是没有意义的。如果我们是在人们通常使用"知道"这个词的意义上使用它的(我们究竟应当如何使用它!),那么当我具有疼时其他人常常知道这点。——没错,但是他可是不像我自己那样确实地知道这点!——针对我,人们根本不能说(除非比如在开玩笑时)我**知道**我具有疼。因为除了意味着比如我**具有**疼之外,这样说究竟还可以意味着什么?

人们不能说:其他人**仅仅**通过我的行为了解我的感觉,——因为人们不能针对我说,我了解它。我**具有**它。

如下之点是正确的:针对其他人说他们怀疑我是否具有疼是有意义的;但是,针对我自己这样说则没有意义。

247. "只有你能够知道你是否具有这个意图。"在向某个人解释"意图"这个词的意义时,人们可以对他说这样的话。因为这时它就意味着:我们就是**这样**使用这个词的。

(而且,在此"知道"意味着:不确信的表达是没有意义的。)

248. "感觉是私人的"这个命题可以与如下命题相比:"人们独自玩单人纸牌。"

249. 我们的如下假定或许太过草率了吗:婴儿的微笑不是装出来的?——我们的假定是以什么样的经验为基础而做出的?

(说谎是一种要学习的语言游戏,正如任何其它语言游戏一样。)

250. 为什么一条狗不能装疼?它太诚实了吗?人们能够教一条狗装疼吗?在某些场合下,人们可以教它在不具有疼时却像有疼时那样吼叫。不过,这种行为终归还是不具备那种为了成为真正的装疼所必须具备的适当的环境。

251. 当我们说出"我不能想象与其相反的情形",或者"如果情况是其它样子的,那么它究竟是什么样子的?"这样的话时——比如在这样的时候,即某个人之前说道:我的心象是私人的;或者,只有我自己能够知道我是否感觉到一个疼;以及诸如此类的话,这意谓着什么?

"我不能想象相反的情形"这句话在此自然并非意味着:我的想象力不够。我们通过这样的话所要抗拒的是这样一种东西:它通过它的形式欺骗了我们,让我们以为它是一个经验命题,但是实际上它是一个语法命题。①

但是,我为什么说"我不能想象相反的情形"? 为什么不说:"我不能想象你所说的东西"?

例子:"每根棍子均有一个长度。"这或许意味着:我们称某物(或者**这个**)为"一根棍子的长度"——但是不称任何东西为"一个球的长度"。那么,我能够想象"每根棍子都有一个长度"这点吗? 现在,我恰恰想象一根棍子;事情仅此而已。只不过,与"每根棍子都有一个长度"这个命题相连的这幅图像所扮演的角色完全不同于与"这张桌子和那里的那张桌子具有相同的长度"这个命题相连的一幅图像所扮演的角色。因为在此我理解形成一幅关于相反的情形的图像这点意味着什么(而且,这幅图像不必是任何想象图像)。

---

① 在未经修改的 TS 227a 和 TS 227b 中,这句话是这样的:"我们通过这样的话所要抗拒的是这样一个陈述:它经由其形式在模仿一个经验命题,但是实际上它是一个语法命题。"

但是,属于这个语法命题的那幅图像或许只能显示人们称作"一根棍子的长度"的东西。那么,一幅关于这样的东西的相反的图像应该是什么样子的?

((关于一个先天命题的否定的评论。))

252. 对于"这个物体具有一个广延"这个命题,我们可以回答说:"胡话!"——但是,我们倾向于回答说:"自然了!"——为什么?

253. "另一个人不能具有我的疼。"——哪些东西是**我的**疼?在此什么东西被当作同一性的标准了?想一想是什么使得如下事情成为可能的:在物理对象的情况下人们谈论"两个完全相同的"。比如,人们说:"这把椅子不是你昨天在这里看到的那同一把椅子,但是它是一把完全相同的椅子。"

在"我的疼与他的疼是相同的疼"这样的说法有**意义**的范围内,我们两个人也可以具有相同的疼。(甚至于也可以设想,两个人在相同的——而非仅仅相应的——位置感觉到疼。比如,在暹罗双胞胎那里情况便可以是这样的。)

我曾经看到,在一次关于这个对象的讨论中一个人拍打着胸部说:"但是,另一个人当然不能具有**这个**疼!"——对此,回答是:通过对"这个"这个词的强调的重读,人们并没有定义任何同一性标准。这种强调其实只是在我们这里引起了一种关于如下情形的幻象:我们虽然熟悉这样一个标准,但是我们必须由人提醒来回忆起它。

254. 用(比如)"同一的"来替换"相同的"这个词也是哲学中的一个典型的解救办法。好像我们谈论的是意义上的细微差别,所处理的只是这样的事情:用我们的语词来适当地说出那种正确的细微差别。在做哲学时,只有在如下情形中我们才关心这样的事情:在此我们的任务是从心理学上精确地表现使用某一特定的表达方式的企图。在这样一种情形中我们"企图说的"东西自然不是哲学;而是其原料。因此,一个数学家倾向于就比如数学事实的客观性和实在性所说的话并不是一种数学哲学,而是哲学要**处理**的东西。①

255. 哲学家处理一个问题;有如处理一种疾病一样。

256. 那么,那种用以描述我的内在的体验并且只有我自己能够理解的语言的情况如何?我**如何**用语词来表示我的感觉?——像我们通常所做的那样吗?因此,我的感觉语词与我的自然的感觉表露是联系在一起的吗?——在这种情况下,我的语言不是"私人的"。另一个人能够理解它,正如我一样。——但是,如果我不具有感觉的任何自然的表露,而只是具有感觉,情况如何?现在,我径直将诸名称与诸感觉**联想**在一起,并在一种描述中应用这些名称。——

257. "如果人们不表露出他们的疼(不呻吟,面部没有扭曲,等等),情况如何?这时,人们便不能将'牙疼'这个词的用法教授给一个小孩。"——好的,现在我们假定,这个小孩是一个天才,他自己为这种感觉发明了一个名称!——但是,现在他自然不能用

---

① 此节最后一句话批评的是英国数学家哈代(G. H. Hardy,1877-1947)的观点。参见 Hardy, "Mathematical Proof", *Mind* 38,1929, p. 4; *A Mathematician's Apology*, Cambridge: Cambridge University Press,1992, pp. 123-124,130.

这个词来让别人理解他的意思。——因此他理解这个名称,却不能向任何人解释它的意义吗?——但是,如下说法究竟意味着什么:他"命名了他的疼"?——他是如何做到这点的:命名那个疼?!而且,无论他做了什么,这种做法具有一种什么样的目的?当人们说"他已经将一个名称给予了这种感觉"时,人们忘记了,为了使单纯的命名活动具有意义,在语言中人们必定已经做了大量的准备工作。而且,当我们谈到一个人将一个名称给予了那个疼时,"疼"这个词的语法在此便是那种准备好的东西;它指明了这个新词被安置于其上的那个位置。

258. 让我们想象这样的情形。我要就某一种感觉的再现这件事写日记。为此,我将它与符号"E"联想在一起,并且在我具有这种感觉的每一天我都在一个日历上写下这个符号。——我首先要说明,关于这个符号的一种定义是不可说出的。——但是,我可是能够将它作为一种实指的定义而给予我自己!——如何做到这点?我能够指向这种感觉吗?——在通常的意义上不能。但是,我说出或者写下这个符号,与此同时我将我的注意力集中到这种感觉之上——因此可以说在内心指向它。——但是,这种仪式的目的何在?因为看起来它仅仅是这样的一个仪式而已!一个定义可是用来确定一个符号的意义的。——现在,这恰恰是通过注意力的集中来完成的;因为经由这点我便让这个符号与那种感觉的结合在我的心中留下了压痕。——"我让它在我的心中留下了压痕"可是只能意味着:这个过程使得我在将来**正确地**回想起这种结合。但是,在我们的情形中我肯定没有关于正确性的任何标准。

在此人们想说：在我看来正确的无论什么东西都是正确的。而这只是意味着：在此根本就不能谈论"正确的"。

259. 私人语言的规则是规则的**印象**吗？——人们在其上称量印象的那台天平并不是关于一台天平的**印象**。

260. "现在，我**相信**，这又是那种感觉 E 了。"——你一定**相信**你相信这点！

因此，将这个符号记入那个日历中的人**根本就没有**记录下**任何东西**吗？——请不要将如下之点看成是不言而喻的：当一个人将符号记下来时——比如记入一个日历中时，他便记录下了某种东西。一个记录肯定具有一种功能；而那个"E"到现在为止还没有任何功能。

（人们能够与自己说话。——当没有其他人在场时，每个说话的人都在与自己说话吗？）

261. 我们有什么根据将"E"称作一个**感觉**的符号？因为"感觉"是我们的共同的语言而非只有我自己才能理解的语言的一个语词。因此，这个词的使用需要一种大家都能理解的辩护。——如下说法也于事无补：它不必是任何**感觉**；当他写下"E"时，他便具有**某种东西**——我们不能说出更多的东西。但是，"具有"和"某种东西"也属于共同的语言。——于是，在做哲学时人们便到达了这样的终点，在那里人们只还想发出一个音节不清的声音。——但是，这样一个声音也只有在一个特定的、现在就需要加以描述的语言游戏中才是一个表达式。

262. 人们可能说：给自己做出了一个私人的语词解释的人现

在必定在内心中**决定**以如此这般的方式使用这个词了。他如何决定做这样的事情？我应当假定他发明了关于这种应用的技术；还是应当假定他发现了它已经现成地摆在那里了？

263．"我可是能够（在内心中）决定做这样的事情：在将来将**这个**命名为'疼'。"——"但是，你也肯定地决定这样做了吗？你确信如下之点吗：为此，只要将注意力集中于你的感受之上就足够了？"——奇怪的问题。——

264．"一**旦**你知道了这个词是表示**什么**的，那么你便理解了它，你便知道了它的全部的应用。"

265．让我们设想一个仅仅存在于我们的想象之中的表格；比如一本字典。借助于一本字典，人们可以为从一个词 X 到一个词 Y 的翻译提供辩护。但是，如果这样的表格仅仅在想象中被查找，那么我们还可以将其称为一个辩护吗？——"好的，这时它恰恰是一种主观的辩护。"——但是，辩护可是在于：人们诉求于一个独立的机构。——"但是，我可是也能够从一个记忆而向另一个记忆发出诉求。我不知道（比如）我是否正确地记下了火车的出发时间，为了核对这点，我将火车时刻表的那一页的图像召唤到我的记忆中来。在此我们难道不是拥有一种相同的情形吗？"——不是；因为这个过程现在必须真的产生了**正确的**记忆。如果那幅关于火车时刻表的想象图像本身的正确性无法加以验证，那么它如何能够确证第一个记忆的正确性？（这就像一个人买了许多份今天的晨报，以便弄确实它是否写了真实之事一样。）

在想象中查找一个表格并不是对于一个表格的查找，正如对一个想象的实验的结果的想象不是一个实验的结果一样。

266. 我可以为了看一下几点了而看表。但是,我也可以为了**猜出**几点了而查看一个表的表盘;或者为了这样的目的而移动一个表的表针,直到我觉得位置对了为止。因此,表的图像可以以不止一种方式用来确定时间。(在想象中看表。)

267. 假定我要通过如下方式来为一座在我的想象中建造起来的桥梁的尺寸选择提供辩护:我首先在想象中对桥梁材料做拉力试验。这自然是对人们称作为一座桥梁的尺寸选择提供辩护这种活动的东西的想象。但是,我们也会将它称作为关于一种尺寸选择的想象提供辩护的活动吗?

268. 为什么我的右手不能将钱赠与我的左手?——我的右手可以将钱放在我的左手上。我的右手可以写一张赠与证书,而我的左手可以写一张收据。——但是,进一步的实践的后果则不是一种赠与的后果。当左手从右手那里接过钱来等等时,人们将问:"好了,进一步的事情呢?"当一个人给自己做出了一个私人的语词解释时(我意指的是:当他轻轻地念出一个词并且与此同时将他的注意力引向一个感觉时),人们可以问相同的问题。

269. 请回想一下如下之点:存在着某些关于如下事情的行为标准——一个人不理解一个词:它没有向他说出什么,他不知道用它做什么。而且存在着关于如下事情的标准:他"相信理解了"这个词,将一个意义与它联系在一起,但是不是那个正确的意义。最后,存在着关于如下事情的标准:他正确地理解了这个词。在第二种情形下人们可以谈论一种主观的理解。人们可以将其他人均不理解,但是我"**似乎理解**"的声音称为一种"私人语言"。

270. 现在,请设想对于符号"E"在我的日记中的记录的一种运用。我有这样的经验:每当我具有一种特定的感觉时,一个压力表便向我表明,我的血压升高了。于是,我便能够不借助于一个仪器来预告我的血压的一次升高。这是一个有用的结果。现在,在此如下之点似乎就变得完全无关紧要了:我是否**正确地**再次认出了这种感觉。假定我在认同这种感觉时总是出错,那么这也没有什么要紧的。这已经表明,关于这种错误的假定仅仅是一个假象而已。(我们好像转动了这样一个旋钮,从外表看,人们似乎可以用它调节这部机器上的某种东西;但是,它是单纯的装饰物,与这个机制根本没有联结在一起。)

在此,我们有什么根据将"E"称作一种感觉的名称?或许是因为这个符号在这个语言游戏中被运用的那种方式。——那么,为什么是一种"特定的感觉",进而,每一次均是那种相同的感觉?好的,我们的确假定,我们每一次都写下"E"。

271. "请设想这样一个人,他不能在记忆中保留住'疼'这个词所意谓的**东西**;因此,他总是一再地如此命名某种不同的东西——尽管如此,他却与疼的通常的迹象和预设一致地运用这个词!"——因此,他像我们大家那样运用它。在此我们要说:这样的轮子不属于机器,即人们虽然能够转动它,但是却没有其它的部件随着它一起转动。

272. 私人体验的本质之处真正说来并不是:每一个人均具有他自己的样品,而是:没有人知道,另一个人是否也具有**这个**或者另外什么东西。因此,这样的假设便是可能的了(尽管是不可证实的):一部分人具有**一种**红色的感觉,另一部分人具有另一种红色的感觉。

273. 现在,"红色"这个词的情况如何?——我应当说,它表示某种"我们大家所共同面对的东西"①,而且每个人除了这个词以外,真正说来还应当具有一个用以表示他**自己的**红色的感觉的词吗?或者情况是这样的:"红色"这个词表示某种我们所共同熟悉的东西;而且,对于每一个人来说,除此之外,它还表示某种只为他所熟悉的东西?(或者,如下说法或许更好:它**指涉**某种只为他所熟悉的东西。)

274. 为了把握"红色"的功能,如下做法自然是没有任何用处的:说它"**指涉**",而不说"它表示"那种私人之物;不过,在做哲学时,对于一种特定的体验来说,它是心理学上讲更为适当的表达式。事情好像是这样的:在说出这个词时,我向那种独特的感觉瞥了一眼,好像是为了向我说:我已经知道我用此所意指的东西。

275. 请看一下天空的蓝色,并且向你自己说"天多么蓝啊!"——当你自发地做这件事时——不带有哲学的意图——那么,你想不到这种颜色印象仅仅属于**你**这点。你毫不犹豫地将这个喊声指向另外一个人。如果你在说出这些词时指向了某种东

---

① "某种'我们大家所共同面对的东西'"(etwas "uns Allen Gegenüberstehendes")一语源自于弗雷格。原有形式为:"etwas Allen gleicherweise Gegenüberstehendes"。参见:G. Frege, *Grundgesetze der Arithmetik*, Band I, Jena: H. Pohle, 1893, Vorwort, S. XVIII.

西，那么它便是天空。我的意思是：你没有那种指向-你-自己-之内的感受，而当人们思考"私人语言"时，这种感受则常常伴随着"感觉的命名"。你也不认为，真正说来你应当不是用手，而是仅仅用注意力，指向那种颜色。（请思考："用注意力指向某种东西"意味着什么。）

276. "但是，当我们仔细地看一种颜色并且命名那种颜色印象时，难道我们不是至少在**意指**某种完全确定的东西吗？"事情简直就是这样：我们好像是从所看到的对象上取下一层薄膜一样从其上取下了那种颜色**印象**。（这应当引起我们的怀疑。）

277. 但是，如下事情究竟是如何可能的：人们很想相信，人们一会儿用一个词**意指**那种大家都熟悉的颜色，——一会儿用其**意指**：**我现在**所得到的那种"视觉印象"？在此怎么可能竟然存在着这样一种诱惑？——在这些情形中我没有将同一种注意力转向这种颜色。如果我在意指那种属于我自己的颜色印象（像我想说的那样），那么我将自己沉浸于这个颜色之中——大致是以这样的方式，即像我对一种颜色"百看不厌"时一样。因此，在如下情形中这样的体验更容易制造出来：向一个明亮的颜色看去，或者向给我深刻印象的颜色组合看去。

278. "我知道，绿色这种颜色在**我**看来是什么样子的"——好的，这样说当然有意义！——肯定是这样；但是，你想到了这个命题的哪一种运用？

279. 请设想这样一个人，他曾经说："我当然知道我有多高！"

与此同时将手作为标记放在他的头顶上！①

280. 一个人绘制了一幅图像，以便表明他是如何想象比如舞台上的一个场景。现在我说："这幅图像具有双重的功能；它向其他人报告一些东西，正如图像或语词恰恰报告了什么东西一样——但是对于报告者来说，它还是一个不同种类的表现（或报告？）：对于他来说，它是他的心象的图像，而对于任何其他人来说，它都不可能是这样的图像。他关于这幅图像的私人的印象告诉他，他自己想象过什么东西；在这幅图像对于其他人来说不可能做到这点这样的意义上。"——如果表现或报告这些词在**第一种**情形中的应用是正确的，那么我们有什么根据在这个第二种情形中谈论表现或报告？

281. "但是，你所说的话难道不是归结为如下之点吗：比如，**没有疼的行为**便没有疼？"——它归结为如下之点：人们只能针对活着的人和类似于其（以类似的方式行动）的东西说他们具有感觉；他们看到什么；他们是瞎的；他们听到什么；他们是聋的；他们是有意识的，或者是无意识的。

282. "但是，在童话中甚至一个罐子也能够看到和听到什么！"（的确如此；不过，它也**能够**说话。）

---

① 在TS227b中，此处接下来还有一个补充："请比较：'我在这里。'"另外，还有如下一段话（后均删掉）：

并且或者还有："每个人都知道他有多高。"（压路机的例子）["我当然知道我看见了什么！"]

关于压路机的例子，请参见《哲学语法》，§582。

"但是,童话当然只是虚构出非实际的情形;它当然不是在讲**胡话**。"——事情并非如此简单。说一个罐子讲话,这是假话,还是胡话?人们关于如下事情形成了一幅清晰的图像了吗:在什么样的情况下我们针对一个罐子说:它讲话?(一首胡话-诗歌之为胡话的方式也不同于比如小孩学语时所发出的咿呀之声之为胡话的方式。)

是的,我们针对无生命的东西说它们具有疼:比如在玩弄布娃娃时。不过,这种对疼概念的运用是派生性的。让我们设想这样一种情形:人们**只**针对无生命的东西说它们具有疼;**只**怜悯布娃娃!(当孩子们玩火车游戏时,他们的游戏与他们关于火车的知识是联系在一起的。但是,一个不知道火车为何物的部落的孩子们可能从另一个部落那里学来这种游戏,并玩它,但是并不知道借此他们在模仿某种东西。人们可以说,这个游戏对于他们和我们而言不具有相同的**意义**。)

283. 我们**究竟**是从哪里得到**这样的想法**的:存在物、对象能够感受到什么?

是我的教育以如下方式引导我得出这样的想法的吗:首先它让我注意到我之内的感受,于是我将这个观念转用到我之外的客体之上?我认识到,这里(在我之内)存在着某种东西,某种我可以在不与其他人的语词用法发生矛盾的情况下称作"疼"的东西?——我不将我的观念转用到石头和植物等等之上。

我难道不可以设想如下情形吗:我具有可怕的疼痛,而且在其持续期间,我变成为一块石头?是的,当我闭上眼睛时,我如何知道我没有变成一块石头?——如果现在这样的事情发生了,那么在什么样的范围内**这块石头**具有疼？在什么样的范围内人们可以将这点表述给这块石头？是的，为什么疼在这里无论如何要有一个承受者？！

而且，人们能够针对一块石头说它具有一个心灵并且**这个心灵**具有疼吗？一个心灵，疼，与一块石头具有什么关系？

只有针对一个像人一样行动的东西人们才能说它**具有**疼。

因为人们必须针对一个身体，或者，如果你愿意的话，针对一个为一个身体所**具有**的心灵，说出这点。而且，一个身体如何能够**具有**一个心灵？

284. 请观察一块石头并设想它具有感觉！——一个人对自己说：人们如何竟然能够产生将一种**感觉**归属给一个**物件**这样的想法？人们也可以同样好地将其归属给一个数！——现在，请观察一只扭动着身体的小飞虫，这样的困难便立即消失了，疼似乎能够**把捉住**这里了，而此前这里的一切对于它来说可以说都是**光滑的**。

以同样的方式，对于我们来说，一具尸体似乎也完全不接受疼。——我们对待一个活着的东西的态度不同于我们对待一个死了的东西的态度。我们的所有反应均是不同的。——假定一个人说："这不可能仅仅是因为活着的东西以如此这般的方式活动，而死了的东西则不这样活动"——我将向他指出，在此出现的是一种"从量到质的"过渡的情形。

285. 请想一下**脸部表情**的认出。或者想一下对于脸部表情的描述，——这种描述不在于给出脸部的尺寸！再想一下人们如何能够在没有同时看着镜子中的自己的脸部的情况下来模仿一个人的脸部。

286. 但是，难道如下做法不荒唐吗：针对一个**身体**说它具有疼？——那么，为什么人们感觉到在此存在着某种荒唐之处呢？在什么范围内并非我的手感受到疼；而是我在我的手上感受到疼？

如下问题是一个什么样的有争议的问题：那个感受到疼的东西是**身体**吗？——如何决断这个问题？它**不**是身体这点是如何引起人们注意的？——好了，大致以这样的方式：当一个人在手中具有疼时，并非是**手**说出这点（除非它写下这点），而且人们并非安慰手，而是安慰那个忍受着疼的人；人们看着他的眼睛。

287. 我如何心中充满了**对于这个人的**同情？这点如何显示出来，这种同情具有哪一个对象？（人们可以说，同情是一种如下形式的深信：另一个人具有疼。）

288. 我凝固成石头并且我的疼还在持续。——假定我错了，它不再是**疼**了！——但是，在此我当然不能出错；怀疑我是否具有疼，这可没有任何意义！——这也就是说：当一个人说"Ich weiß nicht, ist das ein Schmerz, was ich habe, oder ist es etwas anderes?"（我不知道我所具有的东西是一种疼呢，还是其它什么东西）时，我们或许想到，他不知道"Schmerz"（疼）这个德语词意谓什么，我们将向他解释它。——如何进行解释？或许借助于手势，或者经由如下方式：我们用一根针扎一下他并且说"瞧，这就是疼"。正如对于任何其它一种语词解释一样，他可能正确地或者错误地理解它，甚至于根本就不理解它。正如在其它情况下所发生的那样，他将在对于这个词的使用中表明他做了哪一件事情。

现在,如果他说,比如:"噢,我知道'疼'的意思,但是我不知道我此时此刻所具有的**东西**是否是疼"——这时我们只会摇一摇头,只能将他的话看做这样一种奇怪的反应,我们不知道拿它做什么。(情形或许正如当我们听到一个人严肃地说"我清楚地记得在我出生前一些时间我相信……"时一样。)

那种怀疑的表达不属于这个语言游戏;不过,如果现在这种感觉的表达,人类行为,被排除在外了,那么似乎我又**可以**进行怀疑了。在此我之所以试图说,人们可能将这种感觉看成这样的某种东西,即它不同于它事实上所是的东西,原因为:如果我设想将这种感觉的表达从正常的语言游戏中去掉,那么现在我就需要一种关于这种感觉的同一性标准;这时,便也存在着错误的可能性。

289. "当我说'我具有疼'时,无论如何我**在我自己前面**是得到了辩护的。"——这意味着什么?它的意思是这样的吗:"如果另一个人能够知道我称为'疼'的东西,那么他便会承认,我正确地运用了这个词"?

未加辩护地使用一个词并非意味着错误地使用它。

290. 我当然不是经由标准来认同我的感觉的;相反,我使用相同的表达式。但是,这个语言游戏肯定并非**结束**于此;它开始于此。

但是,它难道不是开始于我所描述的那种感觉吗?——"描述"这个词在此或许捉弄了我们。我说"我在描述我的心灵状态"和"我在描述我的房间"。人们必须唤起自己对诸语言游戏的不同之处的回忆。

291. 我们称为"**描述**"的东西是有着特殊的运用的工具。在此请考虑：一张机器图纸，一幅截面图，机械师所面对的一幅标有尺寸的正面图。当人们将一个描述看成事实的一幅语词图像时，这含有如下误导人之处：人们或许只想到了挂在我们的墙壁上的图像；它们似乎是直截了当地描画这样的事情的，即一个东西看起来是什么样的，它具有什么样的性质。（这些图像好像是无所事事的。）

292. 请不要总是相信，你是从事实读出你的语词的；你是按照规则来用语词描画诸事实的！因为在特殊的情况下你可是必须没有引导地应用规则。

293. 如果我针对我自己说：我只是从自己的情况知道"疼"这个词意谓什么，——难道我不是必须针对其他人也**这样**说吗？我如何能够将这样**一种**情形以如此不负责任的方式加以一般化呢？

好了，每一个人都针对他自己向我说，他只是从他自己知道疼是什么东西的！——假定每个人都有一个匣子，其内装着一条我们称为"甲虫"的东西。从来没有人能够向另一个人的匣子里看；而且每一个人都说，他只是从**他的**甲虫的样子知道什么是甲虫的。——于是，情形的确可能是这样的：每一个人在其匣子里都拥有一个不同的东西。甚至于人们可以想象，这样一个东西在不断地变化着。——但是，现在假定这些人的"甲虫"这个词还是具有一种用法？——因此，它不会是一个事物的名称的用法。匣子中的那个东西根本不属于这个语言游戏；甚至于也并非作为**某种东西**属于它：因为这个匣子也可能是空的。——进一步说来，匣子中的这个东西可以"被约简"；无论它是什么东西，它都消失了。

这也就是说:如果人们按照"对象和名称"这样的模式来构造感觉表达式的语法,那么这个对象便作为不相关的东西从考察中漏掉了。

294. 如果你说他看到了他前面的一幅私人的图像并且在描述它,那么你无论如何已经做出了一个有关他前面所拥有的东西的假定。而这就意味着,你可以进一步地描述它,或者你在进一步地描述它。如果你承认你对他前面所拥有的东西究竟会是什么样子的这点根本一无所知,——那么这时究竟是什么引诱你说出他前面有某种东西这点的?难道这不是有如这样的情况吗:我针对一个人说:"他**具有**某种东西。但是我不知道它是钱呢,还是债务,抑或是一个空空如也的钱箱。"

295. "我只是从**自己**的情况知道……"究竟应当是一个什么样的命题?一个经验命题?不是。——一个语法命题?

因此,我自己这样设想:每一个人都针对他自己说,他只是从自己的疼知道疼是什么东西的。——并非:人们真的这样说,甚或仅仅准备这样说。但是,**假定**现在每一个人均这样说——这时,可以说它是一声惊呼。即使作为报告它没有说出什么,它仍然是一幅图像;而且,我们为什么不可以想着将这样一幅图像召唤到心灵的前面呢?请你想一想一幅用以取代这样的话的绘制的寓意图像。

的确,在做哲学时,如果我们向我们之内看一下,那么我们恰恰常常会看到这样一幅图像。正式地说,一个关于我们的语法的图像式表现。不是事实;而是好比说附有插图的固定词组。

296. "是的,但是在那里当然存在着某种伴随着我的疼的惊呼的东西！正是因为它的缘故,我发出了这个惊呼。这种东西是重要的东西,——而且是可怕的。"我们究竟在将这点报告给谁？而且是在什么场合下？

297. 自然,当水壶里的水煮沸的时候,蒸汽便从水壶里升腾起来了,而且蒸汽的图像也从水壶的图像里升腾起来。但是,如果人们要说,在水壶的图像中也必须有某种东西煮沸了,情况会怎样？

298. 我们那么乐意说出"重要的事情是**这个**"——与此同时我们为我们自己指向这个感觉,——这点已经表明,我们是多么倾向于说出某种不是任何报告的东西。

299. 不得不说出如此这般的东西——当我们沉醉于哲学思想时,不可抗拒地倾向于说出这点,并非意味着被迫做出一个**假定**,或者直接地看清或知道了一件事情。

300. 人们要说,属于包含着"他具有疼"这句话的那个语言游戏的东西不仅有行为的图像,而且有疼的图像。或者:不仅有行为的范型,而且有疼的范型。——"疼的图像进入含有'疼'这个词的语言游戏之中"这种说法是一个误解。疼的心象不是任何图像,而且**这个**心象在这种语言游戏中也不能经由某种我们会称为图像的东西加以取代。——疼的心象的确在某种意义上说进入这种语言游戏之中；只是并非作为图像进入其中。

301. 一个心象不是任何图像,但是一个图像可以对应于它。

302. 如果人们必须以自己的疼为范例来想象另一个人的疼，那么这绝不是一件很容易的事情：因为我应当按照我**感觉到的**疼来想象我**没有感觉到的**疼。这也就是说，我在想象中要做的事情并非如此简单：从一个疼的地方转移到另一个疼的地方。如从手中的疼到胳膊中的疼。因为我不应该这样想象：我在他的身体的一个位置上感觉到疼。（这也是可能的。）

疼的行为可以指向一个疼的位置，——但是那个忍受着疼的人是那个表露疼的人。

303. "我只能**相信**另一个人具有疼，但是当我具有它时我**知道**这点。"——是的；人们可以决定说"我相信他具有疼"，而不说"他具有疼"。不过，事情仅此而已。——在此看起来好像是一种有关心灵过程的解释或断言的东西真正说来是在以一种说话方式交换另一种说话方式——在我们做哲学时，前者似乎是更为贴切的说话方式。

不妨尝试怀疑一下——在实际的情形中——另一个人的恐惧、疼！

304. "但是，你当然会承认，在有疼相伴的疼的行为和没有疼相伴的疼的行为之间存在着一种区别。"——承认？还有哪一种区别会比这一区别更大呢！——"同时，你却又总是达到这样的结果：感觉本身是一种虚无。"——当然不是。它不是某种东西，但是也不是一种虚无！结果只是这样的：一种虚无会与某种我们不能就其说出任何东西的东西完成相同的工作。我们只是拒绝了那种在此硬要我们接受的语法。

这个悖论只有在我们彻底地放弃了如下想法的时候才会消失:语言总是以**一种**方式起作用,总是服务于相同的目的:传递思想——不管这些思想现在是关于房子的、疼的、善和恶的思想,还是关于无论什么东西的思想。

305. "但是,你当然不能否认,比如,在回忆时发生了一个内在的过程。"——为什么人们会有这样的印象:好像我们要否认某种东西?当人们说"在此当然发生了一个内在的过程"时——人们就会接着说:"你当然**看到**了它。"人们用"回忆"这个词所意指的东西当然恰恰就是这个内在的过程。——好像我们要否认某种东西这种印象源自于如下事实:我们反对这幅关于"内在过程"的图像。我们所否认的是:关于内在过程的这幅图像为我们提供了关于"回忆"这个词的运用情况的正确的见解。是的,我们说:这幅图像及其衍生物妨碍我们看到这个词的实际的运用情况。

306. 我究竟为什么要否认有一个精神过程呢?!只是"这个回忆起……的精神过程现在在我之内发生了"恰恰意味着:"我现在回忆起了……"。否认这个精神过程意味着否认回忆;意味着否认这样的事实:任何一个人曾经回忆过什么。

307. "难道你不就是一个乔装打扮的行为主义者吗?难道归根到底你不是说除了人类行为以外一切均是虚构吗?"——如果我在谈论某种虚构的话,那么我谈论的是一种**语法的**虚构。

308. 关于心灵过程和状态以及行为主义的哲学问题究竟是如何出现的?——第一步一点儿也不惹人注目。我们谈论诸过程和状态,并让其本性处于未定的状态!或许总有一天我们会知道更多关于它们的事情——我们这样认为。但是,正因如此我们将自己固定在一种特定的考察方式之上了。因为我们对于进一步地了解一个过程意味着什么这点具有一个特定的概念。(变戏法的人的技巧中的那个决定性的步骤已经迈出,而我们恰恰觉得它是无辜的。)——现在,这个本应使得我们的思想对我们来说成为可以理解的比较瓦解了。因此,我们不得不否认这个处于还未得到研究的介质中的还未得到理解的过程。这样,我们便似乎否认了精神的过程。而我们当然不想否认它们!

309. 你在哲学中的目标是什么?——给苍蝇指明从捕蝇杯中出来的出路。

310. 我向某个人说,我具有疼。现在,他对我的态度将是相信的态度;不相信的态度;怀疑的态度;等等。

我们假定,他说:"情况将不会那么糟。"这难道不是证明了如下之点吗:他相信某种站在疼的表露之后的东西?——他的态度是他的态度的证明。请你设想,不仅是"我具有疼"这个命题,而且是"情况将不会那么糟"这个回答,被本能的声音和手势所取代了!

311. "还有哪一种区别会比这一区别更大呢!"——在疼的情况下,我相信,我能够向我私人地展示这种区别。但是,我能够向每一个人展示一颗坏损的牙和一颗未坏损的牙之间的区别。——不过,对于私人的展示来说,你根本不必在你那里引起疼;相反,你只要给自己**想象**疼就够了,——比如,让脸部变得稍微扭曲一些。你知道如下之点吗:你以这样的方式给自己展示的东西是疼而不是比如一种面部表情？而且，你如何知道，在你向你展示其之前你应当向你展示什么东西？这种**私人的**展示是一个幻觉。

312. 但是，难道牙齿的情形与疼的情形不又是相似的吗？因为一种情形中的疼的感觉相应于另一种情形中的面部感觉。我不能向我展示面部感觉，正如我不能向我展示疼的感觉一样；或者说，我能够很好地向我展示面部感觉，正如我能够很好地向我展示疼的感觉一样。

让我们设想这样的情形：我们周围的事物（石头，植物，等等，等等）的表面具有这样的斑点和区域，一经接触它们就在我们的皮肤上引起疼痛。（这或许是因为这些表面的化学性质的缘故。不过，我们不必知道这点。）于是，我们将谈论一片带有疼的斑点的叶子，正如现在我们谈论一种特定的植物的一片带有红色斑点的叶子一样。我设想，对这些斑点及其形状的知觉对于我们来说是有用处的，从它那里我们可以抽引出有关事物的重要性质的结论。

313. 我能够展示疼，正如我展示红色一样，也如我展示直线和曲线和树木和石头一样。——我们恰恰将这样的事情**称为**"展示"。

314. 如下做法显示了一种根本性的误解：为了弄清楚关于感觉的哲学问题，我倾向于察看我的现在的头疼的状态。

315. **从来没有**感受过疼的人能够理解"疼"这个词吗？——经验可以告诉我情况是否是这样的吗？——当我们说"除非一个人曾经感受过疼，否则，他不能想象疼"时，——我们是从哪里知道这点的？如何可以就此做出决断:这点是否是真的？

316. 为了弄清楚"思维"这个词的意义,在思维时我们观察我们自己:我们在那里所观察到的东西便是这个词所意谓的东西！——但是,这个概念恰恰不是以这样的方式被使用的。(这里的情形类似于如下情形:在不具备国际象棋知识的情况下,我想通过仔细地观察一局棋的最后一步的方式来获知"将死"这个词所意谓的东西。)

317. 误导人的对比:喊叫,疼的一种表达——命题,思想的一种表达！

好像命题的目的就是让另一个人知道一个人的内心的情况是什么样的:只不过,可以说,是发生在思维装置中的情况,而非发生在胃里的情况。

318. 当我们思维地说话或者还有写字时——我意指的是,像我们通常所做的那样——一般说来,我们不会说,我们思维得比我们说得快;相反,思维在此看起来**并没有**从表达式那里**分离开来**。但是,另一方面,人们谈论思想之迅速;诸如一个思想像闪电一样穿过我们的大脑,对于我们来说,问题一下子变得清楚了,等等。在此,人们容易想到这样的问题:在闪电般的思维过程中发生的事情同于在并非无思想的说话过程发生的事情吗？——只是极为快速而已吗？因此,在第一种情形之下钟表机构似乎是一下子停住了,而在第二种情况下它似乎受到了语词的阻碍,是逐渐地停下来的。

319. 在我能够用少数几个词或者线条将一个思想记录下来

这种意义上，我可以闪电般地看到其完整地出现在我面前，或者理解它。

是什么使得这个记录成为这个思想的一个摘要的？

320. 闪电般的思想与说出来的思想之间的关系可能有如一个代数公式与我从其展开的数列之间的关系。

如果人们给予我比如一个代数函数，那么我**确信**，我将能够计算出其对于主目 1,2,3，直到 10 的值。人们会说这样的确信"是有着充分的事实基础的"，因为我已经学会了计算这样的函数，等等。在其它情况下，它将是没有事实基础的，——但是却因成功而得到了辩护。

321. "当一个人突然理解了时，所发生的事情是什么？"——这个问题问得不好。假定它追问的是"突然理解"这个表达式的意义，那么回答并不是指向一个我们如此命名的过程。——这个问题可以意味着：一个人突然地理解了，这种事情的迹象是什么；什么是突然理解的刻画性的心理伴随现象？

（没有任何根据假定，一个人感受到了比如其脸部的表情活动或者刻画了一种情绪的其呼吸中的变化。——即使他一将他的注意力引向它们，他就感受到了它们。）（（姿势。））

322. 通过这样的描述不能给出对于有关这个表达式的意义的追问的答案，这个事实于是导致如下结论：理解恰恰是一种特异的、不可定义的体验。但是，人们忘记了，必定令我们感兴趣的东西是如下问题：我们如何**比较**这些体验；**我们将什么确定**为其发生的同一性的标准？

323. "现在我知道如何继续下去了!"是一声呼喊;它对应于一种本能的声音,一次愉快的惊起。从我的感觉当然得不出这样的结论:当我试图继续下去的时候,我不会卡壳。——因为存在着这样的情形,在其中我会说:"当我以前说我知道如何继续下去时,那时情况的确**是**如此。"比如当一种未预见到的干扰出现了时,人们将这样说。但是,未预见到的事情不可以简单地是如下事情:我卡壳了。

如下事情也是可以设想的,即一个人总是一再地具有虚假的恍然大悟的感觉,并叫着说"现在我知道了!"但是其接下来的行动却从来没有为此提供辩护。——他可能会觉得事情好像是这样的:他暂时又忘记了浮现在他脑海中的这幅图像的意义。

324. 说这里所处理的是归纳,说正如我确信,如果我松开手,那么手上的书便会掉到地上一样,我也确信,我将能够将这个序列继续写下去;说在我展开一个序列时,我会没有任何显而易见的原因地突然卡壳了,这点并非比如下事情更令我吃惊——我松开手后,手中拿的书并没有从我的手上掉下来,而是浮在空中,这些说法正确吗?对此我要回答说:对于**这种**确信我们恰恰也不需要根据。什么能够比成功**更好地**为这种确信提供辩护?

325. "在我具有了这样的体验——比如看到这个公式——之后我便能够继续下去了这样的确信直接是以归纳为根据的。"这种说法的意义是什么?——"火会烧伤我这样的确信是以归纳为根据的。"这样的说法的意义是这样的吗:我在心中推理说"到现在为止我总是被火苗烧伤,因此现在这样的事情也会发生"?抑或较早的经验是我的确信的**原因**,而非其根据?较早的经验是确信的原因吗?——这取决于那个我们在其中考察确信现象的假设、自然律的系统。

这种信心得到了辩护了吗?——人们将什么看作辩护,——这点是由其思维和生活的方式来表明的。

326. 我们期待**这个**,对**那个**会感到惊奇;但是,根据的链条是有尽头的。

327. "没有说话,人们能够思维吗?"——什么是**思维**?——那么,你从来没有进行过思维吗?难道你不能观察一下你自己并且看到在那里所发生的事情吗?这可是再简单不过的事情。你当然不必像等待一个天文事件那样等待它,然后,或许匆忙地做出你的观察。

328. 那么,人们还将什么称作"思维"?人们是为了什么样的目的学习利用这个词的?——当我说我已经进行思维了,——在此我必定总是正确的吗?——在此存在着什么**样**的错误?存在着这样的情形吗:在其中,人们会问"我在那里所做的事情真的是一种思维吗;我没有弄错吗?"假定某个人在一个思路的进行过程中做了一次测量:如果在进行测量时没有与自己说话,他便中断了思维吗?

329. 当我使用语言进行思维时,并非除了这个语言表达式之外还有"意义"浮现在我的心灵之中;相反,语言自身就是思维的车辆。

330. 思维是一种言说吗？人们想说，它是将思维的言说与无思想的言说区别开来的东西。这样，它便似乎成了言说的一种伴随物。一种或许也可以伴随着某种其它东西，或者又可以独自地进行的过程。

请说出下面这行字："自来水笔大概变钝了。好了，它又能行了。"先是思维地说；然后是没有思想地说；接着，仅仅思维这个思想，但是却没有使用这些词。——好的，在一个行动的过程中，我可能检查笔尖，我可能让我的脸部变形，——然后可能带着放弃的手势继续写下去。——我也可能在忙着进行某些测量的过程中这样行动，以至在旁边看我的人会说，我——没有使用语词地——思维了：如果两个量与第三个量相等，那么它们彼此相等。——但是，在此构成思维的东西并不是这样的过程，当这些词不应当是被无思想地说出的时候它必定伴随着它们。

331. 请想象这样的人，他们只能大声地思维！（正如存在着这样的人，他们只能大声地阅读一样。）

332. 我们有时或许将用一个心灵过程伴随一个命题这样的事情称作"思维"，但是我们不会将那种伴随物称作"思想"。——说出一个命题并且思维它；带有理解地说出它！——现在，不说出它，而只是做这样的事情，即在充满理解地言说中你用以伴随着它的那个事情！——（富有表情地唱这首歌！现在，不去唱它，而是重复这个表情！——在此人们也能够重复某种东西；比如，身体的摇摆，较慢和较快的呼吸，等等。）

333. "只有**深信**这点的人才能这样说。"——当他这样说时，这种深信如何帮助他？——这时,它存在于说出的这个表达式旁边吗？(或者,事情是这样的吗:它被这个表达式覆盖了——正如一个低的音调被一个高的音调所覆盖一样,结果,当人们将它大声地表达出来的时候,它可以说不再能够被听到了?)假定一个人这样说,情况如何:"一个人为了能够凭记忆唱出一首曲子,他必须在精神中听到它并且跟着唱出它"?

334. "因此,你那时真正想要说……"——用这样的说法我们将某个人从一种表达形式引导到另一种表达形式。人们想试着使用这样一幅图像:他"那时"真正"想要说"的东西,他"那时意指"的东西,在我们说出其之前就已经存在于他的精神之中了。促使我们放弃一个表达式并且采用另一个表达式来替换它的事项可能是多种多样的。为了理解这点,考察一下数学问题的解决办法与其问题设置的场合和根源之间的关系是有用的。"用直尺和圆规来三等分一个角"这个概念——当一个人寻找这样的三等分时,和另一方面,当已经证明不存在这样的三等分时。①

335. 当我们努力地——比如在写一封信时——寻找我们的思想的适当的表达式时,发生了什么事情？——这种说法将这个过程比作一种翻译或者描写的过程:思想(或许此前早已经)就在那里,我们只是还在寻找其表达式。这幅图像在或大或小的程度上适合于不同的情形。——但是,有什么不能在这里发生!——我让自己沉浸于某种心情之中,那个表达式**便出现了**。或者:我的

---

① 参见《哲学语法》,§612。

脑海中浮现出一幅我力图描写的图像。或者：我想到一个英语表达式，我要回想起相应的德语表达式。或者：我做了一个手势，并且问我自己："相应于这种手势的语词是什么？"等等。

如果现在人们问"在你拥有这个表达式之前，你已经具有了这个思想吗？"——在此人们必须以什么来回答？对如下问题，人们必须以什么来回答："像其被表达出来之前那样存在着时，这个思想在于什么？"

336. 在此出现了这样一种情形，它类似于如下情形：某个人想象，人们不能照其原样那样径直地思维一个具有德语或拉丁语那种令人惊奇的词序的命题。人们必须首先思维它，然后人们将这些词放进那种奇特的次序之中。（一个法国政客曾经写道，法语的一个独特之处是，在其中诸语词处于人们思维它们的那种次序之中。①）

337. 但是，难道我不是比如在一个命题的开头便意图了其全部的形式吗？因此，在其被说出之前，它的确就已经存在于我的精神之中了！——如果它那时已经存在于我的精神之中，那么一般说来它不是处于另外一种词序之中。但是，在此我们又为自己描绘了一幅关于"意图"——也即关于这个词的用法——的误导人的图像。意图嵌入情形之中，嵌入人类习惯和制度之中。假定没有象棋游戏这种技术，那么我便不能意图玩一盘象棋。在我事先已

---

① 在这段话的手稿来源 MS 109：177[28.10.30]中，在"一个法国政客"后插入了这样一句话："我相信是 M. Briand。"当为：Aristide Briand(1862-1932)。

经意图了命题形式的范围内,这是经由如下事实而成为可能的,即我能够讲德语。

338. 的确,只有当人们学会了说话时,人们才能说出什么。因此,**想要**说出什么的人为此必须也已经学习掌握了一种语言;而且,的确很清楚,在想要说话时人们不必说话。正如在想要跳舞时,人们也并没有跳舞一样。

而当人们思考这点时,精神便抓住跳舞、说话等等的**心象**。

339. 思维不是任何这样一种非身体的过程:它给予言说以生命和意义,而且人们可以将其与言说分离开来,好似魔鬼将施莱米尔①的影子从地上拿走一样。——但是它如何:"不是任何一种非身体的过程"? 因此,情况是这样的吗:我知道诸非身体的过程,但是思维不是其中之一? 非也;在我欲以一种原始的方式来解释"思维"一词的意义时我陷入困境,这时我便求助于"非身体的过程"这个语词。

不过,在这样的时候人们可以说"思维是一种非身体的过程":这时,人们要通过这种说法来区别开比如"思维"和"吃饭"二词的语法。只不过,经由这样的方式诸意义之间的区别显得**太小了**。(情况正如当人们这样说时一样:数字是实际的对象,而数则是非

---

① 德国诗人、植物学家沙米索(Adelbert von Chamisso,1781-1838)的故事集《彼得·施莱米尔的奇妙故事》(*Peter Schlemihls wundersame Geschichte*)中的主人公。施莱米尔将自己的影子卖给魔鬼,因此人生遇到无尽的麻烦。后来他欲要回他的影子,但是魔鬼却要以其心灵来交换。他不愿这样做,将钱袋还给魔鬼,于是又赎回了自己的影子。

实际的对象。①)一个不适当的表达方式是一种停留在一种困惑状态之中的可靠手段。可以说,它堵死了从其中逃出来的那条出路。

340. 人们不能猜测出一个词是如何起作用的。人们必须**查看**其应用并且从中进行学习。

但是,困难是去除那种阻碍这种学习的偏见。它绝不是一种**愚蠢的**偏见。

341. 无思想的和并非无思想的言说可以比之于一首乐曲的无思想的和并非无思想的演奏。

342. 为了表明没有言语,思维也是可能的,威廉·詹姆斯援引了一个聋哑人巴拉德先生的回忆,后者写道,在其少年时代,还是在其会说话以前,他就已经形成了一些关于上帝和世界的思想。——这究竟能够意味着什么!——巴拉德写道:"是在那些愉快的骑马时光中,在我初步获得有关书面语言的基本知识之前的两或三年的时间,我开始问我自己这样的问题:世界是如何产生的?"②——你确信这就是你的无言的思想到语词的正确的翻译吗?——人们想要这样问。而且,为什么在这里这个问题——在其它地方它可是似乎根本就不曾存在——探出头来?我要说作者的记忆欺骗了他吗?——我甚至都不知道我是否会**这么**说。这些回忆是一种奇特的记忆现象——我不知道,人们能够从它们抽引

---

① 在此,维特根斯坦批评的是弗雷格的观点。请参见:韩林合,《〈逻辑哲学论〉研究》,北京:商务印书馆,2007 年,第 543-545 页。

② 关于詹姆斯的相关论述,请参见:W. James, *The Principles of Psychology*, Cambridge, Mass.: Harvard University Press, 1983, pp. 256-259.

出哪些关于讲述者的过去的结论!

343. 我借以表达我的回忆的那些语词是我的回忆反应。

344. 如下事情是可以设想的吗:人们从来没有讲一种可以听得到的语言,但是却在内心中、在想象中与自己讲着一种语言?

"如果人们总是仅仅在其内心中与自己说话,那么最终说来他们只不过**总是**做他们今天**有时**也做的事情。"因此,想象这点是非常容易的;人们只需做出那种从一些到全部的轻而易举的过渡。(类似地:"一个无穷长的树列不过就是一个走**不到**尽头的树列。")我们关于一个人与其自己说话这件事的标准是他向我们说的话以及他的其它的行为;我们只针对这样的人说他与自己说话,即在通常的意义上他**能够说话**。而且,我们也不针对一只鹦鹉这样说,也不针对一台留声机这样说。

345. "有时发生的事情可能总是发生"——这是一个什么样的命题? 一个类似于下面这个命题的命题:如果"F(a)"具有意义,那么"(x). F(x)"便具有意义。

"如果可能发生这样的事情:一个人在一个游戏中走错了,那么事情便可能是这样:所有人在所有游戏中只走错误的步骤。"——因此,我们在此便企图误解我们的表达式的逻辑,不正确地表现我们的语词的用法。

命令有时没有得到服从。但是,如果命令**从来**没有得到服从,这时情况看起来会如何?"命令"这个概念这时便丧失了其目的。

346. 但是,难道我们不能想象:上帝突然给予一只鹦鹉以理智,现在它与自己说起话来?——不过,在此如下之点是重要的:

为了形成这样的想象,我求助了有关某种神性的想象。

347. "但是,我可是从我自身知道'与自己说话'意味着什么的。假使人们剥夺了我的大声地讲话的器官,那么我还是能够在我之内进行自言自语。"

如果我只是从我自己知道这点的,那么因此**我**仅仅知道我如此称呼的东西,而非另一个人如此称呼的东西。

348. "Diese Taubstummen haben alle nur eine Gebärdensprache gelernt, Jeder aber spricht zu sich selbst im Innern eine Lautsprache"(尽管这些聋哑人都仅仅学习了一种手势语言,但是每一个人都在内心中对自己说着一种有声语言)。——那么,你难道不理解这点吗?——我究竟如何知道我是否理解它?!——我可以用这个报告(如果它是一个报告的话)做些什么?整个理解的观念在此获得了一种令人生疑的味道。我不知道,我是否应当说我理解它还是我不理解它。我想回答说:"它是一个德语命题;**看起来**完全正常——即在人们要使用它之前;它与其它命题处于这样一种关联之中,这种关联使得我们难以说真正说来人们不知道它告诉了我们什么东西;每一个没有因为做哲学而变得无感觉的人都注意到在此有什么地方不太对头。"

349. "但是,这个假定可是肯定具有一个很好的意义!"——不错;这些语词和这幅图像在通常的情况下具有一种我们所熟悉的应用。——但是,假定存在着这样一种情形,在其中这种应用被略去了,那么现在我们可以说第一次意识到这些语词和这幅图像之裸露性。

350. "但是,如果我假定一个东西具有疼,那么我假定的不过是如下之点:它具有我常常具有的那个东西。"——这并没有使我们有所前进。这就好像我说:"你当然知道'这里时间为5点钟'这种说法的意思;于是你也知道太阳上时间为5点钟这种说法的意思。它恰恰意味着:那里的钟点数恰恰同于这里时间为5点钟时的钟点数。"这种借助于**同一性**而给出的说明在此不起作用。因为虽然我知道,人们可以将这里的5点钟与太阳那里的5点钟称作"相同的时间",但是我恰恰不知道,在什么样的场合下,人们可以谈论这里和那里的时间同一性。

以恰好同样的方式,如下说法也不是任何解释:它具有疼这种假设恰恰是它具有与我相同的东西这种假设。因为语法的**这一**部分内容对于我来说是非常清楚的:即**如果**人们说这个炉子具有疼并且我具有疼,那么人们就会说它与我具有相同的体验。

351. 我们的确总是想说:"疼的感觉就是疼的感觉——无论是**它**具有它,还是**我**具有它;而且无论我如何知道它是否具有一个疼。"对此我可以表示同意。——而且,当你向我提出"当我说这个炉子具有疼时,你难道不知道我所要表达的意思吗?"这样的问题时,——我可以这样来回答你:这句话当然可以引导我产生各种各样的心象;但是其作用也仅仅止于此而已。在听到"在太阳上刚才恰好是下午5点钟"这句话时我也可以想象某种东西——比如一座指向5点的摆钟。——不过,如下例子更好:"上面"和"下面"在地球上的应用。在此我们大家都拥有一种关于"上面"和"下面"所意谓的东西的完全清楚的观念。我可是看到了我在上面;地球可是在我的下面!(请不要取笑这个例子。尽管上小学时人们便已经教育我们说,这样说是愚蠢的,但是埋藏一个问题恰恰要比解决它更为容易。)只有深思熟虑才向我们表明,在这种情形中"上面"和"下面"不可能是按照通常的方式使用的。(比如,我们可以将对跖者说成我们的大陆"下面"的人;但是,现在当他们将相同的表达式应用在我们之上时,我们必须承认他们的做法是正确的。)

352. 在此发生了这样的事情:我们的思维给我们设置了一个不同寻常的圈套。因为我们想引用排中律并且说:"在它前面或者浮现着这样一幅图像,或者没有浮现着这样一幅图像;不存在第三种情况!"——在哲学的其它领域我们也遇到这样的奇特论证。"在π的无穷展开式中或者出现一次'7777'这组数字,或者没有——不存在第三种情况。"这也就是说:上帝看到了这点——但是我们不知道。不过,这意味着什么?——我们使用了一幅图像;一个可见的系列的图像,一个人看到了它的全部,另一个人没有。在此排中律说:看起来情况必定或者是**这样的**,或者是**那样的**。因此,真正说来它没有说出任何东西——这当然是不言而喻的,而只是给予了我们一幅图像。现在,问题应当是:实在与这幅图像是否一致。这幅图像现在**似乎**决定了我们要做的事情,决定了我们的寻找须采取的方式和须寻找的对象——但是它并没有做到这点,因为我们恰恰不知道如何应用它。当我们在此说"不存在第三种情况",或者"当然不存在第三种情况!"时——这表明我们不能将目光从这幅图像那里移开,——看起来这个问题及其答案已经存在于这幅图像之中,然而,我们却**感觉到**实际情况并非如此。

同样,当人们说"它或者具有这个感觉,或者不具有这个感觉！"时——首先浮现在我们心中的是这样一幅图像，它似乎已经**明白无误地**决定了这些断言的意义。"现在，你知道了此处所讨论的事项"——人们想要说。借此他恰恰还不知道这点。

353. 有关一个命题的证实的方式和可能性的问题只不过是"你是如何意指这个的？"这个问题的一种特殊的形式。答案是对这个命题的语法的一项贡献。

354. 在标准和征候之间的语法上的摇摆不定让人觉得好像最终说来只有征候。我们说，比如："经验告诉我们，当气压计下降时，天就下雨了，但是它也告诉我们，当我们具有特定的潮湿和阴冷的感觉，或者如此这般的视觉印象时，天就下雨了。"作为这点的论据，人们这时指出：这些感觉印象可能欺骗我们。但是，在此人们没有考虑到，它们恰恰欺骗了我们，让我们以为下雨了，这个事实本身是以一个定义为基础的。

355. 问题不在于我们的感觉印象可能欺骗我们，而在于我们理解它们的语言。（而且，这个语言，正如每一种其它语言一样，是以一致为基础的。）

356. 人们倾向于说："天或者在下雨，或者没有下雨——我是如何知道这点的，关于这点的信息是如何到达我这里的，这是另外的事情。"不过，让我们因此而这样地提出这个问题：我将什么称作"关于天在下雨的信息"？（或者，关于这个信息，我也只是得到了信息？）究竟什么东西将这种"信息"标示为某种东西的信息？在此难道不是我们的表达的形式误导了我们吗？这难道不恰恰是这样一种误导人的隐喻吗："我的眼睛给予我关于如下事情的信息：那里放着一把椅子?"

357. 我们不说一条狗**可能**与自己说话。这是因为我们非常准确地了解其心灵吗？好了，人们可以这样说：如果一个人看到了一个有生命的存在物的行为，那么他便看到了他的心灵。——但是，我之针对我自己说我与自己说话，这也是因为我以如此这般的方式行动吗？——我**并非**是根据对我的行为的观察而说出这点的。不过，只是因为我以如此这般的方式行动，它才是有意义的。——因此，它并非是因为如下原因而具有意义的：**我意指**它？

358. 但是，难道不是我们的**意指**赋予命题以意义的吗？（自然如下之点也属于这里：人们不能意指无意义的词列。）而且，意指是存在于心灵领域中的某种东西。但是，它也是某种私人性的东西！它是那种不可捉摸的什么东西；仅仅可以比之于意识自身。

人们如何会觉得这是可笑的！可以说，它可是关于我们的语言的一场梦。

359. 一部机器能思维吗？——它能够具有疼吗？——那么，人的身体可以称作这样一部机器吗？它当然最为接近于成为这样一部机器。

360. 但是，一部机器当然不能思维！——这是一个经验命题？不是。我们只针对一个人和类似于他的东西说它思维。我们也针对布娃娃这样说，当然也针对精灵这样说。将"思维"这个词看作工具！

361. 这把椅子在独自思维：……

在哪里？在它的诸部分之一上？抑或在它的形体之外；在围绕着它的空气中？或者根本就不在**任何地方**？但是，这时这把椅子的内在的说话与另一把邻近的椅子的内在的说话之间的区别是什么？——那么，一个人的情况如何：**他**在哪里与自己说话？这个问题如何最后看起来是没有意义的；除了下面这样的位置确定以外，任何位置的确定均是不必要的吗：恰恰是这个人在与自己说话？然而，这把椅子**在哪里**与自己说话这个问题似乎需要加以回答。——根据是：我们想知道，在此这把椅子**如何**竟然被认为与一个人相似；脑袋是否在比如椅背的顶部，等等。

当一个人在内心中与自己说话时，情况是怎么一回事儿？在那里发生了什么？——我应该如何解释它？好了，我只应该像你能够教一个人"与自己说话"这个表达式的意义那样来解释它。而且，当我们是小孩时我们就学习了这种意义。——只不过，没有人会说，将它教给我们的人向我们说出了"在那里发生的事情"。

362. 相反，事情在我们看来似乎是这样的：在这种情形中这个教师将这个意义**委婉地告诉给**那个学生——并没有直接地将其告诉给他；不过，这个学生最后在教师的引导下自己给出了正确的实指解释。我们的幻觉便存在于此。

363. "当我想象什么时，当然**发生了**某种事情！"是的，发生了什么——而且，这时我为了什么目的而发出这种噪声？或许是为了报告发生了什么事情。——但是，人们究竟如何报告什么？在什么时候人们说某种事情得到了报告？——什么是报告的语言游戏？

我想说：你将如下事情看得过于不言而喻了，即人们能向一个人报告什么。这意味着：我们如此习惯于对话中经由言说而进行的报告，以至于我们觉得，报告的全部要义便在于：另一个人把握我的话的意义——某种心灵性的东西，可以说将其吸收进其精神之中。如果他接着还借此做些什么，那么这便不再属于语言的直接的目的了。

人们想说"这个报告导致了他**知道**我具有疼；它引起了这种精神现象；所有其它的东西对于报告来说都是非本质性的。"至于这种令人惊奇的知道现象是什么——人们不认为这是急于处理的问题。心灵过程恰恰是令人惊奇的。（事情就像是人们曾经说的那样："钟表向我们显示时间。至于**什么**是时间，这还有待决定。**为了什么目的**人们读出时间——这不属于这里。"）

364. 某个人在脑袋中做了一次计算。他运用了这个结果——比如在建造桥梁或者建造机器时。——你要说，**真正说来**他并非是经由计算发现这个数字的吗？这个数字或许只是梦一般地自己进入他的心中的吗？可是，在那里一定是进行了计算，而且事实上进行了计算。因为他**知道**，他进行了计算，而且**知道**他是如何进行计算的；而这个正确的结果在没有计算的情况下是无法解释的。——但是，如果我这样说，情况如何："他**觉得**，他进行了计算。为什么正确的结果应该可以解释？如下之点难道不是足够不可理解的吗：在没有使用一个词，或者书写符号的情况下他**能够进行计算**？"——

想象中的计算某种意义上说比纸上的计算更不真实吗？它是**真实的**——脑袋中的计算。它类似于纸上的计算吗？——我不知道，我是否要称其为类似的。一张其上带有黑色线条的白纸类似于人的身体吗？

365. 阿戴尔黑德（Adelheid）和那个主教在下一局**真实的象棋吗**？①——当然。他们不仅仅是假装在下一局象棋——如在一出戏剧中也可能发生的那样。——但是，这局棋可是绝没有比如开始！——当然有；否则，它肯定就不是一局棋了。——

366. 脑袋中的计算比纸上的计算更不真实吗？——也许人们会倾向于这样说；但是，通过如下方式人们也可以达到相反的观点：向自己说，纸张、墨迹等等只不过是我们的感觉材料的逻辑构造。

"我已经在脑袋中完成了乘法……"——我**不相信**比如这样一个陈述吗？——但是，它真的是一个乘法吗？它不仅仅是"一个"乘法，而且是**这个**乘法——脑袋中的乘法。这就是我步入歧途的地方。因为现在我要说：它是某种**相应于**纸上的那种乘法的精神的过程。这样，如下说法好像便具有意义了："精神中的**这个**过程对应于纸张上的**这个**过程。"这时，谈论这样一种描画方法似乎就具有意义了，按照它，符号的心象表现符号本身。

367. 想象图像就是当一个人描述其想象时得到描述的那幅

---

① 所述场景取自于歌德的戏剧《铁手骑士葛兹·冯·贝利欣根》(*Götz von Berlichingen mit der eisernen Hand*)第二幕开始。

图像。

368. 我向一个人描述一个房间,接着让他按照这个描述绘制出一幅**印象派的**图像,以表明他理解了我的描述。他现在将我的描述中被叫做绿色的凳子画成深红色的;将我说成"黄色的"地方画成蓝色的。——这就是他从这个房间中得到的印象。现在,我说:"完全正确;它看起来就是这样的。"

369. 人们想问:"当一个人在脑袋中进行计算时,情况是怎么一回事儿——在那里发生了什么?"——在特殊的情形中,回答可以是:"我首先将17和18加在一起,然后减掉39……"不过,这不是对于我们的问题的回答。叫作脑袋中的计算的东西不会经由**这样的**方式得到解释。

370. 人们必须要问的不是心象是什么或者当人们想象什么时在那里发生了什么,而是:"想象"这个词是如何被使用的。不过,这并非意味着我只想谈论语词。因为如果说在我的问题中谈到了"想象"这个词,那么在有关想象的本质的问题中也谈到了它。我只是说:这个问题不能经由某种指向来解释——无论是对于这个想象者来说,还是对于另一个人来说;也不能经由对于任何一种过程的描述来解释。即使第一个问题也是在追问一种语词解释;但是,它却将我们的期待引向了一个错误种类的答案。

371. **本质**表达在语法之中。

372. 请思考如下之点:"一种本质的必然性在语言中的唯一的对应物是一条任意的规则。它是人们能够从这种本质的必然性中抽取出来放进一个命题之中的唯一的东西。"①

373. 语法说出某种东西是哪一种对象。(作为语法的神学。②)

374. 在此,巨大的困难是不这样来表现事情:似乎人们**不能**做什么。似乎在那里的确存在着这样一个对象,我从其抽引出了这个描述,但是我却不能将其指给某个人看。——我所能建议的最好的做法或许是我们屈从于使用这幅图像的企图:但是,现在请研究一下这幅图像的**应用**看起来是什么样的。

375. 人们如何教某个人轻声地给自己阅读?人们如何知道他什么时候能够做到这点?他自己如何知道他做了人们要求他做的事情?

---

① 在 TS 213:234v 上关于这句话,维特根斯坦给出了如下说明:"涉及诸如～～p＝p这样的命题。""Naturnotwendigkeit"颇难翻译。安斯考姆译将其译作"intrinsic necessity"(内在的必然性),哈克和舒尔特将其译作"objective necessity"(客观的必然性),TS 213 的译者将其译作"natural necessity"(自然的必然性)。有的德英字典的解释是"absolute necessity"(绝对的必然性),一本德语字典的解释是:"von Natur aus notwendig"(来自于自然或本性的必然性)。另外,我还注意到康德在《道德形而上学基础》和《实践理性批判》中用过这个词,其意义为与意志自由相对的来自于自然规律的规定性。显然,在康德那里,这个词的确当理解为"自然的必然性"。不过,这显然是他的专门用法。在维特根斯坦那里,它并不具有这样的意思,而是指由相关事物的本质或本性所决定的必然性。因此我将"Naturnotwendigkeit"译作"本质的必然性"。(不过,如果从其原初意义上来理解"自然"这个词,译作"自然的必然性"也是可以的。因为"自然"的本来意义之一就是指"本然"或"本性"。)

② 参见 Wittgenstein, *Denkbewungen*: *Tagebücher 1930-1931/1936-1937*, hrsg. von Ilse Somavilla, Innsbruck: Haymon-Verlag, 1997, S. 90; Alice Ambrose, ed., *Wittgenstein's Lectures*, *Cambridge*, *1932-1935*, Oxford: Blackwell, 1979, p. 32.

376. 当我内在地向自己说出字母表时，什么是如下事情的标准：我与另一个人——他在默默地向自己说出它——在做相同的事情？人们或许会发现，此时在我的喉部和他的喉部之内发生着相同的事情。（而且，当我们两个人思维相同的事情、愿望相同的事情等等时，情况也是一样的。）但是，我们竟然是通过如下方式来学习"默默地向自己说出如此这般的东西"这种说法的运用的吗：人们指向喉部或大脑内的一个过程？难道如下情形不也是很有可能的吗：不同的生理过程对应着我关于 a 这个音的心象和他关于其的心象？问题是：人们**如何比较心象**？

377. 一个逻辑学家或许认为：相同的就是相同的——至于一个人是如何深信这种相同性的，这是一个心理学的问题。（高度就是高度——人们有时**看到**它，有时**听到**它，这点属于心理学。）

什么是两个心象的相同性标准？——什么是一个心象的红色性的标准？对于我来说，当另一个人具有它时：是他所说和所做的事情。对于我来说，当我具有它时：什么东西都不是这样的标准。适用于"红色的"的东西，也适用于"相同的"。

378. "在我断定我的两个心象是相同的之前，我当然必定已经将它们认识成相同的了。"而当后者发生了时，我将如何知道"相同的"这个词描述了我的认识？只有在如下情况下我才知道这点：我以其它方式表达了这种认识，并且另一个人能够教导我，在此"相同的"是那个适当的语词。

因为如果我需要有关使用一个词这件事的一个根据，那么对于其他人来说，它也必须是一个根据。

379. 我首先将其认识成**这个**；现在我回忆起了人们是如何称呼它的。——请考虑：在什么样的情况下人们可以正确地说出这点？

380. 我是如何认识到如下之点的：这个是红色的？——"我看到，它是**这个**；而且，现在我知道这个是如此称呼的。"这个？——什么？！对于这个问题而言，什么样的回答是有意义的？

（你总是一再地致力于给出一种内在的实指解释。）

我不能将任何规则应用到从所看见的东西到语词的**私人的**过渡之上。在此，诸规则真正说来会是悬在空中的；因为其应用的制度付诸阙如。

381. Wie erkenne ich, daß diese Farbe Rot ist?（我是如何认识到如下之点的：这个颜色是红色？）——一种回答是："我学了德语。"

382. 我如何能够**为**如下做法**提供辩护**：听到这句话后我便形成这个心象？

有人将一个蓝色的心象指给我看并且说**它**就是蓝色的心象吗？

"**这个心象**"这些语词意谓什么？人们如何指向一个心象？人们如何两次指向相同的心象？

383. 我们所分析的并不是一种现象（比如思维），而是一个概念（比如思维概念），并且因此是一个词的应用。结果，事情似乎是这样的：好像我们在搞唯名论。唯名论者犯下了这样的错误：他们将所有语词都释作**名称**，因此他们实际上并没有描述它们的运用；

相反,可以说仅仅是给人开具了一张这样一种描述的纸质的汇票。

384. 伴随着语言的学习,你便学习了"疼"这个**概念**。

385. 请问一下你自己:如下事情是可以设想的吗,即一个人学会了在脑袋中进行计算却从来没有书面上或口头上进行过计算?——"学习它"肯定意味着:使得人们能够做它。成问题的仅仅是:什么东西被当作某个人能够做到这点这件事的标准了。——但是,如下情况也是可能的吗:一个部落仅仅熟悉脑袋中的计算而不熟悉任何其它的计算?在此人们必须问自己"这看起来会是什么样的?"——因此,人们必定会将这点描绘成一种极限情形。于是,便产生了如下问题:在此我们是否还想应用"脑袋中的计算"这个概念——或者,在这些情况下它是否已经失去了其目的;因为现在这些现象趋向于另一种范例了。

386. "但是,你为什么这么不相信你自己?你通常可总是知道什么叫作'计算'的。因此,当你说你已经在想象中进行了计算时,情况恰恰是这样的。如果你**没有**进行计算,那么你不会这样说。同样:如果你说你在想象中看到了某种红色的东西,那么它恰恰**就是**红色的。你可是知道通常情况下什么是'红色的'。——进而:你肯定并非总是信赖你与他人的符合一致;因为你经常报道说,你看到了某种其它任何人都没有看到的东西。"——不过,我的确相信自己——我的确毫不犹豫地说我在脑袋中计算了这个,我想象了这个颜色。困难不是这点:我怀疑我是否真的想象了某种红色的东西。而是**这点**:我们可以如此立即指明或者描述出,我们想象了哪一个颜色,在实际中描画心象不会给我们带来任何困难①。它们看起来彼此竟然如此相似,以至于人们会将它们混淆在一起吗?——但是,我当然也能够立即根据一幅图样来认出一个人。——不过,我竟然能够提出这样的问题吗:"这个颜色的一个正确的心象看起来是什么样的?",或者"它具有什么性质?";我能够**学习**这点吗?

(我不能接受他的证据,因为它并不是什么**证据**。它只是向我说了他**倾向**于说的话。)

387. **深刻的**方面易于溜走。

388. "虽然我在这里没有看到任何紫色的东西,但是当你给我一个颜料盒时,我能够向你指出其中的紫色东西。"人们如何能**够知道**,当……时,人们能够指出它,因此,当人们看到它时,人们能够认出它?

我如何从我的**心象**知道这个颜色实际上看起来是什么样的?

我如何知道我将能够做什么?也即,我现在所处的状态是这样的状态:能够做那个事情?

389. "一个心象必定比每一幅图像都更像其对象:因为无论我将这幅图像做得如何像它应当描绘的东西,它总归还是可能是某种其它东西的图像。但是,一个心象的本质却是:它是**这个东西**而非其它任何东西的图像。"因此,人们会将心象看成一种超级-画像。

---

① 异文:"显示或者描述我给自己想象了哪种颜色,在实际中描画心象,这根本没有什么困难。"

390. 人们能够想象一块石头具有意识吗？如果一个人能够做到这点——那么为什么这不应当只是证明了这样的胡乱想象引不起我们的任何兴趣呢？

391. 我或许也能够想象（尽管这并非易事），我在大街上所见到的每一个人都具有剧烈的疼痛，但是都巧妙地将其掩饰起来。重要的是，在此我必须想象一种巧妙的掩饰。因而，我并非只是简单地对我说："好了，他的心灵具有疼；但是，这与他的肉体有什么关系！"，或者"这点最终并非必定要在肉体上显示出来！"——当我现在想象这点时，——我做出了什么样的行动；我对自己说了什么；我如何看着人们？或许，我看着某个人并且思忖道"当人们具有这样的疼痛时，发出笑声必定是困难的事情"，以及许多诸如此类的事情。可以说，我在扮演一种角色，**在以这样的方式行动**，好像其他人具有疼一样。当我这样行动时，人们可能说，我在想象……

392. "当我想象他具有疼时，真正说来在我之内仅仅发生着……"另一个人接着说："我相信，我也可以想象这点，而与此同时**并没有**想到……"（"我相信，在不说话时我能够思维。"这不会给出任何结果。这种分析在一种自然科学分析和一种语法分析之间闪烁不定）。

393. "当我想象一个微笑着的人实际上具有疼时，我当然没有想象任何疼的行为，因为我看到了相反的情况。那么，我在想象**什么**？"——我已经说过这点了。此外，我并非必然想象**我**感受到疼。——"但是，想象这点，这是如何发生的？"——我们究竟在什么地方（在哲学以外）运用如下说法："我能够想象它具有疼"，或者

"我想象……",或者"请你想象……"?

人们向比如一个要演某一戏剧角色的人说:"你在此必须想象这个人具有疼,他将其掩饰下去了"——而且我们在此不给他以任何指导,没有向他说他**实际**上要如何行动。正因如此,那种分析也没有接触到问题的实质。——我们现在观看那个想象这种情形的演员。

394. 在什么样的情况下我们会问某个人:"当你想象这个时,真正说来在你之内发生了什么?"——在那里我们在期待着一个什么样的回答?

395. 如下之点并不是很清楚:**可想象性**在我们的研究中扮演着什么样的角色。也即,在什么样的范围内它确保了一个命题的意义。

396. 对于一个命题的理解这件事来说,按照其绘制一幅图样不具有本质的意义,同样,对于这件事来说,在听到这个命题时给自己想象某种东西也不具有本质的意义。

397. 在此,人们也可以不说"可想象性",而说:在一种特定的表现手段中的可表现性。从这样一种表现一条可靠的道路的确**能够**通向进一步的运用。另一方面,一幅图像会强加给我们,而它并不能起到什么作用。

398. "但是,当我想象某种东西时,甚至于当我实际上**看到**一些对象时,我当然因此**具有**某种我的邻居所没有的东西。"——我理解你。你要环顾四周并且说:"当然只有**我**具有**这个**。"——这样的话的用处何在？它们没有任何用处。——是的，难道人们不是也能够这样说吗："在此根本没有谈到任何一种'看到'——因此也没有谈到任何一种'具有'——而且没有谈到主体，因此也没有谈到我"？难道我不是可以提出这样的问题吗：究竟在什么样的范围内你**具有**你谈到并断言只有你具有的东西？你拥有它吗？你甚至于都没有**看到**它。是的，难道你不是必须针对它说：没有人具有它吗？如下之点的确也是清楚的：当你从逻辑上排除了另一个人具有某种东西这种情况，那么说你具有它便也失去了其意义。

但是，在这种情况下，你所谈论的东西是什么？我的确说过，我在我的内部知道你所意指的东西。但是，这意味着：我知道，人们想如何了解、看到这个对象，人们想如何，可以说经由目光和手势，来表示它。我知道，在这个情形里人们以什么样的方式向自己的前面和周围察看，——以及诸如此类的事情。我相信，人们可以说：你在谈论（比如，当你坐在屋子里时）"视觉屋"。那种没有任何所有者的东西就是这种"视觉屋"。正如我不能在它之内走来走去，或者察看它，或者指向它一样，我也不能拥有它。在它不能属于任何其他人的范围内，它不属于我。或者：在我一定要将我用在（我坐在其内的）那间物质屋本身之上的那种表达形式用在它之上的范围内它不属于我。对于物质屋的描述不必提到任何所有者，它甚至于也不必具有所有者。但是，这时那个视觉屋则绝对**不能**具有任何所有者。"因为在它之外和之内它均没有主人"——人们可以这样说。

设想这样一幅风景画，一处幻想的风景，在其内有一所房子——并且有一个人问道："这所房子属于谁？"——顺便提一下，对此的回答可以是："属于那个坐在房前长椅上的农夫。"但是,这时这个人不能比如走进他的房子。

399. 人们也可以说：视觉屋的所有者必定是与它本质相同的；但是,他既不处于它之内,也没有一个外部。

400. 那个看起来似乎发现了"视觉屋"的人所找到的是一种新的说话方式,一种新的比较；人们也可以说,是一种新的感觉。

401. 你将这种新的看法释作对于一种新的对象的看到。你将你所做的一个语法动作释作你所观察到的一种准-物理现象。(想一想比如这样的问题："感觉材料是宇宙的建筑材料吗？")

但是,我的表达式并非是无可指摘的：你做了一个"语法"动作。你首先发现了一种新的看法。因此,好似你发明了一种新的画法；或者,也如发明了一种新的韵律,或者一种新的唱法。——

402. "虽然我说'现在我具有如此这般的心象',但是'我具有'这些词仅仅是为**另一个人**提供的符号；心象世界**完全**表现在心象的描述之中了。"——你的意思是：这个"我具有"类似于一声"现在请注意！"你倾向于说,真正说来它应当以别的方式来表达。比如,以这样简单的方式：人们用手做出一个手势,然后进行描述。——像在这里这样,当我们不同意我们的日常的语言的诸表达式时(它们当然在尽职尽责地工作),我们的大脑中便出现了一幅与由日常的表达方式引起的图像相冲突的图像。而我们却企图说：我们的表达方式没有如实地描述事实。情况好像这样：比如,"他具有疼"这个命题还可以以不同于如下方式的其它方式成为假的：这个人**不**具有疼。好像：尽管我们出于不得已而使用的这个命题断言了某种正确的东西,但是这种表达形式却说出了某种错误的东西。

因为唯心论者、唯我论者和实在论者之间的诸多争论看起来的确就是**这样**的。一些人以这样的方式攻击通常的表达形式,即好像他们在攻击一个断言;另一些人以这样的方式维护它,即好像他们在断定每一个有理性的人都承认的事实。

403. 如果我将"疼"这个词完全用在我迄今称为"我的疼"的东西,其他人称为"路德维希·维特根斯坦的疼"的东西,这时只要预先给出了这样一个记号系统,在其中"疼"这个词在其它结合中的缺失以某种方式得到了弥补,那么其他人并没有因此受到不公正的待遇。于是,其他人还是会得到怜悯,会得到医生的治疗,等等。如下说法当然也**绝不**构成对于这种表达方式的反对:"但是,其他人当然恰恰具有你所具有的东西!"

但是,这时我从这种新的表现方式得到了什么?什么也没有得到。不过,当唯我论者维护其观点时,他肯定也没有**想着**要得到什么实际的好处。

404. "当我说'我具有疼'时,我并没有指向这样一个人——他具有疼,因为从某种意义上说,我根本不知道**谁**具有它。"这样说是可以得到辩护的。因为首先:我的确并没有说,某某人具有疼,而是说"我具有……"。借此我当然没有命名任何人。正如我并没有经由如下事情而命名任何人一样:我因疼而**呻吟**。尽管其他人从呻吟中看出了谁具有疼。

那么,知道**谁**具有疼的意义究竟是什么?它的意思是,比如:

知道了这个房间里的哪个人具有疼;因此,站在那边的那个人,或者站在这个角落里的那个人,那边那个长着金黄色头发、个子很高的人,等等。——我的目的是什么? 它是这样的:存在着非常不同的人的"**同一性**"标准。

那么,这些标准中的哪一个使得我说"**我**"具有疼? 任何一个都不是。

405. "但是,当你说'我具有疼'时,你无论如何想要将其他人的注意力引向一个特定的人。"——答案可以是:不;我只是想要将其引向**我**。——

406. "但是,你当然要借助于'我具有……'这样的话将**你**与**另外一个人**区别开来。"——在所有情况下人们都能够这样说吗? 即使在我仅仅呻吟的时候人们也能够这样说吗? 即使我"要区别开"我与另外一个人——因此我就要区别开路德维希·维特根斯坦与某某人这两个人吗?

407. 人们可以设想,某个人呻吟着说:"有一个人具有疼——我不知道是谁!"——听到这句话后,人们赶紧过来帮助他,那个呻吟的人。

408. "你当然不怀疑,是否你具有疼还是另外一个人具有疼!"——"我不知道,是否我具有疼还是另外一个人具有疼"这个命题是一个逻辑积,它的因子之一为:"我不知道,我是否具有疼"——这绝不是一个有意义的命题。

409. 设想包括我在内的许多人站成一个圆圈。有人在我们都未能看见的情况下将我们中的某一个人(一次是这个人,一次是那个人)与一部起电机的诸极连接在一起。我观察着其他人的脸部,力图识别出我们中的哪一个人现在正好被接上了电源。——假定有一次我说:"现在我**知道**谁现在被接上电源了;即**我**被接上电源了。"在这种意义上,我也会说:"现在我知道谁感受到了电击;即我。"这是一种有些奇怪的表达方式。——但是,在此我假定,即使在其他人被接上电源的情况下我也感受到电击,这时"现在我知道谁……"这种表达方式便完全不适当了。它不属于这个游戏。

410. "我"并没有命名任何人,"这里"并没有命名任何地方,"这个"并不是任何名称。不过,它们与名称具有关联。名称是借助于它们得到解释的。如下之点也是真的:物理学的刻画特征是它不运用这些语词。

411. 请思考:这些问题如何能够得到应用,而且如何能够得到决断:

(1)"这些书是**我的**书吗?"

(2)"这只脚是**我的**脚吗?"

(3)"这个身体是**我的**身体吗?"

(4)"这个感觉是**我的**感觉吗?"

这些问题中的每一个都具有实践的(非哲学的)应用。

就(2)来说:设想这样的情形,在其中我的脚被麻醉了或者瘫痪了。在某些情况下这个问题可以经由如下方式来决断:确定我是否在这只脚中感觉到疼。

就(3)来说:在此人们可以指向镜子中的一幅图像。不过,在某些情况下人们可以触摸着一个身体并且提出这样的问题。在另一些情况下它的意义同于如下问题的意义:"我的身体看起来是**这样的**吗?"

就(4)来说:究竟哪一个东西是**这个**感觉? 也即:在此人们如何运用这个指示代词? 人们当然是以不同于比如第一个例子中的方式运用它的! 在此人们之所以误入歧途,这再一次是因为如下事实:人们幻想,一个人经由将其注意力引向一个感觉的方式来指向它。

412. 关于意识和脑过程之间的鸿沟的不可逾越性的感受①:这种感受为何没有进入日常生活的考虑之列? 这种关于种类差异的观念与一种轻微的眩晕联系在一起,——当我们表演逻辑绝活时,就会出现这样的眩晕。(在集合论的某些定理那里我们受到了同样的眩晕的袭击。)在我们的情形中这种感受是何时出现的? 好的,它是这样的时候出现的:我将比如我的注意力以某种方式引向我的意识并且与此同时吃惊地说:**这个**竟然是由一个大脑过程产生的! ——在此期间我似乎摸着我的额头。——但是,如下说法可能意味着什么:"将我的注意力引向我的意识"? 当然没有比存在着这样的事情这点更为令人奇怪的了! 被我如此称谓的东西(因为这句话的确并没有在日常生活中得到应用)是一种看的行为。我直勾勾地看着我的前方——但是并**没有**看着任何一个特定的地点或特定的对象。我的双眼大睁,我的眉头未曾皱在一起(与

---

① 这里维特根斯坦想到的是詹姆斯相关观点,请参见:W. James, *The Principles of Psychology*, Cambridge, Mass.: Harvard University Press, 1983, pp. 138, 149-150。

此相反,当我对一个特定的对象感兴趣时,大多数情况下我总是双眉紧蹙)。没有任何这样的兴趣发生在这样的看之前。我的目光是"茫然的";或者类似于这样一个人的目光,他对天空的明亮感到惊异,并沉浸于这种光亮之中。

现在,请考虑这点:在我作为悖论而说出的那个命题(**这个是由一个大脑过程产生的!**)之中不存在任何悖谬之处。我本来可以在这样一个实验的过程说出它,其目的是表明,我所看到的照明效果是由对一个特定的大脑部分的刺激而产生的。——但是,我并非是在这样的环境中说出这个命题的——在其中它本来具有一种日常的且非悖谬的意义。而且,我的注意力不是属于会合乎这个实验那种类型的注意力。(否则,我的目光本来会是"专注的",而非"茫然的"。)

413. 在此我们便拥有了这样一种内省的情形;它并非不同于那种詹姆斯借以得到如下结论的内省:"自我"主要是由"发生于头部之内以及头部和喉部之间的诸独特的运动"构成的。詹姆斯的内省所表明的东西并不是"自我"这个词的意义(在其意谓某种类似于"个人"、"人"、"他自己"、"我自己"这样的东西的范围内),也不是对于这样一个存在物的一种分析,而是这样一个哲学家的那种注意状态,他向自己说出"自我"这个词并且要分析其意义。(由此人们可以学到许多东西。)[1]

414. 你认为你必定是在织一件衣料:因为你坐在一架织机前

---

[1] 关于詹姆斯的相关观点,请参见上引书,pp. 284-285,288。

面——尽管这架织机上空空如也——并且做着织布的动作。

415. 我们所提供的真正说来是有关人类的自然史的评论;不过,它们不是稀奇古怪的论断,而是这样的断言,没有人怀疑过它们,而人们之所以没有注意到它们,仅仅是因为它们始终处在我们眼前。

416. "人们一致地说:他们看到,听到,感觉到,等等(尽管一些人是瞎的,另一些人是聋的)。因此,他们自己为自己作证,他们具有**意识**。"——但是,这多么奇怪!当我说"我具有意识"时,真正说来我在向谁做出一个报告?人们向我说出这点的目的是什么,而且另一个人如何理解我?——好了,诸如"我看到","我听到","我是有意识的"这样的命题的确是有其用处的。我向医生说"现在我又用这只耳朵听了";对认为我失去了知觉的那个人,我说"我又具有意识了",等等。

417. 因此,情况是这样的吗:我观察自己并且知觉到,我看到什么,或者是有意识的?为什么谈及观察!为什么不简单地说"我知觉到我是有意识的"?——但是,"我知觉到"这些词在此的作用是什么?——为什么不说"我是有意识的"?——不过,"我知觉到"这些词在此难道不是表明了我注意到了我的意识吗?通常情况可不是这样的。——如果情况如此,那么"我知觉到,……"这些词并非说出了我是有意识的这点,而是说出了我的注意力具有如此这般的倾向性这点。

但是,难道不是一种特定的经验使得我说出"我又具有意识了"吗?——**哪一种**经验?在什么样的情形下我们这样说?

418. 我具有意识这点是一个经验事实吗？——

但是，难道人们不是针对一个人说他具有意识；而针对树木或者石头说它们不具有任何意识？——如果事情是其它样子的，情况会怎样？——这时所有人便都是无意识的了吗？——非也；在这个词的通常的意义上，情况不是这样的。不过，比如，这时我将不具有意识——正如我现在事实上具有它一样。

419. 在什么样的情况下我会说一个部落有一个**酋长**？这个酋长当然必须具有**意识**。他当然不应该不具有意识！

420. 但是，难道我不能设想我周围的人均是自动机，均没有意识，即使其行为方式一仍其旧？——如果我现在——独自一人待在屋子里——想象这点，我看着人们目光呆滞地（比如与在神志恍惚时一样）从事着他们的日常事务——那么这种想法或许稍微有点儿令人毛骨悚然。不过，现在请再试着在日常交往中，比如走在大街上时，坚持这种想法！比如向你自己说："那里的孩子们是单纯的自动机；他们的所有生命活力都纯然是自动机式的。"这样的话或者对于你来说完全没有说出什么；或者你将在你之内产生比如一种毛骨悚然的感受，或者诸如此类的感受。

将一个活蹦乱跳的人看成自动机，这类似于将一个图形看成另一个图形的极限情形或者变异形式，比如将窗户上的十字梃架看成卍字饰。

421. 我们觉得如下做法具有悖谬性质：在**一个**报道中我们将身体状态和意识状态彼此混杂在一起："他忍受着巨大的痛苦，不安地翻来翻去。"这是十分平常的说法；那么，为什么我们觉得它具有悖谬性质？因为我们想说，这个命题处理可以把握的东西和不可以把握的东西。——但是，当我说下面的话时，你在其中发现了什么不当的地方吗："这 3 个支撑物给予这个建筑物以稳定性"？三和稳定性是可以把握的吗？——将这个命题看成工具，并且将其意义看成其运用！

422. 当我相信一个人中的心灵时，我在相信什么？当我相信这种物质包含两个碳原子环时，我在相信什么？在这两种情况下一幅图像均出现在了前面，但是意义却远远地躲在后面；这也就是说，这幅图像的应用不能轻易地予以综览。

423. **确实**，所有这些事情均在你之内发生了。——现在，只是请允许我来理解我们所使用的这个表达式。——这幅图像出现在那里。对于其在特殊情形之下的有效性，我并不否认。——现在，只是允许我来进一步地理解这幅图像的应用。

424. 一幅图像出现在**那里**；我不否认其**适当性**。但是，它的应用是**什么**？想一想这样的图像，它将眼盲描画成盲人心灵中或者脑袋中的一种黑暗。

425. 因为每当在无数的情形中我们努力寻找一幅图像时，如果这幅图像找到了，那么应用之事似乎便会自行得到解决，因此，在这里我们已经拥有了一幅图像，它一再地迫使我们接受，——但是并没有帮助我们摆脱困难，实际上，这个困难恰恰刚刚开始。

比如，如果我问："我应该如何想象如下之点：**这个机制进入这个盒子之中**？"——那么一幅按照缩小的尺寸画出的图样或许可以作为回答。于是，人们可以对我说："你看见了吧，它是**这样**进入的";或许也可以这样说:"你为何对此感到吃惊?正如你**在这里**所看到的那样,那里的情况也是一样的。"——后一种说法自然没有给出进一步的解释,而只是要求我去应用人们所给予我的那幅图像。

426. 人们变戏法式地变出了一幅图像,它似乎**毫无歧义地**决定了意义。与这幅图像所示范的运用相比,实际的运用似乎是某种受到污染的东西。这里的情况又和集合论中的情况一样:这种表达方式似乎是为某个上帝安排的,他知道我们不能知道的东西;他看到了整个无穷的序列并且透视了人的意识。当然,对于我们来说,这些表达形式有如这样的主教祭服,我们虽然可以穿上它,但是我们却不能用它做很多事情,因为我们缺少那种会给予这种服装以意义和目的的真正的权力。

在对诸表达式所做的实际的运用中,我们好像在走弯路,在走小胡同;与此同时,尽管我们或许看到了宽广笔直的大路就在眼前,但是我们自然不能利用它们,因为它们被永久地封闭了。

427. "当我与他说话时,我不知道在他的额头后面发生着什么。"此时,人们所想到的不是大脑过程,而是思维过程。这幅图像需要认真地对待。我们真的想要察看这个额头后面的情况。但是,我们所意指的东西不过是我们通常也使用如下说法所意指的东西:我们想知道他在想什么。我要说:我们具有这幅生动的图像——和那种用法,它似乎与这幅图像矛盾,而且表达了心理事项。

428. "思想,这个奇特的存在物"——但是,当我们在思维时,我们并不觉得它有什么奇特。在我们思维过程中,我们并不觉得思想有什么神秘之处,而只是在我们可以说回顾过去时说出"这是如何可能的?"这样的话时候,我们才觉得它充满了神秘。如下之点是如何可能的:这个思想处理这个对象**本身**?事情似乎是这样的:好像我们借助于它捕捉住了实在。

429. 思想与实际的一致、和谐在于:当我错误地说某物是**红色的**时,它毕竟不是**红色的**。如果我要向某个人解释"这不是红色的"这个命题中出现的"红色"这个词,那么为此我指向某个红色的东西。

430. "请将一把尺子放在这个物体上;它并没有说这个物体是多长的。不如说,它本身——我要说——是死的,不能完成思想所完成的任何东西。"——事情好像是这样:我们本来想象活着的人中的本质性的事项是其外形,现在制造出了一块具有这种形状的木头,并羞愧地看着这块与一个生物没有任何相似之处的死木头。

431. "在一个命令和执行之间存在着一条鸿沟。它必须经由理解来予以弥合。"

"只有在理解之中它才意味着:我们必须做**这个**。这个**命令**——这当然只不过是一些声音、墨水线条。——"

432. 每个符号**孤立地**看似乎都是死的。**什么**给予它以生命?——它**活**在使用之中。那么,它在那里内在地就具有生命的气息吗?——或者,这种**使用**便是它的气息?

433. 当我们给出一个命令时,事情看起来可以是这样的:最后的东西,这个命令所愿望的东西,必定仍然处于未加表达的状态之中,因为在这个命令和其服从之间仍然还是存在着一条鸿沟。我愿望,比如一个人做一个特定的动作,比如举起胳膊。为了使得这点变得十分清楚起见,我向他示范了一下这个动作。直到出现下述问题之前,这幅图像似乎是没有歧义的:他如何知道,**他应当做这个动作**?——他究竟如何知道他应当如何使用这些符号——无论我给他哪些符号?——现在,我或许会努力用进一步的符号来补充这个命令,方式是:我将手从我指向另一个人,做出鼓励的手势,等等。在此,这个命令似乎开始变得结结巴巴了。

好像符号努力借助于不可靠的手段在我们之内引起一种理解。但是,当我们现在理解它时,我们用什么样的符号做到这点?

434. **手势力图**预先构成什么——人们想说——但是它不能做到这点。

435. 当人们提出"一个命题如何做到这点:它表现什么?"这个问题时——回答可以是:"难道你不知道吗?当你利用它时,你肯定看到了这点。"的确没有什么被隐藏起来了。

一个命题如何做到这点?——难道你不知道这点吗?的确没有什么被掩盖起来了。

但是,针对"你肯定知道一个命题是如何做到这点的,的确没有什么被隐藏起来了"这个回答,人们想反驳说:"是的,但是一切都那么快速地从旁边流逝过去了,而我想看到它们好比说更为平铺地分散摆在面前。"

436. 在此人们容易陷入哲学研究中的这样的死胡同,在那里人们相信,任务的困难之处在于:我们应当去描述难以捕捉的现象,在快速地溜走的现在的经验,或者诸如此类的东西。在那里,日常语言似乎太粗糙,事情看起来是这样:与我们相关的似乎不是人们日常所谈论的那些现象,而是"这样的易逝的现象,它们在出没过程中近似地生产出前一些现象"。

(奥古斯丁:这些惯用法都极为平常和平凡。然而,它们深邃难解,解答的发现是新鲜的事情。①)

437. 一个愿望似乎已经知道了将要或者会实现它的东西;一个命题,一个思想,似乎已经知道了使其成为真的东西——即使这个东西根本还没有出现在那里!那么,这种对于还没有出现在那里的东西的**决定**来自于哪里?这种专断的要求来自于哪里?("逻辑的必须的坚硬性。"②)

438. "一个计划作为计划是某种未得到满足的东西。"(正如一个愿望、一个期待、一个猜测等等一样。)

在此我的意思是:一个期待是未得到满足的,因为它是对于某种东西的期待;一种信念、一个意见是未得到满足的,因为它是这样的意见:某事是实际情况,是某种实际的东西,是认为过程之外

---

① 这段话引自于奥古斯丁《忏悔录》XI/xxii(28)节。维特根斯坦给出的是拉丁原文。我的译文基于如下英文译本:*Confessions*, tr. H. Chadwick, Oxford: Oxford University Press,1992, p. 237。

② 参见《哲学语法》,第一部分§35;《数学基础研究》,韩林合译,商务印书馆,2013年,第二部分§121,第三部分§§259-260。

的某种东西。①

439. 在什么范围内人们可以说愿望、期待、相信等等是"未得到满足的"？什么是我们的未得到满足的原型？它是一个空的空间吗？人们会针对一个这样的空间说它是未得到满足的吗？难道这不也是一个隐喻吗？——我们称为未得到满足的东西难道不是一种感受吗，——比如饥饿？

在一个特定的表达系统中我们可以借助于"得到了满足"和"未得到满足"这样的语词来描述一个对象。比如，当我们做出了如下规定时：将空心圆柱体称为"未得到满足的圆柱体"，将填充它的实心圆柱体称为"它的满足"。

440. 说"我很想要一个苹果"并非意味着：我相信，一个苹果将会终止我的未得到满足的感受。**后一个**命题绝不是愿望的表露，而是未得到满足的表露。

441. 我们按照本性并且经由特定的训练、教育具有这样的倾向：在某些情形之下我们给出愿望的表露。（一个这样的"情形"自然不是**愿望**。）在这样的游戏中如下问题根本不可能出现：在我的愿望得到实现之前我是否知道我所愿望发生的事情。而且，一个事件终止了我的愿望并非意味着它实现了这个愿望。假定我的愿望得到了满足，我或许并没有得到满足。

另一方面，"愿望"这个词也以这样的方式被使用："我自己并

---

① "意见"德文为"Meinung"，"认为过程"德文为"Vorgang des Meinens"。在此，后者也可译作"意指过程"。请比较§95。

不知道我愿望发生的事情。"("因为愿望向我们自己掩盖了所愿望的事情。"①)

假定人们提出如下问题,情况如何:"在我得到我要拿到的东西之前,我知道我要拿到的是什么东西吗?"②如果我学会了说话,那么我便知道它。

442. 我看到一个人在拿着枪瞄准,并且说道:"我期待一声枪响。"射击发生了。——正如你所期待的那样;因此,这声枪响以某种方式已经存在于你的期待之中了吗? 或者,情况是这样:你的期待只是在其它方面与所出现的东西一致;这个噪声并没有包含在你的期待之中,而是仅仅作为附带物在期待实现时跟着来到的?——但是,事情不是这样的,如果这个噪声没有出现,那么我的期待便没有得到实现;这个噪声实现了它;它并非是跟着这种实现来到的,好像第二个客人跟着我所期待的那个客人来到一样。——结果事件中还没有出现在期待之中的东西是一种附带物,一种命运的赠品吗?——但是,如果这样,那么还有什么**不是**赠品呢? 那么,这个射击中的某种东西已经出现在我的期待之中

---

① 这句话德文为:"Denn die Wünsche verhüllen uns selbst das Gewünschte",引自 Johann Wolfgang von Goethe, *Hermann und Dorothea*, Fünfter Gesang, "Polyhymnia. Der Weltbürger"。中译文请参见:《歌德文集》,第 9 卷,北京:人民文学出版社, 1999 年,第 149 页。

② 这句话的德文原文为:"Weiß ich, wonach ich lange, ehe ich es erhalte?"其所表达的意义与此处的上下文不太适合。或许,"lange"为"verlange"之笔误(或口误),这样,中译应为:"在我得到我所渴望的东西之前,我知道我所渴望的是什么东西吗?"(参见哈克和舒尔特的评论,载于 *Philosophical Investigations*, reivsed fourth edition by P. M. Hacker and J. Schulte, p. 257)当然,情况也可能是这样的:维特根斯坦受到了相关的英语表达形式"long for"(意为"渴望")的误导。

了吗？——究竟什么**会是**赠品，——因为，难道我不是在期待整个射击吗？

"这声枪响没有我所期待的那样大。"——"因此，在你的期待中出现的是一个更大的枪声吗？"

443. "你所想象的红色与你面前所看到的东西当然不是同一个东西（不是相同的事物）；那么，你如何能够说它就是你所想象的东西？"——但是，在如下两个命题中情况难道不是类似的吗："这里有一个红色的斑点"和"这里没有红色的斑点"？在这两个命题中都出现了"红色"这个词；因此，这个词不可能表明了某种红色的东西的存在。

444. 人们或许有这样的感受：在"我期待他来"这个命题中，人们是以一种不同于其在"他来"这个断言中的意义来使用"他来"这些词的。但是，如果情况是这样的，那么我如何能够谈论说：我的期待实现了？如果我要解释"他"和"来"这两个词，比如说经由实指解释，那么关于这些词的相同的解释将适用于这两个命题。

但是，现在人们会问道：当他来了时，情况看起来是什么样的？——门开了，某个人走进来，等等。——当我期待他来时，情况看起来是什么样的？——我在房间里走来走去，不时看一下表，等等。——但是，其中的一个过程可是与另一个过程没有任何类似之处！那么，为什么人们能够用相同的语词来描述它们？——不过，现在在来回走动过程中我或许说："我期待他走进来。"现在便出现了一种类似性。但是，它是一种什么样的类似性？！

445. 在语言中期待和实现发生接触。

446. 如下说法是可笑的："一个过程发生时看起来的样子不同于其没有发生时看起来的样子。"或者："一个红色的斑点出现在这里时看起来的样子不同于其没有出现在这里时看起来的样子——但是语言放弃了这种区别，因为它谈论一个红色的斑点，而不论其出现在这里与否。"

447. 这种感受是这样的：一个否定着的命题为了否定一个命题，似乎必须首先在某种意义上使其成为真的。

（对一个否定着的命题的断定包含着被否定的命题，但是并没有包含着其断定。）

448. "当我说我今天晚上**没有**做梦时，我的确一定知道我应该到哪里寻找梦；这也就是说，'我做梦了'这个命题在应用于实际的情形时当是假的，但是不应是没有任何意义的。"——因此，这种说法的意思是这样的吗：你的确感觉到了某种东西，可以说某个梦的暗示，它使你意识到了某个梦本来可以出现于其上的那个位置？

或者：当我说"我在胳膊里不具有疼"时，这样的说法的意思是这样的吗：我具有某种疼的感觉的影子，后者可以说暗示了这个疼可以出现于其上的那个位置？

在什么程度上现在的无疼的状态包含着疼的可能性？

当一个人这样说时："'疼'这个词为了具有意义，事情必须是这样的：当疼出现时，人们将疼认作疼"——人们可以回答说："这并不比如下事情更为必要：人们认出疼的缺乏。"

449. "但是，难道我不是必须知道，当我具有疼时，情况会是什么样子的吗？"——人们没有忘掉如下之点：即一个命题的利用在于针对每一个语词人们都想象某种东西。

人们没有考虑到如下情况：人们使用语词进行**计算**、运算，随着时间的推移将其转运成这幅或那幅图像。——这就好像人们相信，比如，一个人应当递交给我的用来买一头奶牛的手写的汇票必须始终由一个关于这头奶牛的心象伴随着，以便这个汇票不至于失去其意义。

450. 知道某个人看起来如何：能够想象这点——但是还有：能够**模仿**它。为了模仿它，人们就必须想象它吗？难道模仿它不是与想象它同样强烈吗？

451. 当我向一个人下达如下命令时，情况如何："请你想象这里有一个红色的圆圈！"——现在我说：理解这个命令就意味着，知道当其得到了执行时，情况是什么样子的——甚至说：能够想象，当其得到了执行时，情况是什么样子的？

452. 我要说："如果一个人能够看到这个期待、这个精神过程，那么他必定看到了所期待的**东西**。"——但是，事情的确也是这样的：谁看到了期待的表达，谁便看到了所期待的东西。人们如何能够以其它的方式，在另一种意义上，看到它？

453. 谁知觉到了我的期待，谁便必定直接知觉到了所期待的**东西**。这也就是说：并非是从所知觉到的过程中**推演**出它的！——不过，说一个人知觉到期待，这**没有任何意义**。除非它的意义是比如这样的：他知觉到了这个期待的表达。针对期待者说他知觉到了这个期待，而不说他在期待，这是对表达式的愚蠢的曲解。

454. "一切均已经存在于……之中。"情况是如何成为这样的:**箭头→进行指向**?① 难道事情看起来不是这样吗:它已经将它自身之外的某种东西带在身上? ——"不是这样的,不是死的线条;而是只有心理的东西、意义,才能做到这点。"——这样说既对又错。一个箭头只有在一个生物对其所做的应用中才指向什么。

这种指向**不是**一种只有心灵才能完成的魔术。

455. 我们要说:"当我们意指时,在此绝没有死寂的图像(无论它是什么样的);相反,事情好像是我们在走向某个人。我们在走向那个被意指的人。"

456. "当人们意指什么时,人们自己意指什么";因此,人们自己移动自己。人们自己向前猛冲,因此不能同时观察这个猛冲。肯定不能。

457. 是的;意指有如这种情形:人们走向某个人。

458. "一个命令命令了其服从。"因此,在其服从出现于那里之前它就已经知道了它? ——不过,这是一个语法命题,并且它说的是:如果一个命令具有"做如此这般的事情!"这样的形式,那么人们便将"做如此这般的事情"称为对于这个命令的服从。

459. 我们说"这个命令命令**这个**——"并且做这个;但是也说:"这个命令命令这个:我应当……"。我们有时将其翻译成一个命题,有时将其翻译成一个演示,并且有时将其翻译成一个行为。

---

① TSS 227a 和 227b 中均无箭头符号,依手稿来源 MS 128:12 补入。

460. 关于一个行动之为对一个命令的服从的辩护可以这样来进行吗:"你说'给我带一朵黄色的花来',在我听到这句话后,这里的这朵花让我产生了一种满足感,因此我便将它带来了"? 在此难道人们不是必须要做出这样的回答吗:"我当然没有吩咐你给我带这样一朵花来,在你听到我的话后,它将让你产生这样一种感受!"?

461. 究竟在什么样范围内一个命令预见了那个执行?——经由如下方式:它现在命令做**那件**后来得到了执行的**事情**?——但是,你可是必须说:"后来得到了执行或者没有得到执行的事情。"显然,这并没有说出任何东西。

"但是,即使我的愿望没有决定事情将是什么样子的,可以说,它的确决定了一个事实的主题;而无论这个事实现在是否就实现了这个愿望。"好比说,令我们感到奇怪的,不是一个人知道将来这点,而是他竟然能够(正确地或错误地)预言什么。

好像单纯的预言,无论其正确与否,已经预示了将来的某种影子;与此同时,它对将来一无所知,而且不可能知道的比无更少。

462. 当他不在那里时,我能寻找他,但是,当他不在那里时,我不能绞死他。

人们可能要说:"在我寻找他时,他也必定已经在那里了。"——于是,即使我没有发现这个人,他也必定已经在那里了,甚至于即使他根本不存在,他也必定已经在那里了。

463. "你在寻找**他**?你甚至于都不能知道他是否在那里!"——不过,这样的问题**真的**出现在数学中的寻找之中。比如,人们可能提出这样的问题:即使仅仅**寻找**一个角的三等分,这究竟是如何可能的?

464. 我要教给人们的是:由一种不明显的胡话转为一种明显的胡话。

465. "一个期待是以这样的方式做成的,即无论出现的是什么东西,它们必定均与它一致或者不一致。"

如果现在人们提出这样的问题:事实是否因此便经由一个期待以是或否的方式被决定了?——也即,如下之点被确定下来了吗:在什么样的意义上这个期待经由一个事件(无论所发生的是什么样的事件)回答了?那么人们必须这样来回答:"是的;除非这个期待的表达是不确定的,比如,它包含着一个由不同的可能情况构成的析取。"

466. 人们为了什么而思维?这有什么用处——他们为什么**计算**蒸汽锅炉而不是让其壁的厚度听其自然?如下事实当然仅仅是一个经验事实:如此计算出来的锅炉不常发生爆炸!但是,正如他无论如何也不愿将手伸进以前烧伤过他的火中一样,他无论如何也不愿不计算锅炉。——不过,由于原因引不起我们的兴趣,——所以我们将说:人们事实上思维:当他们建造一座蒸汽锅炉时,他们比如以这样的方式行事。——那么,一座以这样的方式制造出来的锅炉不可能发生爆炸吗?噢,当然会。

467. 因此,人们之所以思维,是因为思维证明是有效的吗?——因为他们认为,思维有好处?

(他们教育他们的孩子,是因为这点证明是有效的吗?)

468. 应当如何查明：人们**为什么**思维？

469. 人们当然可以说，思维已经证明是有效的。现在锅炉爆炸事件比以前少多了——自从比如锅炉壁的强度不再根据感觉来确定，而是以如此这般的方式计算出来以后。或者，自从人们用一个工程师的计算来核对另一个工程师所做的每一个计算以来。

470. 因此，人们**有时**之所以思维，是因为它证明是有效的。

471. 事情常常是这样的：只有当我们将"为什么"的问题压制下去，我们才会意识到重要的**事实**；然后，这些事实在我们的研究中导向一个答案。

472. 关于所发生的事情的齐一性的信念的本性在这样的情形中或许是最为清楚的，在其中我们感觉到对于所期待的事项的恐惧。没有任何事项能够使得我将我的手伸进火苗之中，——尽管我的确**只是在**过去被烧伤过。

473. 火会烧伤我这个信念属于如下类型的恐惧：它会烧伤我。

474. 当我将手伸进火里时，我会被火烧伤：这点就是确信。
这也就是说，在此我们看到了确信意谓什么。（不仅仅看到了"确信"这个词意谓什么，而且看清了确信到底是怎么一回事儿。）

475. 在问到一个假设的根据时，人们**想起**这些根据。在此所发生的事情同于如下场合所发生的事情吗：此时人们思考一个事件的原因可能是什么？

476. 我们要区分开惧怕的对象和惧怕的原因。
因此，将惧怕或欣喜注入给我们的那副面孔（惧怕、欣喜的对象)并不是其原因,而是——人们可以说——其方向。

477. "为什么你相信当接触到炽热的炉底板时你会烫伤自己?"——对于这个信念,你有根据吗;而且,你需要根据吗?

478. 对于如下假设,我有什么样的根据:当我的手指碰到这个桌子时,它将感受到一个阻力?对于如下信念,我有什么样的根据:这支铅笔并非可以不令我疼痛地穿过我的手?——当我问及这点时,会有成百的根据报上名来,它们彼此几乎不想给对方以表达出来的机会。"我自己可是无数次地经历过这件事;而且,同样经常地听到类似的经验;如果情况不是这样的,那么……;等等。"

479. "基于哪些根据你相信这点"这个问题可以意味着:"从哪些根据你现在推导出了这点(你现在推导出了这点吗)?"但是也可以意味着:"你事后可以给我为这个假定提供哪些根据?"

480. 因此,事实上,人们可以将一个意见的"根据"理解为仅仅指一个人达到这样的意见之前向自己说的话。他事实上所进行的计算。这时,如果一个人提问说:但是,以前的经验如何**能够**是如此这般的事情稍后将要发生这样的假设的根据?——那么回答是:关于这样一种假设,我们究竟具有什么样的关于其的根据的一般的概念?我们恰恰将这种关于过去的情况的陈述称为这个事情在将来会发生这个假设的根据。——如果人们对我们玩这样一种游戏这点感到惊奇,那么我便援引一种过去的经验的**结果**(援引这样的事实:一个被烧伤过的小孩惧怕火)。

481. 如果谁说关于过去情况的陈述无法让他深信某种事情

将来会发生,——那么我不理解他。人们可以问他:你究竟想听到什么?你将什么样的陈述称为相信这点的根据?你究竟将什么称为"深信"?你在期待什么样的深信?——如果**这些**绝不是根据,那么究竟什么是根据?——如果你说这些绝不是根据,那么你当然必须能够说明,为了能够正当地说存在着我们的假设的根据,情况必须是什么样的。

因为我们应当注意如下之点:在此根据不是这样的命题,所相信的东西逻辑地从其中得出。

但是,情况并非如此:好像人们可以说,与知道相比,对于相信来说,恰恰更少的东西就足够了。——因为此处所关涉到的并非是对于逻辑的得出的接近问题。

482. 我们受到了下面这个表达方式的误导:"这个根据是好的,因为它使得那个事件的出现变得非常可能了。"在此,我们好像就这个根据说出了进一步的东西,证明它是根据的东西;然而,通过这个根据使得那个事件的出现非常可能了这句话你并没有说出任何东西,除非其意思是:这个根据符合一个关于好的根据的特定的尺度,——但是,这个尺度并没有任何根据!

483. 一个好的根据是一个看起来**如此**的根据。

484. 人们想说:"只是因为如下原因它才是一个好的根据,即它**真**的使得这个出现变得非常可能了。"因为,可以说,它对那个事件真的具有一种影响;进而仿佛是具有一种经验上的影响。

485. 借助于经验而做的辩护是有尽头的。如果它没有任何尽头,那么它便不是什么辩护。

486. 那里有一把椅子这点**得自**于我所接受到的感觉印象吗？——一个**命题**如何能够得自于感觉印象？那么,它得自于描述那些感觉印象的那些命题吗？不。——但是,我难道不是从印象,从感觉材料,推演出一把椅子放在那里这点的吗？——我没有抽引出任何结论！有时我的确抽引出结论。比如,我看到一张相片并且说"因此,在那里必定存在过一把椅子",或者还说"从人们在那里所看到的东西,我推断出那里有一把椅子"。这是一个推理；但是绝不是逻辑的推理。一个推理是导致一个断言的过渡；因此,也是导致与这个断言相应的行为的过渡。"我抽引出这些结论"——不仅仅在语词上,而且也在行动上。

我有权利抽引出这样的结论吗？在此,人们将什么东西**称作**权利？——"权利"这个词是如何被使用的？请描述一下诸语言游戏！从它们我们也能够得知有权利这点的重要性。

487. "我离开房间,是因为你下了这样的命令。"

"我离开房间,不过,这并不是因为你下了这样的命令。"

这个命题**在描述**我的行动与他的命令之间的一种关联吗？或者,它在建立这种关联？

人们可以这样问吗："你是从哪里知道如下之点的：你是因为这个而这样做的,或者不是因为这个而这样做的?"答案竟然是这样的吗："我感受到这点"?

488. 我如何判断事情是否是如此？根据间接证据吗？

489. 请问一下你自己：在什么样的场合、为了什么样的目的,我们这样说？

什么样的行动方式伴随着这些话？（请想一下问候！）它们是在什么样的场景下被使用的；而且为了什么？

490. 我如何知道如下之点：**这个思路**引导我做出了这个行动？——好了，它是一幅特定的图像：比如，在一个实验性的研究中受到一种计算的引导做进一步的实验。事情看起来**是这样的**——现在，我可以描述出一个例子。

491. 不要说："没有语言，我们彼此不能进行交流"——但是可以说：没有语言，我们不能以如此这般的方式影响其他人；我们不能修建道路、制造机器，等等。而且，也可以说：如果不使用言语和文字，那么人们不能与他人进行交流。

492. 发明一种语言可以意味着根据自然律（或者以与它们一致的方式）为了特定的目的发明一个装置；但是，它也具有另一种意义，一种类似于这样的意义的意义，即在这种意义上，我们谈论一个游戏的发明。

在此我通过如下方式断言了有关"语言"这个词的语法的某种东西：我将其与"发明"这个词的语法联系起来。

493. 人们说："一只公鸡通过其鸣叫将母鸡召唤过来"——但是，与我们的语言的比较难道不是已经构成了这种说法的基础吗？——如果我们想象，经由某种物理的作用这种鸣叫使得母鸡动起来，那么视角不是就被完全改变了吗？

但是，如果人们说明了，"到我这里来！"这些词是以什么样的方式对所说到的人起作用的，以至于最后在某些条件下他的腿部肌肉受到了神经支配，等等——那么对于我们来说那个命题因此便失去了命题的特征吗？

494. 我要说：我们的日常语言、我们的语词语言的装置**首先**是我们称为"语言"的东西；然后我们才根据其与它的类比或可比较性而将其它的东西称为"语言"。

495. 显然，我可以经由经验确定，一个人（或者动物）对于一个符号像我所意欲的那样做出反应，对于另一个符号则不这样做出反应。比如，一个人按照符号"→"向右走，按照符号"←"向左走；但是，对于符号"⊶⊣"则不像对于"←"那样做出反应，等等。

我甚至于根本不用虚构任何情形，而只需要考察实际的情形，即我只能用德语来引导一个只学会了德语的人。（因为我现在将德语的学习看作这样的事情：调节一个机制来对某种影响做出反应；而且，对于我们来说，如下事情可以是无所谓的：另一个人是否是学会这个语言的，还是或许在出生时便已经以如此的方式被构造起来了，以至于对于德语的命题，他像学会了德语的通常的人那样来做出反应。）

496. 语法并没有说，语言必须如何构造起来，以便实现其目的，以便以如此这般的方式影响人们。它只是在描述而并没有以任何方式解释诸符号的用法。

497. 人们可以称语法规则是"任意的"，如果借此所要说的当是：语法的**目的**仅仅是语言的目的。

如果一个人说"如果我们的语言没有这样的语法，那么它便不能表达这些事实"——那么人们就要问一下，在此"**能**"意味着什么。

498. 当我说命令"给我把糖拿来!"和"给我把牛奶拿来!"具有意义,但是"牛奶我糖"这个组合则没有意义时,这并非意味着这个语词结合的说出没有任何结果。而且,如果现在该语词结合具有这样的结果,即另一个人眼睛盯着我并且张着嘴,那么我不会因此而将它称为这样的命令:要盯着我,等等,即使我恰恰要引起这样的结果。

499. "这个语词结合没有任何意义"这种说法将这个语词结合排除于语言范围之外了,并由此而划出了语言领域的界限。但是,当人们划出一个界限时,这可能具有各种各样的理由。当我用一个篱笆,一个线条,或者其它的东西,以某种方式将一块场地围起来时,那么这可能具有这样的目的,即不让某个人出去,或者不让其进来;但是,它也可能属于一个游戏,而游戏者应当跳过这个界限;或者,它可能指示了,一个人的地产终止在什么地方,另一个人的地产开始于什么地方;等等。因此,如果我划出一个界限,那么借此我还是没有说出我为什么划出它。

500. 如果人们说一个命题没有意义,那么并非好像是其意义没有意义。相反,一个语词结合被排除于语言之外了,被停止流通了。

501. "语言的目的是表达思想。"——因此,每一个命题的目的大概都是表达一个思想。那么,比如"下雨了"这个命题表达了哪个思想?——

502. 关于意义的问题。请比较:

"这个命题具有意义。"——"哪一个意义?"

"这个词列是一个命题。"——"哪一个命题?"

503. 如果我给予某个人一个命令,那么对于我来说给予他符号便**完全够了**。我从来不会说:这可仅仅是语词,我必须识破语词。同样,如果我向某个人问了某种事情并且他给了我一个回答(因此一个符号),那么我便满足了——这就是我所期待的东西——而不会反对说:这可是一个单纯的回答。

504. 但是,如果人们说:"我应当如何知道他所意指的东西,我可是仅仅看到了他的符号",那么我说:"他应当如何知道他所意指的东西,他可是也仅仅具有他的符号。"

505. 在我能够按照一个命令行动之前,我必须理解它吗?——肯定的! 否则,你可是不知道你要做什么。——但是,从**知道**到行动可又是一次跳跃!——

506. 一个心不在焉的人在听到命令"向右转!"之后向左转去,现在,他抓弄着额头说"啊,原来是这样——向右转"并且向右转去。——他想到了什么? 一个释义?

507. "我并非仅仅说出了这个,我还用它意指什么。"——当人们思考我们**意指**(而非单纯地说出)诸语词时发生于我们之内的事情时,我们似乎觉得这时某种东西与这些语词接合在一起,而在其它情形下它们则是在那里空转着。——好像它们可以说嵌入我们之内了。

508. 我说出一个命题:"Das Wetter ist schön"(天气真好);但是,这些词可是任意的符号——因此,我们用"a b c d"这些符号来取代它们。不过,现在,当我读到这个时,我却不能没有困难地将上面的意义与它联系在一起。——我可以说,我不习惯于说"a"而不说"das",说"b"而不说"Wetter",等等。但是,借此我要说的并非是,我不习惯于立即将"a"与"das"这个词联想起来,而是,我不习惯在"das"的位置——因此在"das"的意义上——使用"a"。(我没有掌握这个语言。)

(我不习惯于用华氏度数来测量温度。因此,一个这样的温度报告没有向我"**说出**"任何东西。)

509. 假定我们问某个人说"在什么范围内这些词是你所看到的东西的一个描述?"——而且他回答说:"我用这些词**意指**这个。"(他或许看着一处风景。)为什么"我**意指**这个……"这个回答根本就不是什么回答?

人们如何用语词**意指**人们在面前所看到的东西?

请设想,我说出了"a b c d"并且借此我意指:Das Wetter ist schön(天气真好)。也即,在说出这些符号时我具有这样的体验,通常情况下只有年复一年地在"das"的意义上使用"a"、在"Wetter"的意义上使用"b"等等的人才会具有它。——这时,"a b c d"所说的就是如下事情吗:das Wetter ist schön?

什么应当是如下事情的标准:我具有**这个体验**?

510. 请做如下尝试:说"这里很冷",并**意指**"这里很热"。你能够做到这点吗?——此时你在做什么?仅仅存在着一种做这事的方式吗?

511. 如下说法究竟意味着什么:"发现一个陈述没有任何意

义"?——而且,如下说法意味着什么:"如果我用它意指某种东西,那么它当然必定具有意义"?——如果我用它意指某种东西?——如果我用它意指**什么**?!——人们要说:一个有意义的命题是这样的命题,即人们不仅能够说出它,而且也能够思维它。

512. 人们似乎可以说:"语词语言允许无意义的语词组合,但是心象语言不允许无意义的心象。"——因此,图样语言也不允许无意义的图样?请设想存在着这样的图样,我们要按照它们来制作物体的模型。这时,一些图样有意义,一些没有意义。——假定我想象无意义的语词组合,情况如何?

513. 请考察这种表达形式:"我的书有像方程 $x^3 + 2x - 3 = 0$ 的解那么多页。"或者:"我的朋友的数目是 n,而 $n^2 + 2n + 2 = 0$。"这样的命题有意义吗?从它们不能直接看出这点。从这样的例子人们看出事情如何可能是这样的:看起来像是我们所理解的一个命题的东西却没有给出任何意义。

(这有助于澄清"理解"和"意指"概念。)

514. 一个哲学家说:他理解"我在这里"这个命题,用它意指什么,思维什么,——即使他根本就没有想起这个命题是如何、在哪一种场合下被运用的。如果我说"这朵玫瑰即使在黑暗中也是红色的",那么你就像模像样地看到了黑暗中的这种红色出现在你面前。

515. 关于黑暗中的这朵玫瑰的两幅图像。其中之一完全是黑色的;因为这朵玫瑰是不可见的。在另一幅图像中它则被详尽地画出来了，而且被黑色包围着。它们中的一个是正确的，另一个是错误的吗？难道我们不谈论黑暗中的一朵白色的玫瑰和黑暗中的一朵红色的玫瑰吗？但是，尽管如此，我们不是说它们在黑暗中是不可区别开来的吗？

516. 似乎很清楚：我们理解"Kommt die Ziffernfolge 7777 in der Entwicklung von π vor?"（数字串 7777 出现在 π 的展开式中吗？）这个问题意味着什么。它是一个德语命题；人们能够说明，415 出现在 π 的展开式中意味着什么；以及类似的东西。好了，在这样的解释抵达的范围内，人们可以说，人们理解那个问题。

517. 问题是：难道我们在我们理解了一个问题这点上不会出错吗？

因为许多数学证明恰恰引导我们说：我们**不**能想象我们曾经相信我们能够想象的东西。（比如七角形的构造。）它们引导我们修改我们当作可想象的东西的范围的东西。

518. 苏格拉底对泰阿泰德说："想象的人难道不是应当在想象**某种东西**吗？"——泰阿泰德："必然如此。"——苏格拉底："想象某种东西的人难道不是应当在想象某种实际的东西吗？"——泰阿泰德："看起来情况是这样的。"①

正在作画的人难道不是应当在描画某种东西吗？——描画某

---

① 这段话引自柏拉图对话录《泰阿泰德篇》。维特根斯坦所给出的德文译文取自施莱尔马赫的译本，载于 *Platons Werke*，Berlin：G. Reimer，1856，S. 191。其中第一句话"sollte"前少一"der"，第三句话中的"nichts"为"nicht"。

种东西的人难道不是应当在描画某种实际的东西吗?——是的,描画的对象是什么:是(比如)这幅人物画,还是这幅画所表现的那个人?

519. 人们要说:一个命令是那个按照它来执行的行动的图像;但是也是那个**应当**按照它来执行的行动的图像。

520. "即使人们将一个命题看作某个可能的基本事态的图像,并且说它表明了这个基本事态的可能性,这个命题当然最多也就能做一个手绘的或塑造的图像或者一个胶片所能做的事情;因此,无论如何它不能摆放出非实际情形。因此,什么东西被称作(逻辑上)可能的和什么东西不被这样称呼,这点完全取决于我们的语法吗?——也即被称作(逻辑上)可能的东西就是恰恰它所允许的东西吗?"——但是,这可是任意的!——它是任意的吗?——并非就每种类似于命题的结构物来说我们都知道用其做些什么,并非每种技术在我们的生活中都有一种运用,而我们在哲学中之所以有时企图将某种完全没有用的东西算作命题,这常常是因为我们没有充分地思考其应用。

521. 比较"逻辑上可能"和"化学上可能"。就一个结合物来说,如果存在着一个带有正确的化合价的结构式(比如 H-O-O-O-H),那么我们大概便可以称其为化学上可能的。这样的一个结合物自然不必是存在的;但是,在实际中与结构式 HO_2 相对应的结合物也不可能比无更少。

522. 当我们将一个命题与一幅图像进行比较时,我们必须考虑到如下之点:我们是在将其与一幅肖像(一个历史表现)进行比较,还是在将其与一幅世态画进行比较。两种比较都是有意义的。

当我审视一幅世态画时,它向我"说出了"某种东西,即使我从来不曾相信(想当然地认为),我在其上看到的人是实际的,或者在这种情景中存在着实际的人。因为,假定我这时提出如下问题,情况会如何:"它究竟向我说出了**什么东西**?"

523. "这幅图像向我说出了它自己"——我想说。这也就是说,它向我说出了某种东西这点在于它自己的结构,在于**它的**形式和颜色。(当人们说"这个音乐主题向我说出了它自己"时,这种说法意味着什么?)

524. 请不要将如下之点看成不言而喻的,而应当将其看成一个令人惊奇的事实:图像和虚构的故事给我们带来愉悦;吸引我们的精神。

("不要将其看成不言而喻的"——这意味着:要对这点感到惊异,正如对其它让你不安的东西一样。然后,成问题之处便经由如下方式而消失了,即你接受其中的一个事实,正如接受其它的事实一样。)

((由一种明显的胡话转为一种不明显的胡话。))

525. "在他说完这点以后,他便像前一天一样离开了他们。"——我理解这个命题吗?我恰恰像当我在一个报告的过程中听到它时理解它那样理解它吗?如果它孤零零地站在那里,那么我便会说我不知道它所处理的是什么。但是,我可是知道人们大概能够如何使用这个命题;我可以自己为其发明一种关联。

(众多熟悉的道路从这些语词通向各个方向。)

526. 理解一幅图像,一个图样,意味着什么?即使在此也存在着理解和不理解。即使在这里这些表达式也可能意谓不同种类的东西。这幅图像好比是一幅静物画;但是,我不理解其中的一个部分:我不能在那里看到物体,而只是看到画布上的颜色斑点。——或者,我将所有东西都看成物体,但是它们是我所不认识的对象(它们看上去像器具,但是我不知道其用法)。——另一方面,或许我认识这些对象,但是不理解——在另一种意义上——其排列。

527. 语言的一个命题的理解与音乐中一个主题的理解比人们或许相信的更加具有亲缘关系。不过,我的意思是:语言的命题的理解比人们所想的更为接近于人们通常称为音乐主题的理解的东西。为什么强度和速度恰恰要在**这条**线上活动?人们想说:"因为我知道所有这一切意味着什么。"但是,它意味着什么?我不知道如何说出它。为了进行"解释",我可以将其与某种其它的东西——具有相同的旋律(我的意思是,相同的线条)的东西——加以比较。(人们说:"难道你没有看见吗,这就好像是推导出了一个结论"或者:"这就好像是一个插曲",等等。人们如何为这样的比较提供根据?——在此存在着非常不同种类的根据。)

528. 人们可以设想存在着这样的人,他们具有某种并非完全不像语言的东西:没有词汇或语法的声音动作。("用舌头说话。"①)

529. "但是,在此什么是这些声音的意义?"——音乐中声音的意义是什么?即使我根本不愿说,这个有声动作语言必须与音乐加以比较。

530. 也可能存在着这样一种语言,在其运用中语词的"灵魂"不扮演任何角色。在其中,我们不在乎比如一个词由一个任意发明的新词来取代。

531. 我们在这样的意义上谈论一个命题的理解,即它可以经由另一个说出了相同的东西的命题来取代;但是,也在这样的意义上谈论一个命题的理解,即它不能经由任何其它的命题来取代。(正如一个音乐主题不能经由另一个音乐主题来取代一样。)

在一种情况下,这个命题的思想是不同的命题所共同具有的东西;在另一种情况下,它是只有这些词,在这些位置上,所表达的某种东西。(一首诗的理解。)

532. 因此,"理解"在此具有两种不同的意义?——我更愿意

---

① "用舌头说话"德语为"mit Zungen reden",相应名词为"Zungenrede"。相应的(拉丁化)希腊文为"glossolalia"。在此,维特根斯坦所想到的是一种在早期基督教团体和当代某些基督教教派中流行的信徒自认用以直接与上帝交谈的方式:舌头不由自主地(或者说在一种不受当事人的精神控制的外在的力量左右之下)做出各种各样的动作,发出清晰但别人难以理解的声音。请看《新约圣经》中的如下描述:

……用舌头说话的人并不是在向人说话,而是在向上帝说话;因为没有人倾听他,相反,他是在他的精神之中述说着秘密之事(……der mit Zungen redet, der redet nicht den Menschen, sondern Gott; denn ihm hört niemand zu, im Geist aber redet er die Geheimnisse)。(*Die Bibel*, nach Dr. Martin Luther's übersetzung, hrsg. von der Amerikanische Bibel Gesellschaft, 1837, 1 Korinther, 14)

说，"理解"的这些用法种类构成了其意义，构成了我的理解**概念**。

因为，**我要**将"理解"应用到所有这一切之上。

533. 但是，在那第二种情形下，人们如何能够解释这个表达式，传达理解？请问一下你自己：人们如何**引导**某个人来理解一首诗，或者一个主题？对此的回答说出了在此人们是如何解释这个意义的。

534. 在这种意义上**听**这个词。多么奇怪，有这样的事情！

被**如此**分句、如此强调、如此听到之后，这个命题便是向**这些**命题、图像、行动的过渡的开始。

((众多熟悉的道路从这些语词通向各个方向。))

535. 当我们学着将一个教会调式的结尾**感觉**成结尾时，发生了什么事情？

536. 我说："我也可以将这张（给人以恐惧的印象的）脸设想成一张勇敢的脸。"借此我想到的并非是：我能够想象，某个具有这样的脸的人如何能够比如解救另一个人的生命（人们自然可以针对每一张脸都这样想象）。我谈论的毋宁说是这张脸本身的一个面相。我想到的也并非是：我能够想象这个人能够将他的脸转变成一张通常意义上的勇敢的脸；而是：它能够按照完全确定的方式逐渐变成这样一张脸。一种脸部表情的重新解释可以比之于音乐中和音的重新解释——当我们一会儿将其感觉成向这种音调的过渡，一会儿将其感觉成向那种音调的过渡时。

537. 人们可以说"我从这张脸读出了恐惧"，但是，无论如何，恐惧与这张脸似乎都并非是单纯地被联想在一起的,被外在地联系在一起的;相反,恐惧就生存于脸部特征之中。如果脸部特征稍微改变一下,那么我们便可以谈论恐惧的一种相应的改变。如果人们问我们:"你也能够将这张脸设想成勇敢的表达吗?"——那么我们似乎不知道我们应当如何将这种勇敢安放进这些特征之中。这时,我也许说:"我不知道当这张脸是一张勇敢的脸时,这意味着什么。"但是,这样一个问题的解答看起来是什么样的?人们或许说:"好的,现在我理解它了:对于这张脸来说,可以说外部世界是无所谓的。"因此,我们已经将勇敢解释进去了。人们可能说,勇敢现在又**适合**于这张脸了。但是,在此**什么适合于什么**?

538. 下面这样的情况是相近的(尽管或许事情看起来似乎不是这样的):当我们比如对在法语中表语形容词在性上与名词是一致的这点感到惊奇并且我们向我们自己这样来解释这点时,即他们的意思是:"der Mensch ist *ein guter*"(这个人是**一个好人**)。①

539. 我看到一幅图像,它表现了一个微笑着的头部。当我一会儿将这种微笑理解成一种友善的微笑,一会儿将其理解成一种恶意的微笑时,我做了什么?难道我不是常常想象它出现于一个

---

① 德语不要求表语形容词要与作主语用的名词在性上保持一致,比如在"der Mensch ist gut"(这个人是好人)中,表语部分"gut"不需要变成"guter"。但是,法语则要求这样的一致,比如在"Cet homme est bon"(这个男人是好的)和"Cette femme est bonne"(这个女人是好的)中的"bon"和"bonne"。对此,一个初学法语的德国人会感到奇怪。不过,如果人们向他说:不妨将"der Mensch ist gut"改写成"der Mensch ist ein guter"这样的形式,并且用它来翻译法语的"Cet homme est bon",他大概就不会感到有什么奇怪的了。

友善的或者恶意的空间的和时间的环境中吗?因此,相对于这幅图像,我可以想象:微笑的人面带微笑地俯视着一个玩耍的小孩,或者也可以面带微笑地享受着一个敌人的痛苦。

经由如下途径,也不会改变此处的任何东西:我也可以经由一种更广阔的环境再次以不同的方式释义初看起来可爱的情形。——如果没有任何特殊的情况改变我的释义,那么我将把某种微笑理解成友善的,将其称为一种"友善的"微笑,并相应地做出反应。

((概率,频率。))

540. "如下之点难道不是很奇怪吗:我不应当能够思维雨马上要停了——即使没有语言制度及其整个环境?"——你要说如下之点很奇特吗:如果没有那个环境,那么你不应该能够说出这些语词并且**意指**它们?

假定某个人指着天空喊出了一串无法理解的语词。这时我们追问他,他所意指的是什么,他说,这意味着"Gottlob, es wird bald aufhören zu regnen"(谢天谢地,雨马上要停了)。他甚至还向我们解释了诸单个的语词都意谓什么。——我假定,他好像突然清醒了并且说:那个命题本来是纯然的胡话,但是对于他来说,当他说出它时,它好像是一个他所熟悉的语言的命题。(甚至于像是一个熟悉的引语。)——现在,我应当说什么?当他说出这个命题时,他没有理解它吗?难道这个命题没有随身带有其整个的意义吗?

541. 但是,那种理解和意义在于什么?在天还下着雨,但是已经开始变得明亮一些时,他指着天空,或许以一种愉快的语调说出那串声音；**稍后**，他将他的语词与那些德语词联系起来。

542. "但是，他的语词对于他来说感觉起来恰恰就像是一个他所熟知的语言的语词。"——是的；关于这点的一个标准是他后来说出了**这点**。现在，**可**不要说："我们恰恰是以完全特定的方式感受一个我们所熟悉的语言的语词的。"（这种感受的**表达**是什么？）

543. 难道我不能说：叫声、笑声充满了意义？

这大致意味着：可以从它们解读出许多东西。

544. 如果我内心的渴望说"如果他能来该有多好！"，那么这种感受给予这句话以"意义"。但是，它给予单个的词以其意义吗？

但是，在此人们也可以说：这种感受给予这句话以**真性**。此时你看到了，在此这些概念是如何汇合在一起的。（这让人想起如下问题：什么是一个数学命题的**意义**？）

545. 但是，当人们说"我**希望**他会来"时——难道这种感受没有给予"希望"这个词以其意义吗？（如下命题的情况如何："我**不**再希望他来了"？）这种感受或许给予"希望"这个词以其独特的声响；也即，它在这个声响中有其表达。——如果这种感受给予这个词以其意义，那么"意义"在此意味着：**这样的东西，即事情取决于它**。但是，事情为什么取决于这种感受？

希望是一种感受吗？（标志。）

546. 因此，我想说，"但愿他会来！"这句话是负载着我的愿望的。而且，语词可能从我们这里挣脱出来，——像一声喊叫一样。语词可能**难**于说出口：比如这样的语词，借助于它们人们放弃某种东西，或者承认一个弱点。(语词也是行为。)

547. 否定：一种"精神活动"。否定某种东西并且观察你做了什么！——你大概内在地摇一下头？如果情况是这样的——那么这种过程现在比比如将一个否定符号写进一个命题这种过程更值得我们感兴趣吗？现在，你了解了否定的**本质**了吗？

548. 如下两种过程之间的区别是什么：愿望某种事情发生——和愿望同样的事情**不**发生。

如果人们要形象地表现这个事情，人们便对关于这个事件的图像做一些不同的事情：划掉它，用线条将它圈起来，以及诸如此类的事情。但是，我们觉得，这是一种**粗糙**的表达方法。在语词语言中我们甚至于运用"不"这个符号。这就像是一个不太灵巧的权宜手段。人们认为：在**思维**中它已经以不同的方式发生了。

549. "'不'这个词如何能够进行否定?!"——"'不'这个符号暗示，你应当以否定的方式理解接下来的东西。"人们想说：否定符号是做某种事情——可能是非常复杂的事情——的诱因。否定符号好像诱导我们做什么。但是，为了什么目的？这并没有被说出来。它好像只需要被暗示一下；好像我们已经知道它了。好像解释是不必要的，因为我们本来已经了解了这个事情。

550. 人们可以说，否定是一种排斥的、拒绝的手势。不过，我们在非常不同的情形中运用这样一种手势！

551. "如下否定是**同一种**否定吗：'铁不会在摄氏 100 度熔化'和'2 乘 2 不是 5'?"应当经由反省来决定这点吗；经由这样的

方式:我们努力看一下在这两个命题的情况下我们**在思维**什么?

552. 假定我提出如下问题,情况如何:事实向我们清楚地表明了如下之点了吗:当我们说出命题"这根棍子有1米长"和"1个士兵站在这里"时,我们用"1"意指不同的东西,"1"具有不同的意义?——事实根本没有向我们表明这点。——请说出比如这样一个命题"每隔1米站着一个士兵,因此每隔2米站着2个士兵"。如果人们问"你用两个1意指的是同一个东西吗?",人们或许会回答说:"我当然意指同一个东西:1!"(与此同时人们或许将1个手指高高举起。)

553. 现在,如果"1"一次代表计量数,一次代表数目,那么它便具有不同的意义吗? 如果问题是**如此**提出的,那么人们将以肯定的方式回答它。①

554. 我们可以轻而易举地设想这样的人们,他们具有这样一种"较为原始的"逻辑,在其中仅仅对于某些命题来说才有相应于我们的否定的东西;比如对于这样的命题,即它们还不包含任何否定。人们可以否定命题"他走进了房子",但是否定命题的否定则是没有意义的,或者它仅仅被看作否定的重复。请设想一种不同于我们用以表达否定的手段的手段:比如经由命题的音高。在此,

---

① 维特根斯坦在此是在弗雷格的意义上使用"计量数"(Maßzahl)和"数目"(Anzahl)这两个词的。在弗雷格那里,前者指实数,后者指基数或自然数。前者告诉人们一个量与一个单位量(Einheitsgrösse)相比是多大的,而后者则回答了这样的问题:"存在着多少个某一种类的对象?"(参见 G. Frege, *Grundgesetze der Arithmetik*, Band II, Jena: H. Pohle, 1903, S. 155)

双重否定看起来会是什么样的？

555. 对于这些人来说否定是否具有其对于我们来说所具有的那种意义这个问题类似于这样的问题：对于其数字序列终止于5的人们来说数字"5"是否意谓其在我们这里所意谓的东西？

556. 请设想这样一个语言，它有两个不同的表示否定的词，其一为"X"，另一个为"Y"。双重的"X"给出肯定，而双重的"Y"则是一个加强的否定。在其它情况下这两个词则是以相同的方式被运用的。——那么，当"X"和"Y"没有重复地出现在命题中时，它们便具有相同的意义吗？——对此，人们可以给出不同的回答。

(a) 这两个词具有不同的用法。因此，具有不同的意义。但是，这样的命题具有相同的意义：在其中这两个词出现了，但是并非重复地出现，并且在其它方面它们具有相同的形式。

(b) 这两个词在语言游戏中具有相同的功能——除了这样一种区别而外，即它是不重要的来源方面的事项。这两个词的用法是以相同的方式，经由相同的行动、手势、图像等等，教给别人的；而且，其使用方式上的区别是作为某种次要的东西，作为语言的诸多变的特征之一种，而被附加到语词的解释之上的。因此我们将说："X"和"Y"具有相同的意义。

(c) 我们将不同的心象与这两种否定联系在一起。"X"可以说对意义做了一次180度的旋转。**因此**，两次这样的否定将意义带回到了其原来的位置。而"Y"则像是一次摇头。正如人们没有经由再次地摇头而取消了前一次摇头一样，人们也没有经由对"Y"的再次使用而取消"Y"的前一次使用。因此，尽管含有这两种否定的命题从实际的结果看是一样的，"X"和"Y"可是表达了不同的观念。

557. 在我说出双重否定时，我将其意指为加强的否定而非肯定，这点可能在于什么？绝不存在如下形式的回答："它在于如下事实，即……"不说"这种双重使用是被意指为加强的"，在某些情况下我可以将其作为加强而**说出**。不说"否定的双重使用是被意指为其取消的"，我可以放上比如括号。——"是的，不过，这些括号本身可是可以扮演不同的角色的；因为谁又说过，它们要被看成**括号**？"没有人这样说。你甚至于又使用语词对你的理解做出了解释。至于括号意谓的是什么，这点在于其应用的技术。问题是：在哪些情形中"我意指的是……"这种说法是有意义的，哪些情形授权我说"他意指的是……"。

558. 如下说法意味着什么：在命题"玫瑰是红色的"中"是"具有一种不同于其在"二乘二是四"中的意义？如果人们回答说，这意味着不同的规则适合于这两个词，那么我们要说，在此我们仅仅有**一个**词。——如果我只关注语法规则，那么这些规则恰恰允许在这两类关联中运用"是"这个词。——但是，表明"是"这个词在这些命题中具有不同的意义的那条规则就是允许在第二个命题中用同一性符号来代替"是"这个词而且禁止在第一个命题做这种替换的那条规则。

559. 人们或许想谈论这个词在**这个**命题中的功能。好像这个命题是这样一种机制，在其中这个词具有一种特定的功能。但是，这种功能在于什么？它如何显露出来？因为可是没有任何东西被隐藏起来了,我们可是看到了整个命题!这种功能必须在演算的过程中显示自身。((意义体。①))

560. "一个词的意义是意义的解释所解释的东西。"②这也就是说:如果你要理解"意义"这个词的用法,那么就查看一下人们称为"意义的解释"的东西。

561. 现在,如下之点不是令人惊奇的吗:我说"是"这个词被在两种不同的意义上加以使用(用作系词和用作同一性符号),而不想说它的意义就是它的用法:也即作为系词的用法和作为同一性符号的用法?

人们想说,这两种使用方式并非给出了**一个**③意义;同一个词兼有多种职能是一个非本质性的偶然情况。

562. 但是,我如何能够决定哪个事项是一个记号系统的一个本质性的特征,哪个事项是其非本质性的、偶然的特征?在一个记号系统之后竟然有这样一种实在吗:其语法要视它的情况而定?

我们来设想游戏中的一种类似的情形:在皇后跳棋中皇后是通过如下方式标记出来的,即人们将两个棋子摞在一起。现在,人们不是会这样说吗:对于皇后跳棋来说,一个皇后是如此标记出来的这点是非本质性的?

563. 假定我们说:一个石子(棋子)的意义就是其在游戏中的

---

① "意义体"德文为"Bedeutungskörper"。请参见《哲学语法》,§§73,77。
② 参见《哲学语法》,§§94,328。
③ 异文:"一个唯一的意义"。

角色。——现在,在每一局棋开始之前都由抽签来决定哪一个玩棋的人执白子。为此,一个玩棋的人在每一只攥紧的手中都握有一个王,另一个人则凭运气来选择两只手之一。现在,人们要将这点算作王在象棋中的角色吗:它以这样的方式被用来作抽签决定之用?

564. 因此,我倾向于在游戏中也区分出本质性的和非本质性的规则。人们想说,游戏不仅具有规则,而且也具有一个要义。

565. 为了什么目的要使用同一个词?在一个演算之中我们可绝对没有使用这种同一性!——为什么为了两个目的使用相同的棋子?——但是,在此"使用同一性"意味着什么?当我们恰恰使用同一个词时,难道这恰恰不是一种用法吗?

566. 在此,现在同一个词、同一个棋子的使用似乎具有了一个**目的**——如果这种同一性不是偶然的、非本质性的。好像这个目的是:人们能够认出这个棋子,能够知道人们要如何玩棋。——在此谈论的是一种物理的可能性,还是一种逻辑的可能性?如果是后者,那么棋子的同一性恰恰属于这个游戏。

567. 游戏可是应当经由规则确定下来的!因此,如果一条游戏规则规定王要被用来作一局棋开始之前的抽签决定之用,那么这点本质上就属于游戏。人们能够用什么来反对这点?这样:人们看不到这种规定的要义。或许有如人们也没有看到这样一条规则的要义一样:按照它,在人们移动其之前,每一个棋子都要旋转三圈。如果我们在一个棋类游戏中发现这条规则,那么我们会感到奇怪,并且会猜测这条规则的目的。("这个规定应当是为了阻止人们未加思考就走棋吗？"）

568. 如果我正确地理解了这种游戏的特征，那么我可以说这点并非本质地属于它。

（（意义，一种貌相。[①]））

569. 语言是一种工具。其概念是诸工具。现在，人们或许认为，我们运用**哪些**概念，这绝不能造成任何**重大的**区别。正如人们最终说来也可以像使用米和厘米那样使用英尺和英寸从事物理学一样；区别仅仅在于舒适性。但是，即使这点也并非是真的——如果比如一个测量体系中的计算要求比我们能够花费的时间和气力更多的时间和气力的话。

570. 概念引导我们进行研究。它们是我们的兴趣的表达，并且引导着我们的兴趣。

571. 误导人的对比：心理学处理心理领域的过程，正如物理学处理物理领域的过程一样。

看、听、思维、感受、意欲之为心理学对象的**意义**不同于物体的运动、电现象等等之为物理学对象的**意义**。这点你可以从如下事实中看出来：物理学家看、听这些现象，思考它们，将它们告诉我们，而心理学家则观察被试的**表露**（行为）。

572. 从语法上说，期待是一种状态：正如如下事项一样：具有某种意见，希望什么，知道什么，能够做什么。但是，为了理解这些

[①] 在 MS 133；39r 中，维特根斯坦写道："在一个语词的使用中我们看到**一种貌相**。"

状态的语法，人们必须问："什么被看作某个人处于这种状态之中这个事情的标准？"（硬的状态，重的状态，适合的状态。）

573. 持有一种观点是一种状态。——一种什么东西的状态？心灵的状态？精神的状态？好的，针对什么，人们说它持有一种观点？比如针对某某先生。这是正确的回答。

人们恰恰不应该期待从对这个问题的回答中得到任何启示。更为深入的问题是：在特殊的情况下我们将什么看作一个人具有某某意见这件事情的标准？什么时候我们说：他那时达到了这样的意见？什么时候：他改变了他的意见？等等。对于这些问题的回答所给予我们的那幅图像表明了在此**什么东西**从语法上说被处理成**状态**了。

574. 一个命题，因此在另一种意义上，一个思想，可以是相信、希望、期待等等的"表达"。但是，相信并不是思维。（一个语法评论。）相信、期待、希望概念彼此之间类别上的差异要小于它们与思维概念之间的类别上的差异。

575. 当我坐在这个凳子上时，我自然相信，它会承受得住我。我根本不会想到，它会散架。

但是："不管他所做的一切，我仍然坚持这样的信念，即……"在此人们做了思考，而且或许总是一再地力争得到一种特定的态度。

576. 我瞧着燃烧着的导火线，极其紧张地跟踪着火的进程以及它是如何接近爆炸材料的。我或许根本什么也没有思维，或者思维着大量不连贯的思想。这肯定是期待的一种情形。

577. 当我们相信他将过来时,我们说"我期待着他",但是我们并没有**全神贯注**于他的到来。("我期待着他"在此意味着"如果他没有来,那么我会吃惊的"——而且人们不会将这称为一个心灵状态的描述。)但是,我们也说"我期待着他"——当这应当意味着我等待他时。我们可以设想这样一种语言,在这些情形下它前后一贯地使用不同的动词。同样,在我们谈论"相信"、"希望"等等的地方,在那里也使用不止一个动词。这个语言的概念或许比我们的语言的概念更为适合于心理学的理解。

578. 问一下你自己:**相信**哥德巴赫命题意味着什么?这种信念在于什么?在于我们说出、听到或者想到这个命题时所具有的一种确信感受吗?(这引不起我们的兴趣。)这种感受的标志是什么?甚至于我也不知道,在多大程度上这种感受可能是由这个命题本身引起的。

我应该说相信是思想的一种色调吗?这种想法的来源是什么?好的,存在着相信的语调,正如存在着怀疑的语调一样。

我想问:相信如何嵌入这个命题?让我们来查看一下这种相信具有哪些后果,它将我们带到哪里。"它将我们带到对于这个命题的一种证明的寻找之上。"——好的,现在我们还是看一下你的寻找真正说来在于什么!接着,我们便将知道对于这个命题的相信是什么意思。

579. 信心感受。它如何表露于行为之中?

580. 一个"内在的过程"需要外在的标准。

581. 一个期待嵌入一个产生它的情形之中。对于一声爆炸的期待比如可以产生自这样一个情形,在其中人们**可以期待**发生一声爆炸。

582. 如果一个人不说"我每一刻都在期待着爆炸",而是低声说:"马上就要爆炸了",那么他的语词可是没有描述任何感觉;尽管它们及其语调可以是他的感受的一种表露。

583. "但是,你似乎是说真正说来我**现在**并没有在期待、在希望——当我相信我在希望时。好像**现在**发生的事情是没有深意的。"——如下说法的意义是什么:"现在所发生的事情有意义",或者"具有深意"?什么是**深刻的**感受?一个人可以感受到一秒钟长的内在的爱或希望吗——**不管**在这一秒钟之前或之后发生了**什么**?——现在所发生的事情有意义——在这个环境中。这个环境给予它以重要性。"希望"这个词涉及人类生活的一种现象。(一张微笑的嘴只是在人的脸上才**微笑**。)

584. 假定我现在坐在我的房间里并且希望某某人会带钱给我,并且这种状态中的一分钟时间可以被孤立出来,从其关联之中裁剪下来:于是,在其中所发生的事情就不是希望了吗?——请想一想比如你在这个时间内可能说出的话。它们现在不再属于这个语言了。在另一种环境下也不存在关于钱的制度。

加冕典礼是一幅豪华和威严的图像。请将这个过程中的一分钟从其环境中裁剪下来:王冠被放在穿着加冕服的国王的头上。——但是,在另一种环境之下黄金是最廉价的金属,其光泽被看成是粗俗的。加冕服的织物在那里要廉价地制造出来。王冠则是一顶体面的帽子的拙劣仿制品。等等。

585. 当一个人说"我希望他会来"时——这是一个关于他的心灵状态的**报道**,还是他的希望的一个**表露**? 我可以比如对我自己说出它。而我可是没有向我做出任何报道。它可以是一声叹息;但是不必是一声叹息。如果我向某个人说"我今天不能将我的心思放在工作上;我总是想着他的到来"——那么人们会将**这**称作一个关于我的心灵状态的描述。

586. "我听说他要来;我已经等了他一整天。"这是一个关于我如何度过这一天的报道。——在一次谈话中我达到了这样的结论:可以期待一个特定的事件的发生,而且我用下面的话来得出这个结论:"因此我现在一定要期待他的到来。"人们可以称此为这个期待的第一个思想,第一个行为。——人们可以称"我在热切地期待着他来!"这声呼喊为一个期待的行为。但是,我可以将同样的话作为一次自我观察的结果说出来,这时它或许便意味着:"因此,按照所发生的一切,我还是热切地期待着他来。"事情取决于:这句话是如何得来的?

587. 如下问题有意义吗:"你是从哪里知道你相信这个的?"——回答是这样的吗:"我是通过内省认识到这点的"?

在**一些**情况下人们可以说出这样的东西,在多数情况下人们不能这样说。

如下问题有意义吗:"我真的爱她吗? 在这点上我不是只是在自己欺骗自己吗?"而且这种内省过程就是记忆的唤醒;关于可能的情形和当……时人们会具有的诸感受的心象的唤醒。

588. "我在内心里翻来覆去地思考了明天出发的决定。"(人们可以称此为关于内心状态的描述。)——"你的理由没有使我信服;我仍然像以前一样意图明天出发。"在此人们企图将意图称为一种感受。这种感受是某种僵硬性的感受;不可更改的决定的感受。(但是,在此也存在着许多不同的刻画性的感受和态度。)人们问我:"你在这里待多长时间?"我回答说:"我明天出发;我的假期要结束了。"——但是,与此相反:在一次争论的结尾我说"那么好吧;这样,我明天出发!"我做出一个决定。

589. "我已经在我内心就此做出了决定。"与此同时,人们也倾向于指向胸脯。这种说话方式从心理学上说要认真地加以对待。它为什么应该比相信是一种心灵状态这个断言得到更不认真的对待?(路德:"相信位于左边的乳头之下。"①)

590. 情况可以是这样的:某个人是通过指向心脏的方式学习理解"认真地**意指**人们所说的话"这个表达式的意义的。但是,现在人们必须问"他学会了它这点是如何表明自身的?"

591. 我应当说,具有一种意图的人经历着一种趋向吗?存在着特定的趋向体验吗?——请回想一下这种情形:当人们在一个

---

① 可能指路德的如下布道:

因为你是一个基督徒而且令上帝满意,这样的东西并非存在于外在的生命之中,而是存在于左边的乳头之下和心脏之中。(Denn das du ein Christ seyest und Gott wolgefallest, solches ist nicht am eusserlichen leben gelegen, sonder unter dem lincken zuzen und im hertzen.) (*Dr Martin Luthers Werke*, Kritische Gesamtausgabe, Weimar: H. Böhlaus Nachfolger, Band 52, 1915, S. 63-64, 转引自 von Savigny, *Wittgensteins "Philosophische Untersuchungen": Ein Kommentar für Leser*, Band II, Abschnitte 316 bis 693, 2. völlig überarbeitete und vermehrte Auflage, Frankfurt am Main: Klostermann, 1996, S. 273。)

讨论中要急切地做出一个评论、提出一个异议时,常常发生如下事情:人们张开嘴巴,吸气并屏住呼吸;然后,人们决定放弃异议,结果人们呼出一口气。这个过程的体验显然是一种要讲话的趋向体验。观察我的人会认识到:我想要说出什么,接着做出了其它考虑。也即在**这种**情形之中。在另一种情形中他则不会以这样的方式来释义我的行为,尽管在当前的情形中对于讲话的意图来说它具有这样的刻画特征的作用。如下假定有什么根据吗:这同一种体验不可能出现在这样一种完全不同的情形中,——在其中它与一种趋向没有什么关系?

592. "但是,当你说'我具有出发的意图'时,你可是意指了它!在这里恰恰又是那种精神上的意指赋予这个命题以生命的。假定你只是跟着另一个人说出这个命题,比如为了取笑其说话的方式,那么你在说出它时便没有做出这种意指。"——当我们做哲学时,事情看起来可能常常像这样。不过,请彻底地思考真正**不同的**情形和谈话,并且考虑那个命题是如何在其中被说出的!——"我总是发现一种精神的低音;或许并非总是**同**一种低音。"——当你跟着另一个人说出那个命题时,在此就绝不存在任何低音吗?现在,如何将这种"低音"与其余的说出的体验分离开来?

593. 哲学疾病的一个主要的原因——片面的饮食:人们只用一种例子来滋养其思维。

594. "但是,语词,当其被有意义地说出时,可是不仅具有面,而且也具有一个深层维度!"当它们被有意义地说出时可是恰恰发生了某种这样的事情,它不同于当它们被单纯地说出时所发生的事情。——至于我是如何表达这点的,这无关紧要。不管我说它们在第一种情形中有深度;还是我说与此同时在我之内,在我的内心,发生着某种东西;抑或我说它们具有一种气氛——最后的结果总归是一样的。

"如果我们大家现在在此意见一致,那么它这时不就是真的了吗?"

(我不能接受另一个人的**证据**,因为它根本就不是证据。它只是向我说出了他**倾向**于说出的东西。)

595. 对于我们来说,在这种关联之中说出这个命题是自然而然的事情;而孤立地说出它则是不自然的事情。我们应当这样说吗:存在着这样一种特定的感受,它伴随着每一个这样的命题的说出,即其说出令我们感到自然?

596. "熟悉"和"自然而然"的感受。发现一种不熟悉和不自然的感受更为容易些。或者:**诸感受**。因为并非我们所不熟悉的一切东西都给我们造成一种不熟悉的印象。在此,人们必须思考我们将什么称为"不熟悉的"。我们将在路上看到的一块野外乱石认作这样的石头,但是或许没有将其认作那块一直放在那里的石头。我们将一个人或许认作人,但是没有将其认作熟人。存在着特熟的感受;其表露有时是一种目光,或者"这座老房子!"这样的话(我若干年前住过它,现在又发现它没有什么变化)。同样,存在着陌生的感受:我愣住了;审视地或者不信任地打量着这个对象,或者这个人;说道"对我来说一切都是陌生的。"——但是,不能因为现在存在着这种陌生的感受,人们便可以说:我们所很好地了解的、不让我们觉得陌生的每一个对象都给予我们一种熟悉的感受。——我们认为,好像被陌生感一度占据的那个位置必定要**以某种方式**被占有。这种气氛的位置已经准备好了,如果其一不占有它,那么另一个便占有它。

597. 正如一个会说流利的英语的德国人讲出了一些德语词一样,尽管他并非首先构造出德语表达式,然后将其翻译成英语;因而,正如他这样讲英语,**好像他**在"无意识地"从德语**进行翻译**一样,我们也常常这样思维,好像我们的思维是以一个思维模式为基础的;好像我们在将一种较为原始的思维方式翻译成我们的思维方式。

598. 在我们做哲学时,我们想在不存在任何感受的地方设置感受。它们的作用是向我们解释我们的思想。

"**在此**对我们的思维的解释需要一种感受!"好像我们的深信就是按照这种要求随之而来的。

599. 在哲学中人们将不得出结论。"情况可必定是这样的!"绝不是哲学命题。它只是断定每一个人都向它承认的东西。

600. 没有引起我们注意的一切东西都造成不引人注目的印象吗?平常的东西总是给我们造成平常的**印象**吗?

601. 当我谈到这张桌子时,——我回忆起如下之点了吗:这个对象被称作"桌子"?

602. 如果人们问我"当你今天早晨走进你的房间时,你再次认出了你的书桌吗?"——那么我或许会说"肯定的!"但是,说在此发生了一个再次认出过程,这肯定是误导人的。这张书桌对我来说自然并不陌生;看到它没有令我像在如下情况那样感到吃惊:另外一张书桌放在那里,或者一个异样的对象放在那里。

603. 没有人会说,每当我走进我的房间,走进这个久以习惯了的环境时,都发生了一个对于我所看到的并且数百次看到过的所有东西的再次认出过程。

604. 关于人们所说的"再次认出"过程,我们容易持有一幅错误的图像;好像再次认出总是在于如下之点:我们将两个印象互相比较。好像我随身带着一个对象的一幅图像,并且据此将一个对象验明为这幅图像所表现的那个对象。我们的记忆似乎通过如下方式帮助我们做到了这样一种比较:它为我们保留了以前所看到的东西的一幅图像,或者允许我们(好像经由一根管子一样)向过去看去。

605. 与其说我似乎在将那个对象与一幅放在它旁边的图像加以比较,不如说它与这幅图像**叠合**在一起了。因此,我们只是看到了一个东西而非两个东西。

606. 我们说:"他的声音的表情是**诚实的**。"如果它是不诚实的,那么我们便认为,似乎在它后面还有另一种表情。——他从外部来看做出**这副**面孔,但是内心里则做出另一副面孔。——但是,这并非意味着,当他的表情是**诚实**的时候,他做出了两副相同的面孔。

(("一种完全特定的表情。"[①]))

[①] 参见:Wittgenstein, *The Blue and Brown Books*, Oxford: Blackwell, 1958, pp. 158-185.

607. 人们如何估计现在几点了？不过，我意指的并非是根据外在的线索，即根据太阳的位置、房间的明亮度，以及诸如此类的东西来进行的估计。人们或许问自己"可能几点了？"，停顿片刻，或许想象了表盘；然后人们说出一个时间。——或者，人们考虑了许多种可能性；人们想到了**一个**时间，然后想到另一个时间，最后停在一个时间上。这样的以及类似的事情发生了。——但是，难道这种一时的想法不是由一种深信的感受伴随着吗？而且，难道这不就意味着，它与一座内在的钟表符合一致吗？——非也，我绝不是从任何钟表上读出这个时间的；一种深信的感受在这样的范围内出现在那里，即我**没有**任何怀疑感觉地、平静而确信地说出一个时间。——不过，难道不是有某种东西在给出这个时间时啪嗒一声合上了吗？——并非我知道的任何东西；如果你不如此称呼思考之达-于-平静、停留在一个数上的话。在此我也从来没有谈论一种"深信的感受"，而是说：我思考了一会儿，然后决定说时间为五点十五分。——但是，我是根据什么做出决定的？我或许本来可以说："仅仅是根据感受"；这只是意味着：我听任一时的想法来做出决定。——但是，为了估计时间，你可是至少必须将你自己置于一种特定的状态之中；你肯定不将关于时间的说明的每一种想象都当作正确的时间的说明！——正如已经说过的：我已经**问**我自己"可能几点了？"这也就是说，我并非是从比如一部短篇小说中读到这个问题的；也并非将其作为另一个人说出的话而引述出来；也不是在练习说出这些词；等等。我不是在**这些**情形中说出这句话的。——但是，因此是在**哪些**情形中？——我那时在想我的早餐，在想是否今天会晚了。诸如此类的事情便是这样的情形。——但是,你竟然真的就没有看到如下之点吗:你那时可是处在一个尽管是不可捉摸的,但是却刻画了估计时间这件事的特征的状态之中,可以说处在一种刻画了其特征的气氛之中?——是的,那种刻画特征是:我问我自己"可能几点了?"——如果这个命题具有一种特定的气氛,——那么我应当如何将其与这个命题本身分离开来?如果我没有想到人们如何也能够以不同的方式说出它——作为引语、在一则笑话中、作为说话练习,那么我绝不会想到这个命题有这样一种雾气圈。**在那时**我马上便想说,在那时我马上就觉得,我必定是以某种独特的方式**意指**这句话的;也即,是以不同于在那些其它情形中的方式。我心里不由自主地想到了那幅独特的气氛的图像;我简直看到它就在我面前——也即,只要我没有注意到根据我的记忆真的出现在那里的东西。

至于那种确信的感受:有时我这样向自己说"我确信,时间是……点了",而且是以或大或小程度上的确信的语调,等等。如果你追问这种确信的**根据**,那么我根本没有什么根据。

如果我说:我是从一座内在的钟表读出它的,——那么这是一幅图像,与它相应的只是如下之点:我已经给出了这个时间说明。这幅图像的目的是使这种情形相称于另一种情形。我在拒绝承认这两种不同的情形。

608. 具有巨大重要性的东西是有关估计时间时发生的那种精神状态的不可捉摸性的观念。为什么它是**不可捉摸的**?难道这不是因为我们拒绝将我们的状态中的可以捉摸的东西算作我们所设定的那种特异的状态吗?

609. 一种气氛的描述是为了特别的目的而进行的一种特别的语言应用。

((将"理解"释作气氛;释作心灵行为。人们可以为所有东西都额外构造一种气氛。"一种不可描述的特征"。))

610. 请描述咖啡的香味!——为什么不行?我们缺少语词吗?**因为什么我们缺少它们?**——但是,如下想法来自于何处:这样一种描述必定是可能的?你曾经感到缺少这样一种描述吗?你尝试描述过这种香味,而没有成功地做到吗?

((我想说"这些乐音说出了某种壮丽的东西,但是我不知道这是什么。"这些乐音是一个有力的手势,但是我不能将它与任何解释性的东西等同起来。一次极为严肃的点头。詹姆斯:"我们缺少语词。"[①]那么,我们为什么不引入它们?我们为了能够做到这点,情况必须是什么样的?))

611. 人们想说,"意欲也仅仅是一种经验"("意志"也仅仅是"心象")。当它来到时,它便来到了,我不能导致它。

不能导致?——像什么?我究竟能够导致什么?当我这样说时,我在将意欲与什么东西进行比较?

612. 比如针对我的胳膊的运动,我不会说,当它来到时,它便来到了,等等。在此我们面对着这样一个领域,在其内我们有意义地说:某件事情并非简单地发生在我们的身上,而是我们**在做**它。

[①] 请参见 W. James, *The Principles of Psychology*, Cambridge, Mass.: Harvard University Press, 1983, pp. 193-194, 243-244.

"我不需要等待,直到我的胳膊举起来,——我能举起它。"在此我在将我的胳膊的运动与比如如下事项对立起来:我的心脏的猛烈的跳动将平息下来。

613. 在我究竟能够导致什么东西(比如通过暴饮暴食来导致胃疼)的意义上我也可以导致意欲。在这种意义上我通过如下方式导致游泳的意欲,即跳进水里。无疑,我过去想说的是:我不能意欲意欲;也即,谈论意欲-意欲没有任何意义。"意欲"不是一个行动的名称,因此也不是任何随意的行动的名称。我的错误的表达式来自于这点,即人们要将意欲设想成一种直接的、非因果的导致。但是,这种想法是以一种误导人的类比为基础的;因果联系似乎是经由这样一种机制建立起来的,它将两个机器部件联结在一起。如果这种机制受到了干扰,那么这种联结便可能断开。(人们想到的只是一种机制通常遭受到的那些干扰;而没有想到如下之点:比如齿轮突然变软了,或者彼此穿过对方,等等。)

614. 当我"随意地"运动我的胳膊时,我并没有使用一种导致这种运动的手段。即使我的愿望也不是这样一种手段。

615. "如果意欲不应当是一种愿望,那么它必定是这种行动本身。它不应该停留在行动之前。"如果它是行动,那么在这个词的通常的意义上它是这个;因此:它是说话,写字,行走,举起某种东西,想象某种东西等等。但是也是:试图,力图,努力,——说话,写字,举起某种东西,想象某种东西等等。

616. 当我举起我的胳膊时,我**没有**愿望这点:但愿它举起来。

随意的行动排除了这种愿望。人们的确可以说:"我希望我将完美无缺地画出这个圆圈。"借此人们表达了这样一种愿望:但愿手部以如此这般的方式运动。

617. 如果我们将我们的手指以独特的方式交叉在一起,那么我们常常不能按照命令活动一个特定的手指——假定下命令的人只是**指着**这个手指,只是指给我们看它。相反,如果他触摸了它,那么我们便能够活动它了。人们想以这样的方式来描述这种经验:我们不能**意欲**活动这个手指。这种情形完全不同于如下情形:我们不能活动这个手指,因为比如某个人将其紧握着。现在,人们倾向于这样来描述第一种情形:只要那个手指还没有被触摸到,人们就不能为意志找到任何攻击之点。只有在人们感受到它的时候,意志才能知道它须从哪里发动进攻。——但是,这种表达方式是误导人的。人们想说:"如果这种感受没有指示出那个位置,那么我究竟如何知道我该用意志来对付哪里?"不过,如果那种感受出现在那里,那么人们究竟如何知道我要将意志引向何方?

在这种情形中在我们感受到这个手指上的触摸之前它好像是瘫痪了,这点是由经验来表明的;我们不能先天地看到它。

618. 在此,人们将意欲主体想象成某种没有质量的(没有惯性的)东西;想象成这样一台发动机,在它自身之内它不必克服任何惯性阻力。因此,将其想象成单纯的推动者,而非被推动者。这也就是说:人们可以说"我意欲了,但是我的身体没有听从我"——

但是不能说:"我的意志没有听从我。"(奥古斯丁。)①

但是在我不可能不成功地意欲的意义上,我也不能试图意欲。

619. 而且,人们可以说:"只有在我绝不能试图意欲的范围内,我才能随时**意欲**。"

620. **做**就其自身来说似乎没有任何经验的体积。它似乎像是一个没有广延的点,一根针的尖部。这个尖部似乎是那个真正的施动者。而现象中发生的事情似乎仅仅是这种做的结果。"我**做**"似乎具有一种与所有经验分开来的确定的意义。

621. 但是,请不要忘记一点:当"我举起我的胳膊"时,我的胳膊自己举起来。由此便出现了如下问题:如果我从我举起我的胳膊这个事实中扣除我的胳膊自己举起来这个事实,那么剩下的东西是什么?

((那么,那些运动感觉就是我的意欲吗?))

622. 当我举起我的胳膊时,大多数情况下我并不**试图**举起它。

623. "无论如何我要到达这幢房子那里。"但是,如果在此并

---

① 在《忏悔录》VIII/8-9 节中,奥古斯丁说到,如下事情均是可能的:一个人意欲做某事,但是因为四肢不能自由活动而无法付诸行动;一个人或者其心灵命令自己意欲(做出一个意志行为),但是他(他的心灵)却未能成功地意欲(做出一个意志行为)。这也就是说,奥古斯丁似乎认为"我的意志没有听从我"是可能的。他给出的解释是这样的:在这种情况下,我的意志是不完全的,或者说我的心灵是病态的。在通常情况下,即在我的意志是完全的情况下,或者说,在我的意志是健全的情况下,我总是能够成功地意欲,我的意志总是听从我的。这时,我根本不必命令我的意志进行意欲。(参见 Confessions, tr. R. S. Pine-Coffin, Harmondsworth: Penguin Books Ltd., 1961, pp. 170-172)

不存在任何困难,——那么在此我**能够**做出努力,以无论如何到达这幢房子那里吗?

624. 在实验室中,比如在电流的影响下,一个人闭着眼睛说"我在上上下下地活动我的胳膊"——尽管胳膊并没有动起来。"因此,他拥有关于这种运动的特殊的感受,"我们说。请闭着眼睛来来回回地活动你的胳膊。现在,在你这样做时,请试图说服你相信:胳膊并没有动,你只是在肌肉和关节中拥有某些奇特的感觉而已!

625. "你如何知道你已经举起了你的胳膊?"——"我感受到了这点。"因此,你所再次认出的东西是这种感觉吗?你确信你正确地再次认出了它吗?——你确信你举起了胳膊;难道这不就是这种再次认出的标准、尺度吗?

626. "如果我用一根棍子碰一下这个对象,那么我在这根棍子的尖部有触觉,而非在拿着它的那只手上。"如果一个人说"我并非是在手上这里有疼,而是在手部关节上有疼",那么结果是:医生检查手部关节。但是,如下选择造成哪一种区别:我说我在棍子的尖部感觉到这个对象的硬度,还是说在手上?我说的话的意思是这样的吗:"我好像在棍子的尖部具有神经末梢"?**在什么范围内事情是这样的?**——好了,我无论如何倾向于说"我在棍子的尖部感受到硬度等等"。与此联系在一起的是如下事实:在触碰对象时,我不看我的手,而是看棍子的尖部;我用"我在那里感觉到有某种硬硬的、滚圆的东西"这样的话而不用"我感受到了一种对于大拇指、中指和食指……的指尖的压力"这样的话来描述我所感受到的东西。如果比如某个人问我"你现在在拿着探针的那个手指上感觉到了什么？"，那么我可以回答他说："我不知道——我**在那里**感觉到有某种硬硬的、粗糙的东西。"

627. 请考察这个关于一种随意的行动的描述："我决定5点时拉铃；当钟敲5下时，我的胳膊便做出这种动作。"——是这个描述，而非**下面这个描述**是正确的描述吗："……当钟敲5下时，我举起我的胳膊"？——人们想着以这样的方式来补充第一个描述："你瞧！当钟敲5下时，我的胳膊自己举起来了。"这个"你瞧"恰恰是这里所略去的东西。当我举起它时，我不说："瞧，我的胳膊自己举起来了！"

628. 因此，人们可能说：随意的运动是经由吃惊的缺失来得到刻画的。现在，我不希望人们问"但是，**为什么**人们在此不吃惊？"

629. 当人们谈论有关将来的预知的可能性时，他们总是忘记有关随意的运动的预言的事实。

630. 请察看一下下面这两个语言游戏：

（a）一个人给另一个人下达了这样一个命令：做出特定的手臂运动；或者采取特定的身体姿势（体操教师和学生）。这个语言游戏的一个变体是这样的：学生自己给自己下达命令并且接着执行它们。

（b）某个人在观察某些规则性的过程——比如不同的金属对于酸的反应——并且接着就在某些情况下将会出现的反应做出预言。

在这两种语言游戏之间存在着一种明显的亲缘关系，而且也存在着根本的差异性。在两者中人们都可以将说出的话称作"预言"。不过，请比较导向第一种技术的训练和第二种技术的训练！

631. "我现在将服下两剂药粉；半小时后我会呕吐。"——如下说法并没有解释什么：在第一种情形中我是施动者，在第二种情形中我则仅仅是观察者。或者：在第一种情形中我从内部看到因果关联，在第二种情形中我从外部看到它。以及诸如此类的说法。

如下说法也没有说到点子上：正如一个属于第二类的预言并非不会出错一样，一个属于第一类的预言同样并非不会出错。

我并非是以对我的行为的观察为基础而说出我现在将服下两剂药粉的。这个命题的前因是其它样子的。我指的是引向它的那些思想、行动等等。"你的表露的唯一本质性的预设恰恰是你的决心"这种说法只会误导人。

632. 我不愿说：在"我将服下药粉"这个意志表露的情况下，这个预言是原因——而其实现则是结果。（一种生理学的研究或许能够决定这点。）不过，如此多的东西是真的：我们常常能够从这种决心的表露来预言一个人的行动。一个重要的语言游戏。

633. "你早前被打断了；你还知道你那时想要说出的东西吗？"——如果我现在知道它并且说出了它——这就意味着我早前就已经思维了它，而只是没有将其说出吗？不是。除非你将这样的确信——我就是带着其将那个被中断的命题继续下去的——当做如下之点的标准：那个思想在那时就已经完成了。——但是，帮助这个命题继续下去的所有可能的东西自然均已经包含在这种情形和我的思想之中。

634. 如果我继续说出那个被中断的命题并且说那时我就是

想要**这样**继续说出它的,那么这就像当我按照简略的笔记来贯彻一个思路时一样。

因此,我没有**释义**这些笔记?在那些情况下只有**一种**继续是可能的吗?肯定不是。但是,我并没有从这些释义中**做出选择**。**我回忆起了如下之点**:我那时想要说这个。

635. "我那时想要说……"——你回忆起了不同的细节。但是,它们均没有表明这种意图。好像人们拍下了一处风景的图片,但是我们只能看到其中的一些零散的细节;这里有一只手,那里有一张脸的局部,或者一顶帽子,——其它地方则是漆黑一团。现在,我可是好像完全确定地知道了这整张图片表现了什么。好像我能够阅读黑暗一样。

636. 这些"细节"不是在如下意义上无关紧要的,即在我同样能够回忆起的其它的情况是无关紧要的那种意义上。但是,那个我向其报告说"我那一瞬间想要说……"的人由此并没有获知这些细节,而且他也不必猜测它们。比如,他不必知道如下之点:我已经张开了嘴,以便说话。不过,他**可以**以这样的方式来"生动而形象地描画"这个过程。(而且,这种能力属于对我的报告的理解。)

637. "我准确地知道我那时想要说出的东西!"然而,我并没有说出过它。——我可并非是从那时发生的、出现于我的记忆中的另一种任意的过程读出它的。

而且我也没有**释义**那时的情形及其前史。因为我并没有思考它们,并且没有判断它们。

638. 事情最后为何是这样的:尽管如此,当我说"那一瞬间我想要欺骗他"时,我倾向于在此看出一种释义?

"你如何能够确信,那一瞬间你想要欺骗他?难道你的行动和思想不是太初级了吗?"

证据难道不是可能太稀少了吗?是的,当人们追查它时,它显得极其地稀少;但是,这不是因为人们忽略了这个证据的历史了吗?如果我在一瞬间具有在另一个人面前假装不舒服的意图,那么为此这需要一个前史。

那个说"那一瞬间……"的人真的在描述一个瞬时的过程吗?

但是,即使那整个历史也不是这样的证据,基于它我说"那一瞬间……"。

639. 人们想说,意指**在发展着**。但是,即使在此也包含一个错误。

640. "这个思想与我以前一度具有的思想联结在一起。"——它如何做到这点?经由一种联结的**感受**吗?但是,这种感受如何能够真的联结上思想?——"感受"这个词在此是非常误导人的。不过,如下事情有时是可能的:尽管人们充满确信地说出"这个思想与前面那些思想联系在一起",但是却不能指出这种关联。或许后来人们做到了这点。

641. "当我说出了'我现在想要欺骗他'这样的话时,我并没有更为确实地拥有这个意图。"——但是,当你说出那些词时,你必定是十分认真地意指它们的吗?(因此,一个意图的最明确的表达单独看来绝不是这个意图的充足的证据。)

642. "在这一瞬间我痛恨了他"——在此发生了什么?难道

它不是在于思想、感受和行动吗？如果我现在展示这一瞬间，那么我会做出一副特定的面孔，想到某些事件，以某种方式呼吸，在我之内引起某些感受。我会构想一段谈话，一个完整的场景，在其中这种痛恨燃烧起来。而且，我可以带着这样的感受——它们接近于一个实际发生的事件的感受——来表演这个场景。在此如下事实自然是有帮助的：我实际上已经经历过类似的事情。

643. 如果我现在为这个事件感到羞耻，那么我为这个整体感到羞耻：那些话语、那种恶毒的语调，等等。

644. "我并不为我那时所做的事情感到羞耻，而是对我所拥有的意图感到羞耻。"——难道这种意图不是**也**包含在我所做的事情之中吗？什么为这种羞耻提供了辩护？这个事件的整个历史。

645. "那一瞬间我想要……"这也就是说，我拥有一种特定的感受、内在的体验；而且我回忆起它。——现在，请**极其准确地**回忆起它！在此这种想要的"内在的体验"便又消失不见了。取而代之的是：人们回忆起了思想、感受、运动，还回忆起了与较早的情形的关联。

好像人们变动了显微镜的调节好的状态，现在处于焦点中的东西不是人们稍早时所看到的东西。

646. "好的，这只是表明了你错误地调节了你的显微镜的焦距。你应当观察到这个切片的一个特定的层，现在你看到了另一层。"

这种说法中含有正确之处。不过，假定我回忆起了**一个感觉**（经由对透镜做出特定的调节的方式）；我如何能说它就是我称为"意图"的东西？事情可能是这样的：(比如)一种特定的瘙痒感伴随着我的每一个意图。

647. 一个意图的自然的表达是什么？——请看一下一只蹑手蹑脚地接近一只鸟的猫；或者一个想要逃脱出去的动物。

((与关于感觉的命题的联系。))

648."我不再回忆得起来我的话了，但是我准确地回忆起我的意图；我那时想要用我的话使他平静下来。"我的回忆向我**表明**了什么；它将什么展示于我的心灵的面前？现在，假定它所做的只是使我想起这些话！或许还有其它的、更为准确地生动描画这个情形的话。——("我不再回忆得起我的话，但是肯定回忆得起我的话的精神。")

649."因此，没有学会任何语言的人便不可能具有某些回忆吗？"自然如此，——他不能具有任何语言的回忆，语言的愿望或恐惧，等等。而且，语言中的回忆等等肯定不止是**真正的**体验的破旧不堪的表现；因为语言事项就绝不是体验吗？

650. 我们说，一条狗怕他的主人会打它；但是不说：它怕它的主人明天会打它。为什么不这样说？

651."我回忆起我那时乐意待更长的时间。"——哪一幅关于这种渴望的图像出现于我的心灵面前？根本没有任何这样的图像出现。我在回忆中看到出现于我面前的东西不允许我做出任何有关我的诸感受的结论。但是我却十分清晰地回忆起如下之点：它们那时出现了。

652."他那时用仇视的目光打量着他并且说……"这个叙述

的读者理解这句话；他心中没有任何怀疑。现在你说："或许他还想到将意义附加上去，他猜到了它。"——一般说来：事情并非如此。一般说来他并非还想到什么东西，并没有猜测什么东西。——不过，如下事情也是可能的：这种仇视的目光和话语事后被证明是装出来的，或者那个读者对如下之点持怀疑态度，即它们是否是这样的，因此他真的猜到了一种可能的释义。——但是，这时他首先猜到了一种关联。他或许对自己说：在此装作如此敌意的那两个人实际上是朋友，等等，等等。

(("如果你想理解这个命题，那么你必须另外给其想象上那种心灵的意义，那些心灵的状态。"))

653. 请思考这种情形：我向一个人说，我按照我预先制作的一幅地图走完了某一条路。接着，我给他看这幅地图，它是由一张纸上的诸线条构成的；但是，我不能解释，在什么样的范围内这些线条构成了我的游历图，不能向另一个人说出任何关于如何释义这幅地图的规则。但是，我还是带着所有那些刻画性的读卡片的迹象来跟踪着那个图样。我可以将这样一个图样称为一幅"私人的"地图；或者将我所描述的那种现象称为："遵守一幅私人的地图"。(不过，这个表达式自然是非常容易被误解的。)

现在，我可以这样说吗："我那时想要如此这般地行动，好像是在读取一幅地图，尽管没有任何地图出现在那里"？但是，这当然不过是意味着：**我现在倾向于说**："我是在某些我所回忆起的心灵状态中读出如此行动的意图的。"

654. 我们的错误是：在我们应当将诸事实看成"原初现象"①的地方去寻找一种解释。也即，在这样的地方，在那里我们应当说：**人们玩了这个语言游戏**。

655. 所关涉到的并不是经由我们的体验来对一个语言游戏进行解释，而是一个语言游戏的确定。

656. **为了什么目的我向某个人说我早前具有某某愿望？**——请将其作为**原初的东西**来看待这个语言游戏！请像看待这个语言游戏的一种考察方式、一种释义那样来看待这些感受等等！

人们可能问：人类如何达到这样的地步，即做出这样一种语言表露，我们将其称为"对一个过去的愿望的"或对一个过去的意图的"报道"？

657. 请设想，这个表露总是采取这样的形式："我那时对我说：'但愿我能够待更长的时间！'"这样一个报告的目的可以是让另一个人了解我的反应。（请比较"meinen"和"vouloir dire"的语法。②）

658. 请设想，我们总是通过如下方式来表达一个人的意图，即我们说："他那时好像对自己说'我想要……'"——这是一幅图

---

① "原初现象"(Urphänomene)一语源自于歌德。请参看：Johann Wolfgang von Goethe, *Zur Farbenlehre*, in *Ausgewählte Schriften über die Natur*, Weimar: Volksverlag, S. 369-371.

② "vouloir dire"为法语中的固定短语，由"vouloir"（想要、愿意、希望、期待、主张、断言等等）和"dire"（讲）构成，意为"想要讲、意思是、意味着、有……的意思"等，相当于德语"meinen"的一种用法。

像。现在,我要知道:人们是如何运用"好像对自己说什么"这个表达式的?因为它并非意味着:对自己说什么。

659. 为什么除了我所做的事情之外,我还要向他报告一个意图?——这并非是因为这个意图也是那时所发生的某种东西。相反,这是因为我要向他报告一些关于**我**的这样的事情,它们超出了那时所发生的事情。

当我说出我那时想要做的事情时,我向他透露了我的内心。——但是,这并非是以一种自我观察为基础而进行的,而是经由一种反应进行的(人们也可以称其为一种直觉)。

660. "我那时想要说……"这个表达式的语法与"我那时本来可以继续下去"这个表达式的语法具有亲缘关系。

在一种情形中出现的是对于一个意图的回忆,在另一种情形中出现的则是对于一种理解的回忆。

661. 我回忆起我那时意指了**他**。我回忆起一个过程或状态了吗?——它是何时开始的;它是如何进行的;等等?

662. 在一个仅仅有些许不同的情景中他本来会向某个人说"请告诉 N,他应当到我这里来",而不是一言不发地用手指头来做出示意。现在,人们可能说,"我那时想要 N 到我这里来"这句话描述了我那时的心灵状态,而且又可能**不**这样说。

663. 当我说"我那时意指**他**"时,在此或许有一幅图像浮现在我心中,比如一幅有关我如何看着他等等的图像;不过,这幅图像仅仅是类似于一个故事的插图那样的东西。大多数情况下仅仅从这样的插图还根本推断不出任何东西；只有当人们了解了这个故事后，人们才知道这幅图像应当是怎么一回事儿。

664. 人们可以在一个语词的使用中区分出一种"表层语法"和一种"深层语法"。一个语词的使用中令我们直接产生印象的东西是其在**命题构造**中的运用方式，可以说，是其使用中人们可以用耳朵把握到的那一部分。——现在，请比较比如"意指"这个词的深层语法与其表层语法会让我们猜测到的东西。如果人们发现在此找到路是很困难的事情，这一点儿也不奇怪。

665. 请设想，某个人带着疼痛的面部表情指着他的腮部，与此同时说出"abrakadabra!"①——我们问"你在意指什么？"他回答说"我借此意指 Zahnschmerzen（牙疼）。"——你立即想到：人们究竟如何能用这个词来"**意指** Zahnschmerzen"？或者，如下说法究竟**意味着**什么：用这个词**意指** Schmerzen（疼）？可是在其它的关联中你本来会断言：**意指**某某的精神活动恰恰是语言使用中的最重要的事情。

但是，怎么，——难道我不能这样说吗："用'abrakadabra'我意指 Zahnschmerzen"？自然可以；不过，这是一个定义；而不是一个对于说出这个词时在我之内发生的事情的描述。

666. 请设想，你具有疼，与此同时你听到隔壁在如何给钢琴校音。你说"它马上就会停下来。"你意指的是疼还是钢琴之校音，

---

① "abrakadabra"为咒语。按照传说，随身带着写有该符号串的纸条的人不会轻易生病（比如发烧、牙疼等等）。在德语（和英语）中也泛指混乱的、无法理解的话语。

这当然是有区别的！——自然了，但是，这种区别在于什么？我承认：在许多情况下，会有一种注意的方向与这种意指相应，正如常常也会有一个目光、一个手势，或一次闭眼（人们可以将其称作"向-内-看"）与其相应一样。

667. 请设想，一个人在装疼并且现在说"它马上就会减轻"。难道人们不能说他意指的是疼吗？他可是没有将他的注意力集中到任何疼上。——假定我最后说"它已经停下来了"，情况如何？

668. 但是，难道人们不是也能通过如下方式来说谎吗：说"它马上就会停下来"并且意指疼，——但是，对于"你意指的是什么？"这个问题，人们却回答说："隔壁房间里的噪声"？在这样的情形中人们或许说："我本来想回答说……，但是经过考虑之后，回答说……"

669. 在说话时人们可以通过指向一个对象的方式来指涉它。在此指向是这个语言游戏的一个部分。现在我们觉得，人们似乎是通过如下方式来谈论一种感觉的：在说话时人们将他们的注意力引向它。但是，类似之处在哪里？显然，它在于这点：人们可以通过**看着**和**倾听**指向某种东西。

但是，即使**指向**人们所谈论的那个对象这点对于这个语言游戏来说，对于思想来说，在一些情况下也可能是完全非本质性的。

670. 请设想，你打电话给某个人并且向他说："这张桌子太高了"，在此期间你用手指指着这张桌子。在此这种指向扮演着什么样的角色？我能够这样说吗：我通过指向那张所涉及的桌子的方式来**意指**它？这种指向的目的是什么，而且这些语词以及可能伴随着它们的无论什么东西的目的是什么？

671. 而且，经由内在的倾听活动我究竟指向了什么？指向了到达我的耳朵的声音并且（当我**什么也没有**听到时）指向了静默吗？

倾听可以说在**寻找**一个听觉印象，因此不能指向它，而只能指向这样的**地方**，在其上它寻找它。

672. 如果那种接受的态度被称作一种对于某种东西的"指示"，——那么它不是对于我们由此而得到的那种感觉的指向。

673. 精神态度并非是在一个手势伴随着语词那种意义上**"伴随着"**语词的。（与如下事项类似：一个人尽管可以独自旅行，可是却由我的愿望伴随着，一个空间尽管可以是空的，可是却充满着日光。）

674. 人们比如这样说吗："我现在真正说来并没有意指我的疼；我没有足够地注意它？"我比如这样来问我自己吗："现在我究竟用这个词意指了什么？我的注意力被分配在我的疼和那个噪音之间了——"？

675. "请告诉我当你说出……这些词时在你之内发生了什么？"——对此的回答不是"我意指了……"！

676. "我用这个词来意指**这个**"是一个报告，它的运用方式不同于一种心灵的爱好的报告的运用方式。

677. 另一方面："当你刚才咒骂时，你是真的在意指它吗？"这或许与如下说法意味着同样多的东西："你那时真的生气了吗？"回答可以是以一种内省为基础而给出的，而且常常具有这样的形式："我并非是非常认真地意指它的"，"我是半开玩笑地意指它的"等等。在此存在着程度的区别。

而且，人们的确也说："在说出这个词时我有一半的可能想到他。"

678. 这种（对于疼或钢琴之校音的）意指在于什么？没有出现任何答案——因为初看起来所呈现给我们的答案均不适合。——"那时我可是**意指**其一而非另一个的。"是的，——现在你只是加重地重复了一个事实上没有任何人反对过的命题。

679. "但是，你能怀疑你那时意指了**这个**这点吗？"——不能；不过，我也不能确信这点，不能知道这点。

680. 如果你对我说你骂了人并且与此同时意指 N，那么如下之点对于我来说是无所谓的：那时你是否察看了 N 的图像，你是否想象了他，说出了他的名称，等等。从这个事实所做出的令我感兴趣的结论与此没有任何关系。不过，另一方面，情况可能是这样的：一个人向我解释说，这种咒骂只有在人们清楚地想象了那个人或者大声地说出其名称的情况下才**是有效的**。但是，这时人们不会说"事情取决于咒骂者如何**意指**他的受害者。"

681. 人们自然也不问："你确信你骂了**他**、与他的联系被建立起来了吗？"

因此，这种联系必须能够非常容易地建立起来，以便人们能够如此确信它？！以便人们能够知道它没有脱靶。那么，下面这样的事情会发生在我的头上吗：我要给**某个人**写信，事实上却写给了另一个人？这如何可能发生？

682. "你那时说'它马上就会停下来'。——你那时想到的是那个噪音还是你的疼？"当他现在回答说"我那时想到的是钢琴之校音"时,他观察到这种联系已经存在了吗?或者他通过这些语词建立起了这种联系?我难道不能说**两者**吗?如果他所说的话是真的,那么那种关联难道不是已经在那里存在了吗?——而且,尽管如此,难道他不是建立了一种不曾存在的联系吗?

683. 我画了一个头像。你问"这应当表现了谁?"——我说:"这当是 N。"——你说:"但是,它看起来并不像他;倒是更像 M。"——当我那时说它表现了 N 时,——我那时是建立起了一种关联,还是在报道有关一种关联的事情?究竟哪一种关联已经存在了?

684. 什么支持如下说法:我的语词描述了一种已经存在的关联?好的,它们关涉到一些并非只有与它们一起才出现的不同的东西。比如,它们说,如果那时有人问我,我便**会**给出一个确定的答案。即使这仅仅是一个条件式,它的确也说出了有关过去的一些事情。

685. "寻找 A"并非意味着"寻找 B";不过,在我服从这两条命令时我却可能做完全相同的事情。

说在此某种不同的东西必定发生了,这就像是人们说:命题"今天是我的生日"和"4 月 26 日是我的生日"必定指涉不同的日子,因为它们的意义不是相同的。

686. "我当然意指了 B;我根本就没有想到 A!"

"我当时想要 B 到我这里来,以便……"——所有这一切均指向一个更大的联系。

687. 人们有时自然可以说"我想到了他",而不说"我意指了他";有时也可以说"是的,我们谈论了他"。因此,请问自己"谈论他"在于什么!

688. 人们在有些情况下可以说:"当我那时说话时,我那时感觉到我是在**向你**说它。"但是,当我本来就在与你谈话时,我不会这样说。

689. "我想到 N。""我谈论 N。"

我如何谈论他?我或许说"我今天必须拜访 N。"——但是,这肯定是不够的!我还是可以用"N"来意指拥有这个名称的不同的人。——"因此,在我的话与 N 之间必定还存在着一种不同的联系,因为,否则,我**肯定**不曾意指**他**。"

肯定存在着这样一种联系。只不过,不像你想象它那样:也即,它是经由一种精神的**机制**而存在的。

(人们将"意指他"与"瞄准他"加以比较。)

690. 假定如下之点,情况如何:我有一次做出了一个表面上看毫无恶意的评论并用对某个人的偷偷的一瞥来伴随着它;还有一次,我低着头看着我前面,坦率地谈论一个在场的人——通过说出他的名称的方式,——当我使用他的名称的时候,我真的**特别地**想到了他吗?

691. 如果我按照记忆为我自己画出 N 的面庞,那么人们当然可以说,我用我的画来**意指**他。但是,针对描画时(或者其前或其后)发生的哪一种过程我可以说它就是那种意指?

因为人们自然想说:当他意指他时,他便瞄准了他。但是,当一个人将另一个人的面庞召唤到记忆中来时，他是如何做到这点的？

我的意思是：他如何将**他**召唤到记忆中来？

他如何召唤他？

692. 一个人的如下说法是正确的吗："当我将这条规则给予你时，我那时意指的是：在这种情形下你应当……"？——即使当他给出这条规则时他根本没有想到这种情形？它当然是正确的。"意指它"恰恰并非意味着：想到它。但是，现在问题是：我们如何判断一个人意指了这点？——如下事实构成了这样一个标准：他比如掌握了一种特定的算术和代数技术，并且他给另一个人教授过有关如何展开一个数列的通常的课程。

693. "当我教一个人如何构造数列……时，我可是在意指如下之点：他应当在第一百位上写下……"——完全正确：你在意指这点。而且，显然，甚至于你也并非必然地想到这点。这个事实向你表明，动词"意指"的语法是多么不同于动词"想到"的语法。而且，没有比将意指称作一种精神活动这种做法更为违背常理的了！也即，如果人们不想造成混乱的话。（当黄油的价格上涨时，人们也可以谈论黄油的活动；如果没有因此而造成任何问题，那么这也是无害的。）

附　　录

    1.人们可以设想一个动物是愤怒的、害怕的、悲伤的、友好的、惊恐的。但是,人们能设想它希望什么吗？为什么不能？

    一条狗相信它的主人在门旁。但是,它也能够相信它的主人将在后天过来吗？——那么,它现在不能做**什么**？我究竟是如何做到这点的？——我应当如何回答这些问题？

    只有能够讲话的人才能够希望什么吗？只有掌握了语言运用的人才能够希望什么。这也就是说,希望现象是复杂的生活形式的变体。(如果一个概念针对的是人类的笔迹的某种特征,那么它便无法应用于不写字的存在物身上。)

    2."忧伤"给我们描写了这样一种图案,它带着不同的变状一再地出现于生活地毯之上。如果在一个人那里忧愁和欢乐的身体表达比如随着一座钟的滴答声而交替出现,那么在此我们便没有那种刻画性的忧愁图案的过程,也没有那种刻画性的欢乐图案的过程。

    3."他在一秒钟内感觉到剧烈的疼痛。"——为什么这点听起来令人奇怪:"他在一秒钟内感觉到深沉的忧伤"？这仅仅是因为它很少出现吗？

4. 但是，难道你**现在**没有感觉到忧伤吗？（"但是，难道你**现在**没有玩象棋吗？"）回答可以是肯定的；但是，这并没有使得忧伤概念与一个感觉概念更为相似。——这个问题真正说来确是一个时间性的和个人性的问题；而不是我们要提起的那种逻辑问题。

5. "你必须知道：我感到恐惧。"

"你必须知道：我对此感到害怕。"——是的，人们也可以以**微笑**的语调说出这点。

你要向我说，他没有感觉到这点吗？！否则，他究竟是如何**知道**这点的？——但是，即使它是一个报告，他也不是从他的感觉了解它的。

6. 那么，请想象经由害怕的**手势**所引起的那些感觉："我对此感到害怕"这句话的确也是这样一种手势；而且，当我在说话时听到和感受到它时，这点属于那些其它的感觉。那么，为什么没有说出的手势竟然构成了说出的手势的根据？①

7. 请设想，一个人知道、猜到一个小孩具有感觉，但是他没有关于它的表达。现在，他要教这个小孩表达这些感觉。他必须如何将一个行动与一个感觉联结起来，以使得它成为它的表达？

8. 人们可以教导这个小孩说："瞧，人们这样来表达某种东西——**这**是比如**这个**的表达——现在请表达你的疼吧！"

9. "这些音调难道不是在此应当表达的东西的最好的表达吗？"当然是；但是，这并非意味着，它们不必经由对于其环境的一

---

① 在《哲学研究》印行本中§§1-6构成了第二部分第Ⅰ节。

种理解来加以理解，进而来加以解释。①

10. 他用他的话"当我听到这个词时，对我来说它指称……"指涉一个**时间点**和一种**语词运用方式**。（我们没有把握到的东西自然是这种组合。）

"我那时想说……"这种说法指涉一个**时间点**和一个**行动**。

我在谈论这种表露的那些本质的**指涉**，以便将其与我们的表达的其它独特之处剥离开来。对于这种表露来说具有本质意义的指涉是这样的指涉：它们使得我们将一个在其它方面为我们所陌生的表达方式翻译成这种在我们这里通行的形式。

11. 不能说"sondern"这个词可以是一个动词和一个连接词的人②，或者不能构造这样的句子的人——在其中它一会儿是后者，一会是前者——便不能胜任简单的课堂练习课。但是，人们并不这样来要求一个学生：在一种关联之外，以这种或那种方式来**理解**这个词，或者报告他是如何理解这个词的。

12. 如果"是"这个词具有"同于"的意义，那么"玫瑰是红色的"这句话是没有意义的。——这种说法的意思是这样的吗：如果你说出那个命题，并且将其中的"是"意指为同一性符号，那么意义对你来说便瓦解了？

我们拿来一个句子，向一个人解释其每一个词的意义；他由此学习应用它们，进而也学习应用那个句子。如果我们没有选择那

---

① §§7-9 出现在 MS 144 第 3 和 4 页，安斯考姆版与哈克和舒尔特版均未收录。

② 德语词"sondern"有两种不同的用法：一为动词，意为使分开，使分离；一为连词，意为而是。

个句子，而是选择了一个没有意义的词列，那么他将不会学习应用它。如果人们将"是"这个词解释成同一性符号，那么他便没有学习运用"玫瑰是红色的"这个句子。

13. 尽管如此，"意义的瓦解"还是有其正确之处的。这种正确之处包含在如下例子之中：人们可以向一个人说，如果你要富有表情地说出"Ei,ei!"（唉，唉！）这声惊呼，那么你与此同时就不应当想着 Eier（鸡蛋）！

14. 一个意义的体验和一幅想象图像的体验。人们想说，"人们在这里和那里只是**体验到**不同的东西。一个不同的内容呈现给了意识——站在它面前。"——哪一个是想象体验的内容？答案是一幅图像，或者一个描述。什么是意义体验的内容？我不知道我应当如何回答。——如果那种表露具有某种意义的话，那么这种意义是这样的：这两个概念之间的关系类似于"红色"和"蓝色"这两个概念之间的关系；而这是假的。

15. 人们能够像留住一幅想象图像那样留住一个意义的理解吗？因此，当我突然想起一个词的一个意义时，——它也可以停留在我的心灵的前面吗？

16. "全部计划一下子出现在我的心灵的前面，并且以这样的方式停留了五分钟。"为什么这听起来有些奇怪？人们想相信：一闪而过的东西和停留下来的东西不可能是相同的东西。

17. 我喊到"现在我知道它了！"，这是一次惊起：接着我能详细地解释这个计划。在这里什么应当停留下来？或许是一幅图像。

但是"现在我知道它了"并非意味着我拥有这幅图像。

18. 想到一个词的意义并且没有将它**忘掉**的人现在便能够以这样的方式应用这个词了。

想到这个意义的人现在**知道**了它,而且这种想到是知道的开始。那么,它如何类似于一种想象体验?

19. 如果我说"施韦策尔先生(Herr Schweizer)绝不是瑞士人(Schweizer)",那么我将第一个"Schweizer"意指为专名,将第二个"Schweizer"意指为类名。因此,在说出第一个"Schweizer"时在我的精神中所发生的事情必定就不同于在我说出第二个"Schweizer"时在我的精神中所发生的事情吗?(——除非我"像鹦鹉那样"说出这个句子。)——请试着将第一个"Schweizer"意指为类名,将第二个"Schweizer"意指为专名!——人们如何做到这点?当**我**这样做时,我累得眨眼,因为我试图在说出这两个词中的每一个时都向我展示那种正确的意义。——但是,在对这些词所做的日常的使用中我也向我展示其意义吗?

20. 如果我以诸互换了的意义说出这个句子,那么这个句子的意义**对我来说**便瓦解了。——好的,对我来说来它瓦解了,但是对于我在向其做出这个报告的那另外一个人来说它并没有瓦解。因此,这有什么损害?——"但是,在通常说出这个句子时可是恰恰发生着某种**不同**的确定的东西。"——在此并**没有**发生那种"意义的展示"。①

---

① 在《哲学研究》印行本中§§10-20构成了第二部分Ⅱ节。

21. 什么使得我关于他的心象成为**他**的一个心象？

并非是图像的相似性。

适用于心象的这同一个问题当然也适用于这样的表露："我现在清楚地看到他站在我面前。"什么使得这个表露成为关于**他**的一个表露？——不是位于它之内的任何东西，或者与它同时发生的（"站在它后面的"）任何东西。如果你要知道他意指的是谁，那么就请问他吧！

（但是，事情也可能是这样的：我心中浮现出一副面孔，甚至于我能够将其描画出来，但是却不知道它属于哪一个人，我在哪里看到过它。）

22. 但是，假定某个人在想象时进行着描画，或者不去想象，而是进行描画；甚至于只是用手在空中画来画去。（人们可以称此为"运动想象"。）在此人们可以问他"你在想象谁？"而且他的回答是决定性的。——情况完全是这样的，即好像他使用语词给出了一个描述，而且这个描述也恰恰能够**取代**心象。①

23. "我相信他忍受着疼痛。"——我也**相信**他绝不是一部自动机？

我只是勉强能够在这两种关联中说出这个词。

（或者情况是**这样**：我相信他忍受着疼痛；我确信他绝不是一部自动机？胡话！）

24. 设想我针对一个朋友说："他绝不是一部自动机。"——在

---

① 在《哲学研究》印行本中§§21-22构成了第二部分Ⅲ节。

此报道了什么,而且对于谁来说它构成了一个报道?对于这样一个人来说吗:他在通常情形下遇到了另一个人?它**能够**向他报道什么!(当然至多报道了下面这点:这个人始终像一个人而并非有时像一部机器那样行动。)

25. 因此,"我相信他绝不是一部自动机"在没有进一步说明的情况下根本还不具有任何意义。

26. 我对于他的态度是一种对灵魂的态度。我不具有这样的**意见**:他具有一个灵魂。

27. 宗教告诉人们,灵魂能够在肉体解体的时候继续存在下去。我竟然理解它教导我们的东西吗?——我当然理解它——在此我只能想象一些事情。人们甚至于还绘制了一些关于这些事情的图像。为什么这样一幅图像应当仅仅是所说出的思想的不完善的描述呢?为什么它不能与所谈论的理论①提供**相同的**服务呢?重要的是服务。

28. 如果脑袋中的思想的图像能够硬让我们接受,那么灵魂中的思想的图像为什么不能更加强烈地硬让我们接受?

29. 人的身体是人的灵魂的最好的图像。

30. 但是,如下说法的情况如何:"当你说出这点时,我在心中理解了它"? 与此同时人们指向心脏。或许人们没有用这种手势**意指什么吗?!** 人们当然用它意指了什么。或者,人们有意识地仅

---

① 异文:"与语词"。

仅使用一幅图像？肯定不是。——它不是一幅我们选择的图像，不是一个比喻，但是的确是一种图像式的表达。①

31. 请设想我们观察了一个点（比如一块屏幕上的一个光点）的运动。我们可以从这个点的行为抽引出极为不同种类的重要结论。但是，可以观察其上的多少种不同的事项啊！——这个点的轨迹及其诸量值中的某些值（比如振幅和波长），或者速度及其变化的规律，或者速度在其上做跳跃式地改变的那些位置的数目或者情形，或者这条轨迹在这些位置上的曲率，以及无数其它的事项。——这个行为的这些**特征**中的每一个均可以是我们所关心的唯一的事项。比如，对于我们来说，这种运动中除了在某一时间内的圈数以外的所有事项均可以是无所谓的。——而且，如果现在不只是**一个**这样的特征，而是其多个特征，令我们感兴趣，那么它们中的每一个都可能告诉我们一种独特的、按其种类不同于所有其它的信息的信息。人的行为的情况、我们所观察到的这种行为的不同的刻画特征的情况是一样的。

32. 因此，心理学处理行为，而非灵魂？

心理学家在报道什么？——他在观察什么？难道不是人的行为，特别是其表露吗？但是，**后者**并不处理行为。

33."我注意到他情绪不好。"这是一个关于行为的报道，还是一个关于灵魂状态的报道？（"天空看起来挺可怕的"：这处理的是现在还是将来？）两者；不过，不是并列地处理它们，而是经由一个

---

① 在《哲学研究》印行本中§§23-30构成了第二部分Ⅳ节。

来处理另一个。

34. 医生问:"他感觉如何?"护士说:"他在呻吟。"一个关于行为的报道。但是,对于二者来说,一定存在着这样的问题吗:这种呻吟实际上是否是真诚的,实际上是否是某种东西的表达?难道他们不能得出比如这样的结论吗:"如果他在呻吟,那么我们必须再给他一点儿镇痛药粉"——并没有暗中假定某个中项?难道重要的事情不是他们对行为的描述所做的使用吗?

35. "但是,这些人这时恰恰做了一个心照不宣的假定。"于是,我们的语言游戏的过程总是建立在某种心照不宣的假定基础之上的。

36. 我在描述一个心理学实验:仪器、实验员的问题,被试的行动和回答——现在我说,这是一幕戏中的一个场景。——这时一切都变了。因此,人们会解释说:如果在一本关于心理学的书中这个实验被以相同的方式加以描述,那么这种行为描述将恰好被理解为灵魂事项的表达,因为人们**预设了**,这个被试没有愚弄我们,没有记住这些答案,以及更多诸如此类的事项。——因此,我们做出了一个预设?

我们真的会这样来表达自己的意见吗:"我当然做出了这样的预设,……"?——或者仅仅出于如下原因才没有做出这样的表达:因为另一个人已经知道这点?

37. 难道在这样的地方不是存在着一种预设吗:在那里存在着怀疑?怀疑可以完全缺失。怀疑有一个终点。

38. 这里的情况类似于这样一种关系的情况:物理对象与感觉印象。在此我们有**两个**语言游戏,而它们彼此间的关系属于非常复杂的那种。——如果人们想用一种**简单的**形式来说明这些关系,那么他们便误入歧途了。①

39. 请设想一个人说:我们所熟悉的(比如一本书中的)每一个词都在我们的精神中有一个由被微弱地暗示出来的运用所构成的雾气圈、"晕圈"环绕着它。——以这样的方式,即好像一幅油画中的每一个人物都还由可以说处于另一个维度中的柔和的、画成雾一般的景象包围着,而且我们在此就是在其它的关联中看这些人物的。——那就让我们来认真地对待这个假设好了!——在此下面这点便是明显的了:它不能解释那个**意图**。

因为如果事情是这样的,即一个词的运用的诸可能情况在说或听的过程中以中间色调的形式浮现在我们心中,那么这点恰恰只是适用于**我们**。但是,我们与其他人进行交流时却不知道他们是否也具有这些体验。

40. 我们到底会用什么来反驳这样一个人——他告诉我们说,**在他那里**理解就是一种内在的过程?——如果他说,在他那里能玩象棋是一种内在的过程,那么我们用什么来反驳他?——回答可以是:当我们想知道他是否能玩象棋时,发生于他之内的任何事情均引不起我们的兴趣。——如果现在他对此答复说,这点恰恰令我们感兴趣:——也即他是否能玩象棋,——这时我们必须让他

---

① 在《哲学研究》印行本中§§31-38构成了第二部分第Ⅴ节。

注意向我们证明他的能力的那些标准,而且另一方面,让他注意那些"内在的状态"的标准。

即使只有在一个人感受到某种特定的东西的情况下,而且只有在他具有这样的感受的时间内,他才能够做某事①,这种感受也不就是这种能力。

41.【一个词的】意义并非是听到或说出其时的体验,一个命题的意义并非是这些体验的复合体。——("我还是没有看到他"这个命题的意义如何经由其诸语词的意义复合而来?)这个命题是由这些语词复合而成的,这点就够了。

42.尽管每一个词——人们想这样说——在不同的关联中可能具有不同的性格,但是它毕竟总是具有**一个**性格——一副面孔。它可是注视着我们。——但是一副**画出来**的面孔也注视着我们。

43.你确信下面这点吗:有**一种**如果-感受;而并非或许有多种?你已经试着在非常不同的类型的关联中说出这个词了吗?比如当它承担着这个句子的主要重音时和当跟着它的那个词承担着这个重音时。

44.请设想,我们发现这样一个人,他就他的语词感受向我们说:对于他来说,"如果"和"但是"具有**相同**的感受。——我们应当不相信他所说的这点吗?它或许令我们感到陌生。"他根本就没有玩我们的游戏,"人们想说。或者也想说:"这是另一种类型。"

针对这个人,我们不会相信下面这点吗:当他像我们那样**运用**

---

① 安斯考姆版与哈克和舒尔特版作:"他才具有一种特定的能力"。

语词"如果"和"但是"时,他便像我们那样理解它们?

45. 如果人们将如果-感受的心理学兴趣看作一个意义的理所当然的关联物,那么人们便错误地评估了这种兴趣;相反,我们必须在一种不同的关联中来看待它,在它出现于其中的那些特殊的情况的关联中来看待它。

46. 如果一个人没有说出"如果"这个词,那么他便绝不会有如果-感受吗?无论如何下面这点是令人惊奇的:只有这个原因才会引起这种感受。一个词的"气氛"的情况一般说来是一样的:——为什么人们将只有**这个**词具有这种气氛这点看成那般理所当然的?

47. 如果-感受不是一种伴随着"如果"这个词的感受。

48. 如果-感受必定可以与一个乐句给予我们的那种独特的"感受"相比较。(人们有时通过如下说法来描述这样一种感受:"此处好像是得出了一个结论",或者"我想说'**因此**……'",或者"在此我总是想做一个手势——"并且现在人们做出它。)

49. 但是,人们能够将这种感受与这个乐句分离开来吗?它当然不是这个乐句本身;因为一个人可以听到它而没有这种感受。

50. 在这个方面这种感受类似于人们演奏这个乐句时所带有的那种"表情"吗?

51. 我们说,这一段给予我们一种十分特殊的感受。我们给自己唱出它,与此同时做出某一种动作,或许也还具有某种独特的感觉。但是,在另一种关联中我们根本不会再次认出这些伴随物——这种动作、这种感觉。除非恰恰在我们唱出这段时,否则它们全然是无内容的。

52. "我带着一幅完全特定的表情唱出它。"这种表情并不是某种可以与这段乐句分离开来的东西。它是一种不同的概念。(一种不同的游戏。)

53. 这种体验是这段乐句被如此地演奏(像我比如所示范的**那样**;一个描述只能**暗示**它)。

54. 那种与一个物件不可分离的气氛,——因此它也绝不是什么气氛。

彼此紧密地联系在一起的东西,彼此**被**我们联系在一起的东西似乎是彼此适合的。但是,事情如何看起来是这样的? 它们似乎是彼此适合的这点如何表露自身? 好比是这样:我们不能设想,具有这个名称,这张面孔,这种笔法的人没有生产出**这部**作品,而是或许生产出了完全不同的作品(另一个伟大人物的作品)。

我们不能设想这点? 我们竟然尝试这样做了吗?——

55. 情况可能是这样的:我听说某个人在画一幅画"在写作第九交响曲的贝多芬"。我能够很容易地想象在这样一幅画上或许可以看到什么。但是,假定一个人要表现歌德在写作第九交响曲时的样子,情况如何? 在此我不知道如何想象不令人为难和不让人觉得可笑的事情。①

---

① 在《哲学研究》印行本中§§39-55构成了第二部分Ⅵ节。

56. 我们理解一个命题这点表明了我们能够在一些情况下运用它(即使是在一个童话叙述中),但是,它并没有表明我们能够用它做**什么**并且用它做了**多少事情**。①

57. 醒来后告诉我们某些事情(他们去了某处等等)的人们。现在,我们教给他们"我做梦了"这种说法,跟着它的是梦的叙述。于是,我有时问他"今天晚上你做什么梦了吗?"并且得到一个肯定的或者一个否定的回答,有时得到一个梦的叙述,有时没有。这就是这个语言游戏。(现在我假定,我自己没有做梦。但是,我的确也从来没有一种不可见的现在的感受,而其他人具有它,我可以就他们的经验方面的事情询问他们。)

现在,我必须就如下事情做出一个假定吗:这些人的记忆是否欺骗了他们;他们是否真的是在睡觉过程看到这些图像的,或者他们是否只是在醒来后觉得如此? 这个问题具有什么样的意义?——具有什么样的兴趣?! 当一个人向我们叙述他的梦时,我们什么时候曾经提出过这样的问题吗? 如果不是,——这是因为我们确信他的记忆没有欺骗他吗?(假定他是一个有着十分差劲的记忆的人。——)

58. 这意味着有朝一日提出如下问题是没有意义的吗:这个梦是否真的是在睡觉的过程中进行的,或者是一个睡醒的人的记忆现象? 这将取决于这个问题的运用。

59. "看起来精神能够给予这个词以意义"——难道这不是好

---

① 安斯考姆版与哈克和舒尔特版均未收录此节(出现于 MS 144:20)。

像我在这样说吗:"看起来在苯中诸 C-原子位于一个六边形的诸角上"? 这可绝不是假象;它是一幅图像。

60. 高等动物和人的进化以及意识在某一阶段的觉醒。这幅图像是大概是这样的:尽管到处充满着各种各样的以太振动,但是世界是昏暗的。不过,有一天,人睁开其看东西的眼睛,天变得明亮起来。

我们的语言首先描述了一幅图像。至于应该如何处理这幅图像,应该如何运用它,这点还不明朗。不过,下面这点可是清楚的:如果人们要理解我们的断言的意义,那么它必须得到研究。但是,这幅图像似乎省却了这种工作;它已经指向了一种特定的运用。借此它愚弄了我们。[①]

61. "我的运动感觉告诉我有关我的肢体的运动和位置的信息。"

我让我的食指做出一个摆幅非常小的轻微的摆动动作。我几乎感觉不到它,或者根本就感觉不到它。或许在指尖感觉到一点儿什么——轻微的绷紧感。(在关节上根本感觉不到任何东西。)这种感觉告诉我有关这个动作的信息吗?——因为我能够准确地描述它。

62. "你可是恰恰必定感受到了它,否则(在没有察看的情况下)你不会知道你的手指是如何运动的。"但是,"知道"它,只是意味着:能够描述它。——我或许能够给出一个声音所来自的那个

[①] 在《哲学研究》印行本中§§57-60 构成了第二部分第Ⅶ节。

方向,因为它对一只耳朵的影响大于其对另一只耳朵的影响。但是,我并没有在耳朵中感觉到这点。不过,它却有这样的作用:我"知道"这个声音是从哪一个方向传过来的,我向比如这个方向看去。

63. 如下观念的情况也是一样的:疼的感觉的某种特征必定告诉了我们关于其身体上的位置的信息,记忆图像的某种特征必定告诉了我们关于其所属的时间的信息。

64. 一种感觉**能够**告诉我们一个肢体的运动或其位置的信息。(比如,对于不像正常人一样知道其胳膊是否伸开了的人来说,胳膊肘上的一次刺痛能够让他确信这点。)——以同样的方式一种疼的特征也能够告诉我们受伤的位置的信息。(一张照片之发黄状态能够告诉我们其年代的信息。)

65. 什么是如下事情的标准:一个感觉印象告诉了我形状和颜色的信息?

66. **哪一个**感觉印象?好了,是**这个**;我通过语词或者一幅图像来描述它。

现在:当你的手指处于这样的位置时,你感受到了什么?——"人们应当如何解释一种感受?它是某种不可解释的、独特的东西。"但是,人们必定能够教人学习诸语词的用法!

67. 现在,我在寻找语法的区别。

68. 我们在此先不谈论运动感受!——我要向一个人描述一种感受,并且向他说"请**这样做**,于是你便拥有它了",与此同时我让我的胳膊或者我的脑袋保持着特定的姿势。现在,这是对于一种感受的描述吗?在什么时候我将说,他理解了我所意指的是哪一种感受?——接着,他必须还给出关于这种感受的**进一步的**描述。这种描述必须是什么样的?

69. 我说"请**这样**做,于是你便拥有它了。"在此难道不是可能存在着一种怀疑吗?当意指的是一种感受时,难道不是必定有一种怀疑吗?

70. **这个**看起来是**这样的**;**这个**尝起来是**这样的**;**这个**摸起来是**这样的**。"这个"和"这样的"必须以不同的方式加以解释。

71. 一个"感受"对于我们来说具有一种完全**特定的**兴趣。比如"这种感受的程度",其"位置",一个感受之盖过另一种感受的可能性,便属于这里。(如果这种运动让人觉得非常疼,以至于这种疼盖过了这个位置上的每一种其它的轻微的感觉,由此下面这点便成为不确定的了吗:你是否真的做了这个运动?它能够使得你比如这样做吗:通过眼睛来让自己深信这点?)①

72. "如果你问我'你用……这个词意指什么?'那么我会说……"但是,我如何能够知道如果……我会做出这样的反应?——如何?没有什么如何。不过,存在着有关下面这点的迹象:我这样说是对的。②

73. 观察自己的忧伤的人在用哪个感官观察它?用一种独特

---

① 在《哲学研究》印行本中§§61-71构成了第二部分第Ⅷ节。
② 安斯考姆版与哈克和舒尔特版均未收录此节(出现于 MS 144:26)。

的感官；用一种**感受到**这种忧伤的感官吗？因此，当他观察它时，他是**以不同的方式**感受它的吗？现在他在观察哪个忧伤？他在观察这样的忧伤吗：它只是在被观察时才出现在那里？

"观察"并没有创造被观察的东西。（这是一种概念上的确定。）

或者：我并没有"观察"**这样的东西**，它只是经由这种观察才出现的。观察的对象是另一个东西。

74. 一种昨天还让人感觉到疼的触摸今天不再让人感到疼了。

今天我只是在我想到这种疼时才感觉到它。（这也就是说：在某些情况下。）

我的忧伤不再是相同的忧伤了：一种一年前还让我难以忍受的回忆今天不再难以忍受了。

这是一种观察的结果。

75. 什么时候人们说：某个人在进行观察？回答大致是这样：当他将自己置于一种接收某些印象的有利位置，以便（比如）描述它们教给他的东西。

76. 人们训练一个人在看到某种红色的东西时发出一个特定的声音，在看到某种黄色的东西时发出另一个声音，在看到其它颜色时也一样。这样的人还是没有因此就会按照对象的颜色描述对象。尽管他能够帮助我们给出一个描述。一个描述是空间（比如时间的空间）中的一种分布的一个图片。

77. 我让我的目光在一个房间中来回扫视，突然它落在了一个引人注目的红色的对象之上，我说"红色！"——借此我并没有给出任何描述。

78. "我害怕"这句话是对于一种心灵状态的一种描述吗？

79. 我说"我害怕"，另一个人问我："那是什么？一声恐惧的喊叫；或者你要告诉我你心情如何；或者它是有关你当下的状态的一种考察？"——我总是能够给予他一个清楚的回答吗？我从来不能给予他一个清楚的回答吗？

80. 人们能够想象非常不同的情况，比如：

"不，不！我害怕！"

"我害怕。不幸的是，我必须承认这点。"

"我还是有点儿害怕，不过，不像以前那么怕了。"

"其实，我还是害怕，尽管我不愿承认这点。"

"我受着各种恐惧想法的折磨。"

"我害怕，——现在，尽管我此处应当无所恐惧！"

这些句子中的每一个都有一种独特的语调，每一个都有一个不同的关联。

人们可以设想这样的人，他们好像以一种比我们确定得多的方式思考，在我们运用**一个**词的地方，他们运用了不同的词。

81. 人们问自己"真正说来'我害怕'意味着什么？我借此针对着什么？"对此当然没有任何回答，或者有一个并不适合的回答。

问题是："它处于哪种关联之中？"

82. 如果我要经由如下方式来回答"我在针对着什么？"、"我此时在想着什么？"这些问题：我重复害怕的表露并且与此同时关注着我自己,好像是从眼角观察着我的心灵,那么我不会得到任何答案。不过,在一个具体的情形中我的确可以问"为什么我说了这点,我借此想要什么?"——而且我也能够回答这个问题;但是,不是根据对于言说的伴随现象的观察。而且,我的回答会补充、改写较早的表露。

83. 什么是害怕?什么叫作"害怕什么"?如果我想通过**一个**指向来解释它,那么我将**表演**害怕。

84. 我也能够以这样的方式表现希望吗?几乎不能。甚至于能够以这样的方式表现相信吗?

85. 描述我的心灵状态(比如害怕的心灵状态)——我在一个特定的关联中这样做。(正如一种特定的行动只有在一个特定的关联中才是一个实验。)

如下做法竟然是如此地令人惊异吗:我在不同的语言游戏中运用相同的表达式?有时可以说也在诸游戏之间运用相同的表达式?

86. 我难道总是带着非常确定的意图来说话吗?——因此,我所说的话就是没有意义的吗?

87. 如果人们在葬礼演说中说"我们哀悼我们的……",那么这的确应当表达了悲伤;而并非是在告诉在场的人什么事情。但是,在坟墓边上举行的一次祈祷中,这句话可以是一种报告。

88. 问题的确是这样:那种人们绝不能称为描述的哭喊——它比每种描述都要原始——仍然起到了一种对于内心生活的描述所

起的作用。

89. 一声哭喊绝不是描述。但是,存在着过渡情形。"我害怕"这句话可以与一声哭喊较为接近和较为疏远。它可以与它非常接近,并且可以与它**非常**疏远。

90. 我们当然并非无条件地针对一个人说,因为他说他具有疼,所以他就**在哭诉**。因此,"我具有疼"这句话可以是一声哭诉,而且也可以是某种其它的东西。

91. 但是如果"我害怕"并非总是,并且的确有时是,某种类似于哭诉的东西,那么为什么在这种情况下它就应当**始终**是内心生活的描述?①

92. 人们以往是如何到达这样一点的:使用像"我相信……"这样一个表达式?人们曾经注意到了一种(相信)现象吗?

人们观察了自己和其他人并且以这样的方式发现了相信吗?

93. 穆尔悖论可以这样来说出:"我相信事情是这样的"这个表露是以类似于"事情是这样的"这个断言的方式得到运用的;而我相信事情会是这样的这个**假定**可不是以类似于事情会是这样的这个假定的方式得到运用的。

94. 在此"我相信"这个断言似乎不是对"我相信"这个假定所假定的东西的断言!

---

① 在《哲学研究》印行本中§§73-91构成了第二部分第Ⅸ节。

95.同样:"我相信天要下雨了"这个陈述具有一个类似于"天要下雨了"的意义,也即类似的运用,但是"我那时相信天要下雨了"却没有一个类似于"那时天下雨了"的意义。

"但是,'我那时相信'可是必定在过去说出了恰恰'我相信'在现在所说出的东西!"——$\sqrt{-1}$相对于-1所意指的东西当然必定就是$\sqrt{1}$相对于1所意指的东西!这根本没有任何意义。

96."其实,我用'我相信……'这些词所描述的是自己的精神状态,——不过,这种描述在此间接地构成了一个对所相信的实际情况本身的断言。"——正如在有些情况下我描述一张照片,为的是描述它所拍摄的那个东西。

但是,在这种情况下我还必须能够说这张照片是一幅好的摄影。因此还有:"我相信,天在下雨,而且我的信念是可靠的,因此我信任它。"——这时我的信念是一种感觉印象。

97.人们可以不信任自己的感觉,但是不能不信任自己的信念。

98.如果有一个意义为"错误地相信"的动词,那么它没有任何有意义的第一人称现在时直陈式。

99.请不要将下面这点看成是理所当然的,而要将其看成是非常令人惊奇的:"相信"、"愿望"、"意欲",所有这些动词都展示了"切开"、"咀嚼"、"跑步"也具有的那些语法形式。

100.报道的语言游戏可以被转变成这样:一个报道当不是让那个接收者了解其对象的情况;而是让他了解那个报道者的情况。

比如,当教师考查学生时,情况便是这样的。(人们可以为了检验尺子而进行测量。)

101. 假定我这样来引进一个表达式——比如"我相信"这个表达式:它在这样的地方应当置于一个报道的前面,在那里它的作用是给出有关报道者自身的信息。(因此,在这个表达式上也不必附加有任何不确信的成分。请考虑,这个断言的不确信性也可以以非个人的方式加以表达:"他今天应当会来。")——"我相信……而且情况并非如此"是一个矛盾。

102. "我相信……"昭示了我的状态。从这个表露我们可以得出有关我的行为的结论。因此,在此存在着一种与情感活动、心情等等的表露的**相似性**。

103. 但是,如果"我相信情况会是这样的"昭示了我的状态,那么"情况是这样的"这个断言也具有这样的作用。因为符号"我相信"不能做到这点;它最多能够暗示它。

104. 这样一个语言,在其中"我相信事情是这样的"只是经由"事情是这样的"这个断言的语调表达出来。在那里,人们不说"他相信",而说"他倾向于说……",而且也存在着"假定我倾向于等等"这样的假定(虚拟式),但是不存在这样一种表露:"我倾向于说"。

在这个语言中不存在穆尔悖论;取而代之的是这样一个动词,它缺乏一种形式。

但是,这不应当让我们感到意外。请考虑:人们能够在意图的表露中预言**自己的**将来的行动。

105. 针对另一个人,我说"他似乎相信……",而且其他人针对我这样说。那么,为什么即使在其他人**正确地**针对我这样说的情况下我却从不针对我自己这样说？——难道我没有看我自己并听我自己说话？——人们可以这样说。

106. "人们内在地感觉到深信,而并非从自己的话或者其语调中推断出它。"——正确地说,事情是这样:人们并不是从自己的话中推断出自己的深信;或者从其中推断出相应于这种深信的行动。

107. "在此'我相信'这个断言的确似乎不是对这个假定所假定的东西的断言。"——因此,我试图寻找这个动词的第一人称现在时直陈式的另一种继续方式。

108. 我这样想:相信是一种心灵状态。它持续着;而且是以独立于其在比如一个句子中的表达的过程的方式。比如:因此,它是相信者的一种倾向。在另一个人的情况下,他的行为,他的话向我显露了这种倾向。而且,"我相信……"这样一个表露同样也起到这样的作用,正如其简单的断言一样。——那么,我的情况如何:我自己如何认出自己的倾向？——在此,正如另一个人一样,我必须关注我自己,倾听我的话,从其中必定能够得出结论。

109. 我对我自己的话的态度完全不同于其他人对它们的态度。

只要我能够说"我似乎相信",那么我便能够发现那种继续了。

110. 如果我倾听我的嘴所说出的话语,那么我便能够说,另一个人从我的嘴里讲话。

111. "从我的表露判断,我相信**这个**。"好的,可以想出这样的情况,在其中这句话具有意义。

在这种情况下,一个人便也可以说"天下雨了并且我不相信这点",或者"似乎我的自我相信这点,但是事情并非如此。"人们此外必须生动地想象这样一个行为,它指示出:两个存在物从我的嘴里讲话。

112. 即使在这个**假定**中线索就已经与你所想的有所不同了。

在"假定我相信……"这句话中你已经预设了"相信"这个词的全部语法,你所掌握的那种日常的用法。——你并没有假定这样一种事物状态,它似乎是由一个图像毫无歧义地摆在你的面前的,以至于你能够给这个假定补充上一个不同于通常的断言的断言。——如果你并非已经熟悉了"相信"的这种运用,那么你便根本不知道你在此假定了什么东西(也即,比如什么得自于这样一个假定)。

113. 请考虑表达式"我说……",比如在如下说法中:"我说今天将下雨",后者直接等同于断言"今天将……"。大致说来,"他说今天将……"意味着"他相信今天将……"。"假定我说……"**并非**意味着:假定今天将……

114. 不同的概念在此互相接触并且一起走了一段路。人们一定不要相信,如下线条①均是**圆圈**。

115. 也请考察这个非句子结构:"天可能在下雨;但是并没有下雨。"

在此人们必须提防,不要说:"天可能在下雨"真正说来意味着:我相信天将下雨。——这时,为什么情况不是相反,后者意味着前者?

116. 请不要将迟疑的断言看成关于迟疑的断言。②

117. "看"这个词的两种运用。

其一为:"你在那里看到了什么?"——"我看到了**这个**"(接着是一个描述,一个图样,一个复制品)。其二为:"我在这两张面孔上看到了一种相似性"——我将这点告诉其的那个人或许像我自己那样清晰地看到了这些面孔。

重要性:看的两种"对象"之间的范畴区别。

118. 其中的一个人能够精确地描画出这两张面孔;另一个人在这个图样上注意到了那种前者没有看到的相似性。

119. 我观察一张面孔,一下子注意到了它与另一张面孔的相似之处。我**看到**,它并没有改变;但是我可是以不同的方式看它。

---

① 这个评论出现在 MS 144:37,进一步的手稿来源为 MS 137:86a。在后者中此评论后附有下面的示图,而在前者中则没有附加这个示图:

② 在《哲学研究》印行本中§§92-116构成了第二部分第Ⅹ节。

我将这样的经验称作"对一个面相的注意"。

120. 其原因令心理学家们感兴趣。

121. 令我们感兴趣的东西是这个概念及其在诸经验概念中的位置。

122. 人们可以设想,在一本书(比如一本教科书)的许多地方附有这样的插图:

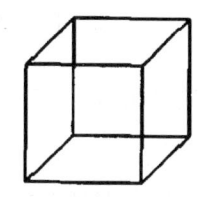

在附属的文本中人们每一次都谈论不同的东西:一次谈到一个玻璃立方体,一次谈到一个倒置的打开的箱子,一次谈到一个铁丝架,它具有这样的形状,一次谈到三块板子,它们构成了一个立体角形。该文本每一次都解释这幅插图。

但是,我们也可将这个插图一会儿**看**作其中的一个物件,一会儿**看**作另一个物件。——因此,我们释义它,并且像我们**释义**它那样**看**它。

123. 在此人们或许想回答说:借助于一种释义来对直接经验、看的体验进行的描述是一种间接的描述。"我将这个图形看作箱子"意味着:我具有这样一种特定的看的体验,它与将这个图形之释作箱子或者与一个箱子之直观,从经验上说一同出现。但是,如果它意味着这点,那么我必定知道它。我必定能够直接地指涉这种体验,而并非仅仅间接地指涉它。(正如我不必无条件地将红色说成是血的颜色一样。)

124. 在我的评论中如下图形(取自于雅斯特罗①)将被称作兔-鸭-头。人们可以将其看作兔子头或者看作鸭子头。

而且,我必须区分一个面相的"持续不断的看到"与一个面相的"闪现"。

这幅图像可能被拿给我看,而且在其中我从来没有看到某种不同于一只兔子的东西。

125. 在此引入图像对象概念是有用处的。一个"图像面孔"比如是这样的图形:

在一些方面我像对待一张人的面孔那样来对待它。我可以研究它的表情,像对人的面孔的表情那样对它做出反应。一个小孩可以与图像人或图像动物说话,像对待玩具娃娃一样对待它们。

---

① 参见:Joseph Jastrow, *Fact and Fable in Psychology*, New York: Houghton, Mifflin and Co., 1900, p. 295。

126. 因此，可以从一开始就直接将兔-鸭-头看作图像兔子。这也就是说：如果人们问"这是什么？"或者"你在那里看到了什么？"，我便会回答说："一个图像兔子。"如果人们继续问我这是什么，那么为了给出解释，我会指向各种兔子图像，或许指向实际的兔子，谈论这些动物的生活，或者模仿它们。

127. 对于"你在那里看到了什么？"这个问题，我不会回答说："我现在将这个看作图像兔子。"我会直接地描述这种知觉；描述方式并非不同于好像我说"我在那里看到一个红色的圆圈"。——尽管如此，另一个人可以针对我说："他将这个图形看作图像-兔子。"

128. "我现在将这个看作……"这种说法对于我来说没有任何意义，正如在看到刀和叉时说"我现在将这个看作刀和叉"没有意义一样。人们将不会理解这种表露。——正如人们不会理解如下表露一样："现在这对我来说是一个叉子"，或者"这也可以是一个叉子"。

129. 人们也不将在桌子上认出的餐具**当**作餐具；正如人们在吃饭时通常不试图活动或者努力活动嘴一样。

130. 对于说"现在对我来说它是一张面孔"的人，人们可以问："你暗指的是哪一种转变？"

131. 我看到两幅图像；在其中的一幅中，兔-鸭-头被兔子包围着，在另一幅中，它被鸭子包围着。我没有注意到相同之处。由此**便有如下结论**吗：两次我**看**到了某种不同的东西？——这为我们提供了在此使用这种说法的一个根据。

132. "我是以完全不同的方式看它的,我从来没有认出它!"好的,这是一声惊呼。它也是有一个辩护的。

133. 我从来没有想到要将这两个头以这样的方式彼此放在对方之上,**以这样的方式**比较它们。因为它们引起另一种比较方式。

这样地看的这个头与**那样地**看的这个头甚至于没有最微弱的相似之处——尽管它们是全等的。

134. 人们给我看一个图像兔子,问我这是什么;我说"这是一只兔子"。我不说"现在这是一只兔子"。我报告了这个知觉。——人们指给我看兔-鸭-头,问我这是什么;在此我**可以**说"这是一个兔-鸭-头"。但是,我也可以以完全不同的方式对这个问题做出反应。——它是一个兔-鸭-头这种回答又是知觉报告;"现在它是一只兔子"则不是这样的报告。如果我说"它是一只兔子",那么我便忽略了这种双义性,我便报道了这种知觉。

135. 面相转换。"你可是会说,这幅图像现在完全改变了!"

但是,什么变得不一样了:我的印象?我的态度?——我可以说出它吗?我像**描述**一个知觉那样**描述**这种改变;完全像是这个对象在我眼前发生了改变。

136. 我可以这样说(比如指着另一幅图像):"我现在的确看到了**这个**。"它具有关于一个新的知觉的通报的形式。

137. 面相转换的表达是一个**新的**知觉的表达,同时也还是那个未改变的知觉的表达。

138.我突然看到了一幅多形画的答案。以前是树枝的地方，现在是一个人形。我的视觉印象改变了，我现在认识到，它不仅具有颜色和形状，而且还具有一种完全特定的"组织"。——我的视觉印象改变了；——它以前是什么样的；它现在如何？——假定我经由一个精确的复制品表现它——这就绝不是好的表现吗？——没有任何改变以这样的方式显示自身。

139.请千万不要说"我的视觉印象可不是那个**图样**；它是**这个**——我不能指给任何人看的东西。"——它自然不是那个图样，但是它也不是任何我在我之内所怀有的那种东西——它们属于同一个范畴。

140."内在的图像"这个概念是误导人的，因为这个概念的范型是"**外在的**图像"；这些概念词的运用彼此当然不比"数字"和"数"的运用更为相似。（是的，想将数称为"理想的数字"的人由此会造成一种类似的混乱。）

141.将视觉印象的一种"组织"与颜色和形状编排在一起的人的出发点是：将视觉印象当做一种内在的对象。这个对象由此自然就成为一种怪物了；一个特别摇摆不定的构成物。与图像的相似性现在受到了干扰。

142.如果我知道存在着这个立方体图式的不同的面相，那么为了获知他看到了什么，我可以在这个复制品之外还让他制造出一个所看到的东西的模型，或者让他指向这样一个模型；即使**他**根本不知道我为什么要求两种解释。

但是，在面相转换的情况下事情发生了变化。以前根据复制品看起来或许是——甚至于就是——没有用处的规定变成了唯一可能的体验的表达。

143. 而且这点单独来看便取消了这种"组织"与视觉印象中的颜色和形式的比较。①

144. 如果我将兔-鸭-头看作兔子,那么我看到了:这些形状和颜色(我精确地再次给出它们)——此外,还看到了这样的某种东西:与此同时我指向大量不同的兔子图像。——这显示了这些概念的不同之处。

"将……看作……"不属于知觉。因此,它既像看又不像看。

145. 我瞧着一个动物;人们问我:"你看到了什么?"我回答说:"一只兔子。"——我看着风景;突然一只兔子跑过来。我喊到"一只兔子!"

这个报道和这声惊呼二者均为知觉和视觉体验的表达。但是,这声惊呼之为这样的表达的意义不同于这个报道之为这样的表达的意义。它从我们这里挣脱出来了。——它与体验的关系类似于哭喊与疼的关系。

146. 但是,由于它是一个知觉的描述,所以人们也可以将其称为思想表达。——注视着这个对象的人不必想到它;但是,具有那声惊呼为其表达的那种视觉体验的人**也想到了**他所看到的东西。

147. 正因如此,那个面相的闪现看起来一半像视觉体验,一半

---

① 根据前面几小节的论述,此节当做:"而且这点单独来看便取消了视觉印象的这种'组织'与颜色和形式的比较。"(参见 MS 137:127a)

像思维。

148.某个人突然看到了他面前的一个他认不出来的现象（它或许是一个他所熟悉的对象,但是处在不寻常的情形或者照明状态之中）；这种认不出来的状态或许只持续了数秒钟。如下说法是正确的吗：他具有的视觉体验不同于立即认出了这个对象的人的视觉体验？

149.假定一个为某个人所不熟悉的形状出现在他面前,而我则熟悉这个形状,这时他就不能像我那样**精确地**描述它吗？难道这不就是答案吗？——自然,一般说来情况并非如此。即使他的描述也将具有完全不同的形式。(我将比如说"这个动物具有长长的耳朵"——他则说："那里有两座高高的隆起物"并且接着画出它们。）

150.我遇到一个人,我已经有许多年没有看到他了；我清楚地看到了他,但是并没有认出他。突然,我认出了他,在他的已经改变了的面孔中看到了他以前的面孔。我相信,如果我能够画画的话,我现在会以不同的方式画出他的肖像。

151.如果我现在在人群中认出了我的熟人——或许是在我长时间地向他的方位看了之后,——这是一种特殊的看吗？它是一种看加上思维吗？或者是二者的一种融合——像我几乎想说的那样？

问题是：**为什么人们要说这个？**

152.也是所看到的东西的报道的那同一个表达式现在成了认

出的惊呼。

153. 这种视觉体验的标准是什么？——什么应当是这种标准？

对"所看到的东西"的表现。

154. 对所看到的东西的表现概念，正如复制品概念一样，是具有很大的伸缩性的，**相应地**，所看到的东西的概念也是如此。二者密切地关联在一起。（这**并非**就意味着它们是相似的。）

155. 人们如何看出下面这点：人们是以立体的方式**看什么**的？——我问一个人，他所眺望的（那边的）那块地的地势如何？"它是**这样的**吗？"（我用手比划着）——"是的。"——"你是如何知道这点的？"——"没有雾，我十分清楚地看到了它。"——这种**猜测**的根据并没有被给出。对于我们来说，唯一自然的事情是：以立体的方式表现所观看的东西；而对于平面表现来说——无论是经由图画还是经由话语——我们则需要经过独特的训练和学习一种课程。（儿童画的独特性。）

156. 如果一个人看到了一种他没有认作微笑的微笑，一种他没有以这样的方式来理解的微笑，那么他便以一种与理解它的人不同的方式来看它吗？——比如他以不同的方式模仿它。

157. 请将一张脸的图画颠倒过来拿着，这时你便不能认出这张脸的表情了。或许你能够看到它在微笑，但是肯定不能精确地看到它微笑的**那种实际的样子**。你不能模仿这种微笑，或者更为精确地描述其特征。

当然,这幅颠倒的图画或许最为精确地表现了一个人的脸。

158. 图形(a) 是图形(b) 的反转,正如图形(c) 是图形(d) 的反转一样。但是,我想说,在我关于图形(c)和(d)的印象之间所存在的那种区别不同于在我关于(a)和(b)的印象之间所存在的那种区别。比如,(d)看起来要比(c)更为有秩序。(请比较路易斯·卡罗尔的一个评论。[①])(d)容易复制,而(c)则难于复制。

159. 请设想兔-鸭-头隐藏在一堆线条之中。现在,我在这幅图像中一下子注意到了它,并且将其直接看作兔子头。后来我有一次察看同一幅图像并且注意到了相同的线条,但是却将其看作鸭子,与此同时我也不需要知道它两次都是相同的线条。那么,当我后来看到面相发生转换时,——我可以这样说吗:此时面相兔子和鸭子是以这样的方式被看到的,即它完全不同于我分别地在这堆线条中看到它们的方式?不能。

但是,这种转换唤起了一种惊异,而那种认出则没有唤起它。

160. 一个人在一个图形(1)中寻找另一个图形(2),当他找到它时,他因此便以全新的方式看(1)。事实不仅如此:他能够给出一个关于它的新的描述方式,而且那种注意构成了一种全新的视觉体验。

---

① 参见:Lewis Carroll, *Alice Through the Looking-Glass*, ch. 1。

161. 不过，并非必定发生如下事情：他想说"图形（1）现在看起来完全不同了；它与以前的图形甚至于没有任何相似之处了，尽管它与它是全等的！"

162. 在此存在着无数彼此具有亲缘关系的现象和可能的概念。

163. 因此，这个图形的复制品是我的视觉体验的一种**不完全的**描述吗？不是。——至于进一步的规定是否是必需的，或者哪些进一步的规定是必需的，这要取决于诸情形。——它**可以**是一个不完全的描述——如果留有一个问题的话。

164. 人们自然可以说：存在着某些这样的东西，它们既属于"图像兔子"概念之下又属于"图像鸭子"概念之下。一幅图像，一个图样，便是这样一种东西。——但是一个**印象**并非同时是一个图像鸭子和一个图像兔子的印象。

165. "我所真正**看到的**东西当然必定是在我之内经由这个对象的作用而得到实现的东西。"——于是，在我之内得到实现的东西是一类映象，某种人们自己又能够进行察看的东西，能够面对着的东西；几乎是某种像一种**物化**之类的东西。

而且这种物化是某种立体的东西，必定可以完全用空间概念来加以描述。它能够比如微笑（如果它是一张脸的话），但是友好概念不属于它的表现，相反，对于这种表现来说，它是**陌生的**（即使它能够服务于它）。

166. 如果你问我我看到了什么，那么我或许能够给你制作一个显示了它的简图;但是至于我的目光游移的方式,在多数情况下我是根本不能回忆起来的。

167. "看"这个概念给人以混乱的印象。好了,它是这样的。——我看着风景;我的目光扫视着它,我看到了各种各样清楚和不清楚的运动;**这个**给我以清楚的印象,**那个**只是给我以完全模糊的印象。毕竟,我们所看到的东西可能看起来是多么地彻底破碎的呀!现在,请看一下"对所看到的东西的描述"意味着什么!——但是,这恰恰就是人们称为对所看到的东西的一种描述的东西。并不存在关于这样一种描述的**一种真正的**、井然有序的情形——而其余的东西则恰恰还是不清楚的,还有待澄清的,或者必须直接作为垃圾而被扫到墙角处。

168. 在此对于我们来说存在着这样的巨大的危险:要制造出精细的区别。——在如下情形中情况是一样的:这时人们要由"实际看到的"东西来解释物理学的物体概念。——相反,我们要**接受**那种日常的语言游戏,并且要将**错误的**表现标记为错误的表现。我们教给小孩的那种原始的语言游戏根本不需要任何辩护;辩护的努力需要予以拒绝。

169. 现在,作为例子,请察看一个三角形的诸面相。下面这个三角形

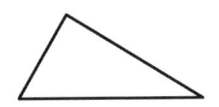

可以被看作三角形的洞,看作物体,看作几何图样;立在其底边之

上，挂在其顶点上；看作山峰，看作楔子，看作箭头或指针；看作一个倒下的物体，它应当比如立在那个较短的直角边上，看作半个平行四边形以及其它不同的东西。

170. "在此你可以一会儿想到**这个**，一会儿想到**那个**，一会儿将它看作**这个**，一会儿将它看作**那个**，于时，你一会儿将**这样**看它，一会儿将**那样**看它。"——究竟**以什么样的方式**？的确并不存在任何进一步的规定。

171. 但是，如下事情是如何可能的：人们按照一种**释义**看一个物件？——这个问题将它表现成一个奇特的事实；好像在此某种东西被强行放进了一个真正说来它放不进去的形式之中。但是，在此并没有发生什么挤压和强迫之事。

172. 如果事情看起来是这样的：在诸其它形式之间没有一种形式的位置，那么你就必须在另一个维度上去寻找它。如果在此没有它的位置，那么这个位置恰恰就处在另一个维度之上。

（也是在这种意义上，在实数线上没有虚数的位置。而这可是意味着：虚数概念的应用比**计算**的样子所揭示的更不像实数概念的应用。人们必须走下来，来到应用那里，这时那个概念便找到了一个可以说人们此前**未曾想到过**的不同的位置。）

173. 这种解释怎么样："我可以将某种东西看作**这样的东西**，它可以是它的一幅图像"？

这可是意味着：面相转换中的诸面相就是**这样的面相**，这个图形在一些情况下可以在一幅图像中**恒常**地具有它们。

174. 是的，一个三角形的确可以在一幅油画中是**立着的**，在另一幅中是挂着的，在第三幅中则表现了某个倒下的东西。——而且是以这样的方式，以至于我这个观察者不说"这也可以表现某个倒下的东西"，而说"这个玻璃杯倒了并且打碎了"。我们以这样的方式对这幅图像做出反应。

175. 我能够说出一幅图像必须具有什么样的性质，以便产生这样的效果吗？不能。比如，存在着这样的画法，它们没有以这样直接的方式告诉我任何东西，但是却以这样的方式告诉其他人一些事情。我相信，习惯和教育在此有发言权。

176. 那么，如下说法意味着什么：我在一幅图像上"**看到**"这个球"**浮起来了**"？它就在于这点吗：对于我来说这种描述是最容易想到的、理所当然的描述？不是；它可以是出于各种理由而是如此的。它可以比如直接就是流传下来的描述。

但是，什么是下面这点的表达：我不仅比如如此地理解这幅图像（知道它**应当**表现什么），而且如此地**看**它？——这样一种表达是："这个球似乎浮起来了"、"人们看到它浮起来了"，或者以独特的语调说"它浮起来了！"

因此，这是当做如此的表达。但是并不是作为这样的表达得到运用的。

177. 在此我们不是在向自己提出这样的问题：诸原因是什么？在一个独特的情形中是什么引起了这种印象？

178. 它**是**一种独特的印象吗？——"当我看到那个球浮起来时，我可是看到了某种**不同的**东西——与当我看到它仅仅放在那里时相比。"真正说来这就意味着：这种表达是得到了辩护的！（因为从字面上看，它的确仅仅是一种重复。）

（而且，我的印象的确也不是一个真正浮起来的球的印象。存在着"立体地看"的亚种。一张照片的立体性和我们通过立体镜所看到的东西的立体性。）

179."它真的是一种不同的印象吗？"——为了对此给以回答，我想问自己，在此在我之内是否真的存在着某种不同的东西。但是，我如何能够让我自己深信这点？——我以不同的方式**描述**我所看到的东西。

180.人们总是将某些图样看作平面上的图形，而有时，甚至于总是，以立体的方式看其它的图样。

现在在此人们想说：被以立体的方式看的图样的视觉印象是立体的；比如对于立方体图式的视觉印象就是一个立方体。（因为对于这种印象的描述就是对于一个立方体的描述。）

181.这时下面这点便是令人惊奇的了：我们对于一些图样的印象是某种平面的东西，对于一些图样的印象是某种立方体的东西。人们问自己："这应当在哪里结束？"

182.如果我看到一幅向那边疾驰的马的图像，——那么我仅仅**知道**了下面这点吗：人们意指的是这种运动方式？我**看到**它在这幅图像中向那边疾驰，这是迷信吗？——现在，我的视觉印象也在这样做吗？

183.一个向我说"我现在将它看作……"的人告诉了我什么？

这个报告具有哪些后果？我能够用它做什么？

184. 人们常常将颜色与元音联想在一起。事情可能是这样的：对于一些人来说，一个元音，当它多次地一个接着一个地被说出时，其颜色便发生了变化。对于他来说 a 比如"现在是蓝色的——现在是红色的"。

"我现在将它看作……"这个表露对于我们来说不能意味着比如下表露更多的东西："a 对于我来说现在是红色的"。

（当与生理学的考察配合在一起时，这种转换对于我们来说也可以变成重要的事情。）

185. 在此我想到了下面这点：在有关美学对象的谈话中人们使用了下面这样的话："你必须**这样**看它，它就是这样被意指的"；"如果你**这样**看它，那么你便看到错误在哪里"；"你必须将这个节拍听成引子"；"你必须按照这种调来仔细听"；"你必须**这样**来给它划分乐句"（而且这可以指涉听，正如可以指涉演奏一样）。

186. 下面这个图形应当呈现了一段凸起的楼梯，并用来演示某些立体的过程。

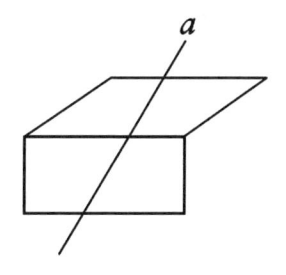

为此我们划一条好比说穿过那两个面的中点的直线 a。——现在，如果一个人只是短暂地以立体的形式看这个图形，并且即使这

时也是一会儿将其看作凹陷的,一会儿将其看作凸起的,那么由此他便可能难于跟上我们的演示。如果对于他来说那种平面的面相和一种立体的面相交替出现,那么此处的情况就与如下情况无别了:好像我在演示过程中给他看了完全不同的对象。

187. 如果我在画法几何中察看着一个图样时给出如下说法,那么这意味着什么:"我知道这条线在此又出现了,但是我不能这样来**看**它"? 这只是意味着下面这点吗:我不怎么熟悉这个图样中的操作,我在它之中不太能"找到出路"? ——好的,这种熟悉性肯定是我们的标准之一。使我们深信对这个图样的立体的看的东西是某种"找到出路"。比如某些暗示了这些立体关系的手势:这种行为的精细的差别。

188. 我看到在一幅图像上箭穿透了那个动物。它击中了其喉咙,从颈部穿出来。这幅图像是一幅侧面像。——你**看到**这支箭了吗——你仅仅是**知道**下面这点吗:这两头应当表现了一支箭的部分?

(请比较科勒的穿过彼此的六角形图形。①)

189. "这可绝不是什么**看**!"——"这可是一种看!"——两者必定均可以从概念上得到辩护。

---

① 参见:Wolfgang Köhler, *Gestalt Psychology*, London: G. Bell and Sons Ltd., 1930, ch. 6, pp. 158 — 159。在此科勒提到了下面三个图形,第三个图形实际上包含在前两个图形之中,但是辨认出它并不容易。

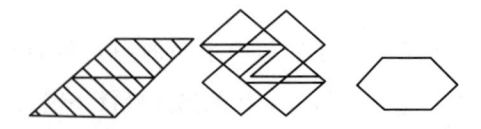

190. 这可是一种看！**在什么样范围内**它是一种看？

191. "这种现象首先让人感到奇怪，但是我们肯定会为其找到一种生理学的解释。——

我们的问题绝不是因果上的问题，而是概念上的问题。

192. 如果人们只是让我看一小会儿被刺穿的动物的图像，或者彼此穿过的六角形的图像，并且我应当据此而描述它，那么**这**就是这个描述；如果我需要画出它，那么我肯定会制作出一件颇有缺陷的复制品，但是它将呈现一个被一支箭刺穿的动物，或者两个彼此穿过的六角形。这也就是说：某些错误我是**不**会犯的。

193. 这幅图像中跳入我的眼帘的第一样东西是：有两个六角形。

现在，假定我注视着它并且问自己："我真的将它们看**作**六角形吗？"——而且是在它们出现在我眼前的整个时间内？（假定其面相与此同时并没有发生改变。）——我想回答说："我并没有整个时间都将它们想作六角形。"

194. 一个人向我说："我立即就将它看作两个六角形。甚至于这就是我看到的**全部内容**。"但是，我如何理解这点？我想，他对于"你看到了什么？"这个问题立即会用这个描述来予以回答，即使他不曾将它处理成许多可能的回答中的一种。在这个方面这个描述类似于"一张面孔"这样的回答——如果我给他看如下图形的话：

195. 关于人们让我看一小会儿的东西我所能给出的最好的描述是**这样的**：……

"这个印象是关于一个用后腿站起的动物的印象。"因此，一个完全特定的描述出现了。——这就是**看**吗，或者它是一个思想？

196. 请不要尝试在你自己之内分析这种体验！

197. 事情的确也可能是这样的：我首先将这幅图像看作某种不同的东西，接着我对自己说"啊，有两个六角形！"因此，面相发生了改变。那么，这就证明了下面这点吗：我那时事实上将它**看**作某种确定的东西？

198. "它是一种**真正的**视觉体验吗？"

问题是：在什么样范围内它是一种体验。

199. 在此**难于**看到下面这点：所处理的是概念决定。

一个**概念**强行让人接受。（你不要忘记这点。）

200. 究竟什么时候我会将其称为一种仅仅知道而绝非看到？——或许是当一个人像处理一个工程图样那样处理这幅图像时，像阅读一个蓝图那样**阅读**它时。（行为的精细的差别。——为什么它们是**重要的**？它们具有重要的后果。）

201. "对我来说它是一个被箭刺中的动物。"我将它处理成这样；这就是我对待这个图形的**态度**。这就是称其为一种"看"的一种意义。

202. 但是，我也能够在相同的意义上这样说吗："对于我来说这是两个六角形"？并非是在相同的意义，而是在一种类似的意义上。

203. 你必须想到具有油画特征的图像(与工程图相对)在我们的生活中所扮演的角色。而且在此绝不存在什么单一的形式①。

请将此与如下事情加以比较：人们有时将格言挂在墙上。但是并不将力学定理挂在其上。(我们与这两者的关系。)

204. 我从将那个图样看作这样的动物的人那里所期待的许多东西不同于我从仅仅知道它应当表现什么的人那里所期待的东西。

205. 不过，或许这样的说法会更好：我们将这张照片，我们的墙上的这幅图像，**视**作在其上所表现的那个对象本身(人，风景等等)。

206. 事实不必如此。我们可以轻而易举地想象这样的人，他们与这样的图像不具有这种关系。这样的人，比如他们会厌恶照片，因为他们觉得一张没有颜色的脸，甚或一张以缩小的比例画出的脸，是非人的。

207. 现在，如果我说"我们将一幅肖像视作人"，——那么我们什么时候并且在多长时间内这样做？在我们通常看到它时我们**始终**这样做吗(而且不将它比如看作某种不同的东西)？

我可以肯定这点，由此我便决定了视作概念。——问题是，是否还有一种不同的、具有亲缘关系的概念对于我们来说变成重要的，(也即)一种有关这样的如此地看的概念：它只是在我将这幅图

---

① 异文："而且这种角色绝不是某种千篇一律的东西"。

像作为(所表现的)那个对象来关注的时候才发生。

208. 我可以这样说：对于我来说，一幅图像在我看到它时并非总是**活生生的**。

"其图像从墙上向我微笑。"在我的目光恰好落在它之上时，它不必总是这样做。

209. 那个兔子-鸭子-头。人们问自己：这只眼睛，这个**小点**，望着一个方向，这是如何可能的？——**"请看它是如何望着的！"**（而且与此同时人们自己"望着"。）但是，人们并非在察看这幅图像的整个时间内都一直在说和做这种事情。那么，这种"请看它是如何望着的！"是怎么一回事儿？它是一种感觉的表达吗？

210.（我并没有借助于所有这些例子来追求一种完全性。没有追求对诸心理学概念的一种分类。它们只是应当让读者能够在概念不清之处找到办法。）

211. "我现在将它看作一个……"与"我试图将它看作一个……"，或者"我还不能将它看作一个……"是配合在一起的。但是，我不能试图将一只狮子的一幅常规的图像看作狮子，正如我不能试图将一个 F 看作这个字母一样。（但是，或许可以试图将其看作比如一个绞刑架。）

212. 现在，请不要问自己"**我**的情况如何？"——而要问："关于另一个人我知道什么？"

213. 人们究竟如何玩这个游戏："它也可能是**这个**"？（**这个东西**，这个图形也可能是的东西——这就是那个它可以被看作的东西——并非简单地是一个不同的图形。说"我将 ◢ 看作 ◣"的人还是可能在意指非常不同的东西。)

孩子们在玩这个游戏。他们针对一个箱子说比如它现在是一座房子;接着,它完全被释作一座房子。并且孩子们围绕它编织了一个发明故事。

214. 现在,这个小孩将这个箱子**看作**房子了吗?

"他完全忘记了它是一个箱子;对于他来说它真的就是一座房子。"(存在着有关这点的确定的迹象。)在这种情况下,难道如下说法不也是正确的吗:他将它**看作**房子?

215. 现在谁如此地玩游戏,并且在一个特定的情形中带着独特的表情惊呼道"它现在是一座房子!"——谁便会表达出那种面相的闪现。

216. 如果我听到一个人在谈论兔子-鸭子-图像,并且**现在**以某种方式谈论这张兔子脸的独特的表情,那么我便会说:他现在将这幅图像看作兔子。

217. 但是,声音和手势的表情是相同的,好像这个对象已经发生了改变,现在终于**变成了**这个或那个对象。

我让人给我重复一个主题,每次都以一个更慢的速度给我试奏它。最后我说"**现在**对了",或者"**现在**它才是一首进行曲","**现在**它才是一首舞曲"。——在**这样**的语调中也表达了面相的闪现。

218. "行为的精细的差别"——当我对于一个主题的理解表露在如下事情之中时,即我带着适当的表情用口哨吹出它,这便是这种精细的差别的一个例子。

219.三角形的诸面相：好像是一个**心象**与视觉印象发生了接触并且与其保持接触了一段时间。

220.但是,在这里这些面相与(比如)楼梯的凹陷和凸起面相便区别开来了。它们与如下图形(我将称其为"双十字")的面相——即作为黑底上的白色的十字和作为白底上的黑色十字——的区别也在于此：

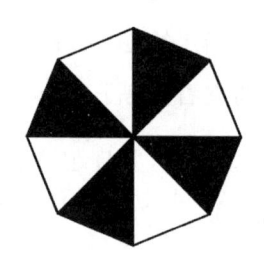

221.你必须考虑到,彼此交替出现的诸面相的描述在每一种情况下都属于不同的种类。

222.(人们说出"我这样看**它**"的企图,在此过程中人们在说出"它"和"这样"时指着同一个东西。)请总是通过做出如下假定的方式来消除私人对象,即认为它不断地变化着;但是你没有注意到这点,因为你的记忆不断地欺骗了你。

223.双十字的那两种面相(我将称它们为面相 A)可以径直通过比如如下方式来报告于人：察看者交替地指向一个独自放在那里的白色十字和一个独自放在那里的黑色十字。

确实,人们可以设想,这是一个小孩在能说话之前的一种原始的反应。

(因此,在报告面相 A 时人们指向了双十字图形的一个部分——人们不能以类似的方式来描述兔子和鸭子面相。)

224. 只有拥有了兔子和鸭子这两种动物的形状的人才"看到兔子和鸭子面相"。对于面相 A 不存在一种类似的条件。

225. 某个人可以将兔子-鸭子-头直接当作一只兔子的图像,将双十字当作一个黑色的十字的图像,但是不能将单纯的三角形图形当作一个倒下的对象的图像。为了看到这个三角形的这个面相,一个人需要具有**想象力**。

226. 面相 A 并非本质上就是立体的面相;白底上的一个黑色十字并非本质上就是一个以一个白色平面为背景的十字。人们可以通过只是指给一个人看在纸张上画出的十字的方式来教给他在不同的颜色的底子上的黑色十字的概念。这种"背景"在此直接就是这个十字图形的环境。

面相 A 并不是以与立方体图样或者楼梯的立体面相相同的方式与一种可能的错觉联系在一起的。

227. 我能够将立方体图式看作盒子;——但是也能将其一会儿看作纸盒子,一会儿将其看作铁盒子吗?——如果某个人向我保证说**他**能做到这点,那么我对此应当说些什么?——在此我可以划出一条概念界线。

不过,在察看一幅图像时请思考表达式"**感觉到**"。("人们感受到这种料子的柔软性。")(睡梦中的**知道**。"我那时知道那个……在这个房间。")

228. 人们可以将一种面相称为"组织的面相"。如果面相转换了,那么这幅图像的以前不曾属于一个整体的诸部分便属于一个整体了。

229. 人们如何教一个小孩(比如在计算时)掌握如下说法:"现在请将**这些**点放在一起!"或者"现在**这些**点是属于一个整体的"?显然,对于他来说,"放在一起"和"属于一个整体"最初必定具有这样一种意义,它不同于以这样或那样的方式**看**某个东西这样的意义。——这是一条关于概念而非关于教学方法的评论。

230. 我现在可以在一个三角形中将**这个**看作顶点,将**这个**看作底边——现在将**这个**看作顶点并且将**这个**看作底边。显然,"我现在将**这个**看作顶点"这句话对于刚刚知道了顶点、底边等等概念的学生来说还不能说出任何东西。——但是,我并不是将这点理解为经验命题。

只有针对这样的人人们才说他现在**这样**看它,现在**那样**看它:他**能够**熟练地对这幅图像做出某些应用。

这种体验的支撑物是对于一种技术的掌握。

231. 但是,多么奇怪,这点竟然构成了一个人**体验到了**某某事情的逻辑条件!你可是没有说:只有能够做某某事情的人才"具有牙疼"。——由此有如下结论:在此我们不可能是在处理那同一个体验概念。它是一种不同的、尽管是相近的体验概念。

232. 只有针对这样一个人,他**能够**做某某事,已经学会了、掌握了某某事,说他体验到了**这个**才有意义。

如果这听起来是愚蠢的,那么你必须考虑到下面这点:看①这个**概念**在此被改动了。(在数学中为了去除眩晕感受,一种类似的考虑常常是必要的。)

我们讲话,给出表露,只是**后来**才得到有关其生命的一幅图像。

233. 在我知道这种姿势是一种姿势而非这种存在物的骨骼模型之前,我究竟如何能够看到它是迟疑的?

但是,难道这不就是意味着我不能将**这个**恰恰不**仅仅**指涉视觉事项的概念应用到对于所看到的东西的描述之上吗?——尽管如此,难道我不能拥有一个关于这种迟疑的姿势、关于这种胆怯的面孔的纯粹视觉的概念吗?

234. 于是,这样一个概念可以与"大调"和"小调"概念加以比较。后者尽管有一个感受值,但是也能够仅仅被用来描述所知觉到的那种结构。

235. "悲伤的"这个形容词当被用到线条面部画上时比如刻画了一个蛋形上的诸线条的组合。当被用在人之上时,它便具有一种不同的(尽管是相近的)意义。(但是,这并**不是**意味着,那种悲伤的面部表情**类似于**悲伤的感受!)

236. 也请思考这点:我只能看到红色和绿色,而不能听到它们,——但是对于悲伤来说,只要我能够看到它,我便也能够听

---

① 异文:"体验"。

到它①。

237. 务请想一下这个说法："我**听到**一首哀怨的乐曲！"现在问题是："他**听到**哀怨了吗？"

238. 如果我回答说："不，他没有听到它；他只是感觉到了它"——借此人们做了什么事情？人们甚至于不能给出这种"感觉"的一种感官。

一些人现在想回答说："我当然听到了它！"——另一些人则想说："真正说来我没有**听到**它。"

不过，我们可以确立一些概念区别。

239. 我们对于一种视觉印象做出反应的方式不同于这样的人的反应方式，他没有将它认作胆怯的（在这个词的**完全的**意义上）。②——但是，现在我**不**想说，我们在肌肉和关节上感觉到这种反应，而且这就是那种"感觉"。——不，在此我们拥有一种改动了的**感觉**概念。

240. 人们可以针对一个人说，他看不见一张脸上的这种**表情**。但是，因此他的视觉中就缺少某种东西吗？

不过，这自然不单纯是一个生理学的问题。生理学事项在此是逻辑事项的一种标志。

---

① 异文："但是对于悲伤来说，只要我能够在他的脸上看到它，我便也能够在他的声音中听到它。"

② 该评论出现在 MS 114:69 上。"视觉印象"的德文原文为"Gesichtseindruck"。在该评论的进一步的手稿来源中（MS 138:6b）相应的表达式为"Gesichtsausdruck"（面部表情）。显然，"Gesichtseindruck"当为笔误。

241. 心理学的混乱和贫乏不能通过它是一门"年轻的科学"这点来解释;它的状况不可与物理学的状况,比如在其初期时,加以比较。①(不如将其与数学的某些分支的状况加以比较。集合论。)因为在心理学中存在着实验方法**和概念混乱**。(正如在另一种情形之下存在着概念混乱和证明方法一样。)

实验方法的存在使我们相信,我们拥有摆脱令我们不安的问题的手段;尽管问题和方法因角度不对彼此错过了。

242. 关于数学,这样一种研究是可能的,它完全类似于我们关于心理学的研究。它不是一种**数学的**研究,正如另一种研究不是一种心理学的研究一样。在其中,人们**不做**演算,因此,它也不是比如逻辑斯谛。它可以恰当地获得"数学的基础"之研究这个名称。②

243. 感觉到一首乐曲的严肃性的人知觉到了什么?——并非是任何可以通过演奏出所听到的乐曲的方式而通报的东西。

244. 针对一个任意的书写符号——比如这个 𝓗 ——我可以想象:它是某种陌生的字母表中的一个以严格正确的方式写出来的字母。或者也可以是一个错误地写出来的字母;而且是以一种或另一种方式出错的:比如是草率地写出的,或者以典型的孩子般

---

① 在此维特根斯坦所批评的是科勒的观点。请参见:Wolfgang Köhler, *Gestalt Psychology*, London: G. Bell and Sons Ltd., 1930, ch. 2。

② §§241-242 在印行本《哲学研究》中为第二部分第 XIV 节,即最后一节。在 MS 144 中它们写在第 70 页上,置于第 240 和 243 节之间(这两节本来是连续的)。在作为印行本《哲学研究》之排印基础的 TS 234 中,§§241-242 也打印在一张单独的纸上。将其置于最后是编者的决定。从上下文看,MS 144 中的次序似乎更为合适。

笨拙的方式写出的,或者以官样文章中加花饰的方式写出的。它可能以不同的方式偏离于正确地写出的字母。——而且根据我在它周围加上的不同的虚构,我能够在不同的面相中看它。在此存在着与"对于一个词的意义的体验"的紧密的亲缘关系。

245. 事情看起来几乎是这样的:"在这种关联中看这个符号"是一个思想的回声。

"一个在看的过程中回响着的思想"——人们想说。

246. 请设想对于这种体验的一种生理学的解释。假定它是这样的:在察看一个图形时,目光沿着一条特定的轨迹一次又一次地扫过其对象。这条轨迹对应于眼球在察看时的震动的一种特定的形式。可能发生这样的事情:这样一个运动类型转入另一个运动类型,二者彼此交替出现(面相 A)。某些运动形式从生理学上说是不可能的;因此,我不能比如将立方体图式看作两个穿过彼此的棱柱体。等等。假定这就是那种解释。——"是的,现在我知道了,它是一种*看*。"——现在,你已经引入了一个关于看的新的标准,一个生理学的标准。这可以掩盖那个老问题,但是不能解决它。——不过,这个评论的目的是将当一个生理学的解释提供给我们时所发生的事情摆在我们眼前。那个心理学概念则悬浮在这种解释之上,根本没有被触及。而我们的问题的本性由此便变得更为清楚了。

247.(按照生理学假设的线索而进行的思考有时给我们虚构了困难,有时又给我们虚构了解答。应对此的最好的手段是如下思想:我根本就不知道我所熟悉的人是否真的具有一个神经系统。)①

248. 我想说,在此闪现的东西只是在对所察看的对象的一种特定的关注持续着的范围内才存留着。("请看他是如何望着的。")——"我想说"——事情**是**这样的吗?——请问你自己:"我注意某种东西多长时间了?"——多长时间内它对于我来说是**新的**?

249. 在这种面相中有这样一种貌相,后来它消失了。事情近乎是这样的:好像一张面孔存在于那里,我先是**模仿**它,接着不加模仿地接受了它。——真正说来,对于说明来说难道这不就足够了吗?——但是,难道这不是太多了吗?

250. "我在几分钟时间内注意到在他与他的父亲之间有一种相似性,接着便不再注意到这点了。"——如果他的脸发生了变化并且只是在短时间内看起来像他的父亲,那么人们可以这样说。但是,这也可以意味着:几分钟之后他们之间的相似性不再引起我的注意了。

251. "在你注意到二者的相似性之后,——你在多长时间内意识到它?"人们如何能回答这个问题? ——"我很快便不再想到它了"或者"我总是一再地不时注意到它"或者"下面这点有几次在我的脑海中一闪而过:他们是多么地相似啊!"或者"我肯定在一分钟时间内对这种相似性感到吃惊"。回答看起来或许就是这样的。

252. 我想提出这样的问题:"在我看到一个对象(比如这个柜

---

① 安斯考姆版与哈克和舒尔特版均未收录此节(出现于 MS 144:72)。

子)的时间内我**总是意识到**它的立体性、深度吗?"我可以说在整个时间内都**感受到**它吗?——不过,请以第三人称形式来提出这个问题。——什么时候你会说,他总是意识到它?什么时候你会说相反的事情?——人们的确可以问它,——但是,他是如何学习回答这个问题的?——他知道什么叫作"不间断地感受到一种疼"。但是,在此这点将只是让他陷于混乱(正如它也让我陷于混乱一样)。

如果现在他说他持续地意识到这种深度,——在这点上我相信他吗?如果他说他只是偶尔地意识到它(比如当他谈论它时)——**在这点上我相信他吗**?我会觉得,这些回答是建立在错误的基础之上的。——但是,如果他说这个对象让他觉得有时是平面的,有时是立体的,那么情况便不一样了。

253. 一个人向我讲述说:"我虽然在看着这朵花,但是却想着某种其它的东西,并没有意识到其颜色。"我理解这种说法吗?——我可以为此设想一种有意义的关联;它或许会这样继续下去:"然后我突然**看到**了它,认出它是这样的颜色……"

或者也可以这样继续下去:"如果我那时转过脸去,那么我便不能说出它具有哪种颜色了。"

"他瞧着它,而没有看到它。"——有这样的事情。但是,什么是这种事情的标准?——在此恰恰存在着不同种类的情形。

254."我现在察看得更多的是形状而非颜色。"请你不要让这种表达方式给搞混乱了。最重要的是,不要思考这样的问题:"在此在眼睛里或者在大脑中可能在发生着什么事情?"

255. 那种相似性引起我的注意,而且这种注意又消失了。

它只是让我注意了少许几分钟,然后便不再让我注意了。

在那里发生了什么?——我能够回想起它吗?我想起了我自己的面部表情,我能够模仿它。如果一个熟悉我的人看到了我的脸,那么他会说:"现在他的脸上的某种东西引起了你的注意。"——我在这样一种场合中以他人或许能听到的方式或者仅仅在我之内说出的东西也引起了我的注意。这就是全部事情。——这就是那种注意吗?不是。这些是那些注意现象;但是,它们**是**"所发生的事情"。

256. 注意是察看 + 思维吗?不是。在此我们的许多概念**交叉在一起**。

257. ("思维"和"在想象中说话"——我不说"与自己说话"——是不同的概念。)

258. 视觉印象中的颜色对应于对象的颜色(这张吸墨纸看起来是玫瑰色的,而且它事实上就是玫瑰色的)——视觉印象中的形状对应于对象的形状(它看起来是长方形的,而且它事实就是长方形的)——但是,我在面相的闪现中所知觉到的东西并不是这个对象的一种性质,而是它与其它对象之间的一种内在关系。

259. 我真的每次都看到了某种不同的东西,还是仅仅以不同的方式释义了我所看到的东西?我倾向于说是前者。但是为什么?——释义是一种思维,一种行动;看是一种状态。

260. 好的,在其中我们做出**释义**的诸情形是很容易认出来的。

如果我们做出释义，那么我们便做出假设，它们可能被证明是假的。——正如"我看到一种明亮的红色"是不可证实的一样，"我将这个图形看作……"也是不可证实的（或者它只是在前者可以证实的那种意义上可以证实）。因此，"看"在两种关联中的运用存在着一种相似性。

261. 千万不要认为你事先便知道"看的**状态**"在此意谓什么！请让用法来**教给**你这种意义！

262. 看中的某些事项让我们觉得像谜，因为完整的看并不令我们觉得足够像谜。

263. 察看一张关于人物、房子、树木的照片的人不觉得它缺乏立体性。将它描述成平面上的诸颜色斑点的类聚物，这对我们来说并不容易，但是我们在立体镜中看到的东西则又是在另一种方式上看起来是立体性的。

264.（我们用两只眼睛"立体地"看，这点绝不是理所当然的。当两个视觉图像融合成一个时，作为结果，人们可以期待一个模糊的视觉图像。）

265. 面相概念与心象概念具有亲缘关系。或者："我现在将它看作……"这个概念与"我现在想象**这个**"具有亲缘关系。

266. 将某种东西听作一个特定的主题的变奏曲而非狂想曲，这点也属于此列吗？人们的确由此知觉到了某种东西。

267. "如果你想象这个以如此的方式加以改变了，那么你便具有了那另一个东西。"在想象中人们可以进行一个证明。

268.面相的看和想象从属于意志。有这样的命令"请想象**这个**!"和这样的命令"现在请**这样**看这个图形!";但是,没有这样的命令:"现在请将这片树叶看成绿色的!"

269.现在出现了这样的问题:可能存在着这样的人吗:他们缺少将某物**看作**某物的能力?这会是一种什么样的情况?它会有什么样的后果?这种缺陷可以比之于色盲或者绝对听觉的缺失吗?——我们要将其命名为"面相盲"——现在请思考一下借此人们可能意指什么。(一种概念研究。)

270.面相盲人应当看不到诸面相 A 在转换。但是,他(也)应当不能认出下面这点吗:那个双十字包含着一个黑色的和一个白色的十字吗?因此,他不应当能够胜任这样的任务吗:"请在这些图形中给我指出那些包含着一个黑色的十字的图形"?不是,他应当能够做这个,不过,他不应当说:"现在有一个黑色的十字出现在白色的底子上!"

271.他应当看不见这两张脸之间的相似性吗?——因此,他也应当看不见同一性,或者接近的同一性?我不愿就此做出决定。(他应当能够执行类如"请拿给我看起来像**这个**的某种东西!"这样的命令。)

272.他应当不能将那个立方体图式看作立方体吗?——由此得不出如下结论:他不能将它认作关于一个立方体的表现(比如认作工程图)。不过,对于他来说,它将不会从一个面相转入另一个面相。——请问:他应当能够像我们一样在一些情况下将它**当作**一个立方体吗?——如果他不应当能够这样做,那么人们大概就不能将这称为一种盲。

"面相盲"人与图像的关系根本不同于我们与图像的关系。

273.（我们可以轻而易举地想象**这种**不正常情况。）

274.面相盲与音乐听觉的缺乏将具有**亲缘关系**。

275.这个概念的重要性在于概念"面相的看到"和"一个语词的意义的体验"之间的关联。因为我们要问："那个没有**体验到**一个词的意义的人因之而缺少了什么？"

比如那个不理解如下要求的人缺少什么：说出"sondern"这个词并且将其意指为动词？——或者这样一个人缺少什么：他感受不到下面这点，即当这个词被依次说出十次时，对于他来说它的意义便丧失了，而变成为一个单纯的声响？

276.在法庭上比如可能会讨论这样的问题：一个人是如何意指一个词的？这点可以从某些事实中得出。——它是一个有关**意图**的问题。但是，下面这点会以类似的方式获得其重要性吗：他如何体验一个词——比如"Bank"①这个词？

277.我与某个人约定了一种暗语；"塔楼"意指银行。我向他说"现在请到塔楼处！"——他理解了我并且按照我说的做，但是"塔楼"这个词在这种运用中让他觉得有些怪，它还没有"接纳"这个意义。

278."当我带有感觉地阅读一首诗、一个故事时，在我之内可

---

① 意为长凳或银行等等。

是发生着某种这样的东西,它在我只是为了获得信息而飞快地掠过诸行文字时没有发生。"——我在暗示哪些过程?——这些句子**听起来**是不一样的。我仔细地注意着语调。有时,一个词具有了一种错误的语调,强调得过了头,或者强调得不够。我注意到了这点,而且我的面部表达出了这点。事后,我会谈论我的朗读的细节,比如语调上的不适当之处。有时,我心中想到一幅图像,比如一个插图。甚至于这似乎帮助我以正确的表情进行阅读。我还可以举出许多类似的事情。——我也能给予一个词这样一个语调,它将它的意义与其它的意义显著地区别开来,几乎好像是这个词就是这件事情的一幅图像一样。(这点当然可能要受制于这个句子的结构。)

279. 在我富于表情地阅读这个词时,它完全被它的意义所充满。——"如果意义是这个词的用法,这如何可能?"好的,我想着给出的是一种图像式的表达。但是,事情并非是这样:好像我选择了这幅图像,而是它强加给了我。——但是,对这个词的这种图像式的运用肯定不能与原初的运用发生冲突。

280. 至于为什么恰恰是**这幅**图像提供给我了,这点或许是可以得到解释的。(要想一想这个表达式和"恰当的词"这个表达式的意义。)

281. 但是,如果一个句子能让我觉得像是一幅语词油画那样,甚至于这个句子中的一个单个的词就能让我觉得像是一幅图像一样,那么下面这点便不再那么令人惊奇了:一个词,当其孤立地且没有目的地被说出时,似乎能够自身带有一个特定的意义。

282. 在此请考虑一种独特的错觉,它有助于人们了解这些事情。——我和一个熟人在一个城市的周边散步。在谈话中发生了这样的事情:我想象这个城市在我们的右边。对于这个假设,我不仅**没有任何**我所意识到的根据,而且一种完全简单的思考便能让我深信:这个城市位于我们前面左边一点儿。对于我究竟**为什么**想象这个城市位于**这个**方向这点,我首先不能给出任何回答。我**没有**相信这点的**任何根据**。不过,尽管没有任何根据,可是我似乎看到了某些心理学上的原因。而且它们是某些联想和回忆。比如这样的联想和回忆:因为我们那时在沿着一条运河走,而我以前在类似的情况下曾经沿着一条运河走过,而这个城市当时位于我们右边。——我可以努力以好比说心理分析的方式寻找①我的没有根据的深信的原因。

283. "但是,这是一种什么样的奇特体验?"——它自然不比任何一种不同的体验更为奇特;它仅仅与这样的体验——我们认为它们是最为根本的体验(比如感觉印象)——属于不同的类型而已。

284. "那时我好像知道这座城市位于那边。"——"好像'舒伯特'这个名称适合于舒伯特的作品及其面孔。"

285. 你可以向你自己说出"weiche"这个词,与此同时一会儿将其意指为命令,一会儿将其意指为形容词。现在,请说"Weiche!"(走开!)——然后请说"Weiche *nicht* vom Platz!"(请

---

① 异文:"以好比说心理分析的方式探究"。

不要离开那个位置！）——在这两种情况下，**相同**的体验伴随着这个词吗——你肯定吗？①

286. 如果一次敏锐的倾听向我表明，我在那个游戏中一会儿**以这样的方式**，一会儿**以那样的方式**体验那个词，——那么它不是也向我表明，我在言说之流中常常**根本就**没有体验到它吗？——因为，下面这点是不成问题的：那时我也是一会儿**这样地**，一会儿**那样地**意指、意图它的，或许事后也这样来解释它。

287. 但是，这时仍然有如下问题：究竟为什么在这个语词体验的**游戏**中我们还谈论了"意义"和"意指"？——这是一个不同种类的问题。——下面这点是这个语言游戏的刻画性现象：我们在**这种**情形中使用这个表达式：我们以**这种**意义说出这个词，而且是从那个不同的语言游戏中取来这个表达式的。

请将它称为一个梦。这并没有改变什么。

288. 假定人们给你两个概念"肥胖的"和"瘦削的"，你更乐于说周三是肥胖的而周二是瘦削的，还是相反？（我坚决倾向于前者。）现在，在这里"肥胖的"和"瘦削的"具有了一种不同于其通常意义的意义吗？——它们具有一种不同的运用。——因此，真正说来，我本应该使用不同的语词吗？——肯定不是这样的。——我**在此**想要（以我所熟悉的意义）**使用**这些词。——现在我没有就这种现象的原因说什么。它们**可以**是源自于我的孩童时代的联想。

---

① "weich"为形容词，意为柔软的。"weichen"为动词，意为软化、消失、退却、让步、走开等等。

但是,这是假设。无论解释是什么,——那种倾向总是存在的。

289. 如果人们问道,"真正说来,你在此用'肥胖的'和'瘦削的'意指什么?"——那么我只能以完全通常的方式来说明这些意义。我**不**能以周二和周三的例子来解释它们。

290. 在此,人们可以谈论一个词的"原初的意义"和"派生的意义"。只有这样的人才在这种派生的意义运用这个词:对于他来说,这个词具有那种原初的意义。

291. 只有对于已经学会了——书面上的或者口头上的——计算的人,人们才能借助于这种计算概念来让其领会什么是在脑袋中进行计算。

292. 派生的意义不是一种"转换的"意义。如果我说"元音 e 对我来说是黄色的",那么我并非在意指:转义的"黄色的"——因为我根本不能借助于"黄色的"这个概念之外的方式来表达我要说的东西。

293. 一个人向我说:"请在长凳边等我。"我问:**当你说出这个词时**,你意指的是这个长凳吗?——这个问题与如下问题同属一类:"在走向他的路上时你意图向他说某某事情了吗?"它指涉一个特定的时间(指涉行走的时间,正如第一个问题指涉说话的时间一样)——但是并不指涉这个时间内的一种**体验**。意指并不是一种体验,正如意图不是一种体验一样。

但是,什么将它们与体验区别开来?——它们没有任何体验内容。因为伴随和说明它们的诸内容(比如心象)并不是意指或意图。

294. 人们**按照其**行动的那种意图并非"伴随着"这个行动,正如思想并非"伴随着"言说一样。思想和意图既不是"分成诸部分的"也不是"没有分成诸部分的",既不能与行动或说话期间响起的一个单个的音调加以比较,也不能与一首乐曲加以比较。

295. "讲话"(无论是大声地还是默默地)和"思维"不是同类的概念;即使它们具有紧密的联系。

296. 讲话时的体验和意图并非具有相同的**兴趣**。(体验或许能够告诉一个心理学家有关"**无意识的**"意图的事情。)

297. "我们两个在听到这个词时都想到了他。"假定我们中的每一个人此时都默默地与自己说了相同的话——它不可能还意味着**更多的东西**。——但是,即使这些话难道不也仅仅是一个**胚芽**吗?它们可是必定属于一个语言,属于一种关联,以便真的是想到那个人这点的表达式。

298. 假定上帝向我们的心灵内部望去,他不能在那里看到我们在谈论谁。

299. "你为什么在说出这个词时看着我,你想到了……吗?"——因此,在这个时刻存在着这样一种反应,它是经由"我那时想到了……"或者"我那时突然回忆起了……"这样的话来得到解释的。

300. 通过这种表露你指涉了说话的时刻。你是在指涉这个时刻还是那个时刻,这点是有区别的。

单纯的语词解释涉及的不是一件发生于说出的时刻时的事情。

301.语言游戏"我意指(或者那时意指)**这个**"(事后给出的语词解释)完全不同于语言游戏:"我那时在说话时想到……"**后者**与如下语言游戏具有亲缘关系:"它那时让我回忆起……"

302."我今天已经三次回忆起如下事情:我必须给他写信。"与此同时在我之内发生的事情具有什么样的重要性?——但是,另一方面,这个报道本身具有什么样的重要性,什么样的兴趣?——它允许人们引出一些结论。

303."在听到这些话时我突然想到了他。"——这个语言游戏借以开始的那种原始的反应是什么?——它接着被转变成这些语词。事情是如何成为这样的:人们使用这些语词?

那种原始的反应可以是一个目光,一个手势,但也可以是一个词。

304."你为什么看着我并且摇头?"——"我想让你了解你……"这应当不是在表达一条符号规则,而是在表达我的行动的目的。

305.意指绝不是伴随着这个词的过程。因为任何**过程**均不可能具有意指的后果。

(我相信,人们同样可以说:一个计算绝不是实验,因为任何实验均不可能具有一个乘法的那些独特的后果。)

306.存在着伴随着言说的重要的过程,它们常常是无思想的言说所缺乏的,而且标示了它的特征。但是,**它们**不是思维。

307. "现在我知道它了!"在此发生了什么?——因此,在我保证说现在我知道了它时,我难道**不**知道这点吗?

你错误地察看了它。

(这个信号是服务于什么目的的?)

人们可以将这种"知道"称为这声惊呼的一个伴随物吗?

308. 一个词的熟悉的面孔,这种感觉:它已经将它的意义收入自身之内,是其意义的一幅精确的图像,——可能存在着这样的人,所有这一切对于他们来说都是陌生的。(他们缺乏对于他们的语词的亲近性。)——在我们这里这些感受如何表达自身?——表达在我们选择和评估这些词的方式之中。

309. 我如何找到那个"适当的"语词?我如何在诸语词之间进行选择?有时或许好像我按照气味上的精细的区别来比较它们:**这个太……这个太……**,——**这**是适当的。——但是,我不必总是做出判断,给出解释;我常常可能仅仅说道:"它就是还不对。"我不满足,继续寻找。最后,一个词出现了:"就是**这个**!"有时我能说出为什么。在此寻找看起来恰恰就是这样的,而且找到了看起来也是这样的。

310. 但是,你突然想到的那个词难道不是以某种独特的方式"来到"的吗?可要注意啊!——仔细的注意对我来说没有用处。它可是只能发现**现在**在**我**之内发生的东西。

我究竟如何能够正好现在倾听它?我可是必须等待,直到我突然又想到一个词为止。但是,奇特之处的确是这样的:好像我不必等待这样的机会,相反,我能够向我展示它,即使它还没有实际发生。如何展示？——我**表演**它。——但是,按照这样的方式我能够获知**什么**？我究竟在模仿什么？——刻画性的伴随现象。主要是：手势,表情,语调。

311. 关于一种精细的美学上的区别可以说**很多话**——这是重要的。——最初的表露或许是这样的："**这个词**适合,**这个词**不适合"——或者诸如此类的东西。不过,现在还可以讨论每一个词所建立起来的所有那些进一步分支化了的关联。事情**并没有**经由那第一个判断就得到解决了,因为起决定作用的东西是一个词的**场**。

312. "话就在嘴边,但我一时想不起来。"此时在我的意识内部发生着什么？事情根本不取决于此。无论发生了什么,这都不是用那个表露所意指的东西。更令人感兴趣的是此时在我的行为中发生的事情。——"话就在嘴边,但我一时想不起来"告诉你：我忘记了属于这里的那个词,我希望很快找到它。此外,那个语词表达式所做的事情并不多于某种无言的行为所做的事情。

313. 詹姆斯真的要就此说道："这是一种多么令人惊奇的体验！那个词还没有出现在那里,可是在某种意义上说却已经出现在那里,——或者某种这样的东西出现在那里,它只**能**长成**这个词**。"——但是,这根本就不是任何体验。如果被**释**作体验,那么它看起来自然就显得奇特了。这恰恰就像是被释作行动的伴随物的意图一样,或者另一方面就像是被释作基数的-1一样。[①]

---

① 关于詹姆斯的相关论述,请参见：W. James, *The Principles of Psychology*, Cambridge, Mass.：Harvard University Press, 1983, pp. 245-246.

314. "它就在嘴边,但我一时想不起来"这句话不是一种体验的表达,正如"现在我知道如何继续下去了!"不是这样的表达一样。——我们在**某些情形**中使用它们,而且它们被一种独特的行为包围着,也被许多刻画性的体验包围着。特别地,在它们之后发生的事情常常是人们**找到了**那个词。(请问一下你自己:"如果人们**从来没有**找到那个在他们嘴边的词,情况如何?")

315. 我觉得牙医所检查的一颗牙齿上的洞要比实际上大得多。我比如用两个手指比划一下我觉得它有多大。——我根据什么来测量手指间的距离?——我竟然测量它吗?

如下说法正确吗:"我首先是**知道**我觉得这个孔有多大,然后我用手指比划它"?这就好像人们这样说一样:"首先我必须**能够**比划它,——然后我便能够比划它。"——但是,如果这应当意味着"首先我在想象中看到它,然后我比划出它"——那么事情不**必**是这样的。如果想象可以是第一件事情,那么比划也可以是这样的。①

316. 如果概念构造可以从自然事实得到解释,那么这时令我们感兴趣的就应当不是语法,而是自然中构成其基础的东西吗?——概念与非常普通的自然事实之间的相应关系的确也让我们感兴趣。(这样的自然事实,由于其普通性,大多数时候没有引起我们的注意。)但是,现在我们的兴趣并非退回到概念构造的可能的原因之上;我们不是在从事自然科学;也不是在从事自然历

---

① 安斯考姆版与哈克和舒尔特版均未收录此节。它出现于 MS 144;87,其前注有如下文字:"移至谈论疼的地方。"

史，——因为为了我们的目的，我们的确也可以虚构自然史的事项。

317. 我不是在说：假定某某自然事实是其它样子的，那么人们便具有其它概念（在一种假说的意义上）。而是在说：如果谁相信某些概念是绝对正确的概念，具有其它概念的人恰恰就没有洞察到我们所洞察到的某种东西，——那么他最好想象某些非常普通的自然事实具有一种不同于我们所习惯的形式，这时，不同于我们所习惯的概念构造的其它的概念构造对于他来说就将成为可以理解的了。

318. 请比较一个概念与一种绘画风格：甚至于我们的绘画风格也是任意的吗？我们能够随心所欲地选择一种绘画风格吗？（比如埃及人的绘画风格。）抑或在此只关涉到美丽和丑陋？

319. 如果我说"他半小时前在这里"——也即经由记忆——那么这并不是一种有关当下的体验的描述。

记忆**体验**是记忆的伴随现象。

320. 记忆没有任何体验内容。——这点难道不是要经由内省而认出来吗？**内省**不是恰恰表明，当我寻找一个内容时，那里什么也没有吗？——它可是只能一个情形一个情形地表明这点。它可是不能向我表明，"记忆"这个词意谓什么，因此应当**到哪里**寻找一个内容！

我只是经由对诸心理学概念的一种比较而得到记忆内容的**观念**的。这类似于两个**游戏**之间的比较。（足球有**门**，而打跑球则没有门。）

321. 人们可以设想这样的情形吗：一个人平生第一次忆起某种东西并且说："是，现在我知道了什么是'记忆'，记忆**感觉起来像什么**。"——他如何知道这种感受就是"记忆"？请比较："是的，现在我知道了什么是'刺痛'！"（他或许第一次受到一次电击）。——他之所以知道它是记忆，是因为它是由过去的事情引起的吗？他如何知道什么是过去的事情？这个人可是通过记忆过程而学得过去概念的。

他在将来又如何知道记忆感觉起来像什么？

（与此相反，人们或许可以谈论一种"很久很久以前"的感受，因为存在着一种语调，一种手势，它们属于某些关于过去时光的故事。）①

322. 默默的、"内在的"言说并不是一种半隐藏的现象，好像人们是通过一层面纱知觉到它的。它**根本没有被隐藏起来**，不过，它的概念能让我们轻易地产生困惑，因为它紧挨着关于一种"外在的"过程的概念走了一长段，却没有与其重合。

（在内在地言说时喉部肌肉是否受到了神经支配的问题以及类似的事情或许具有重大的兴趣，但是这并非是对于我们的研究来说的。）

323. "内在的说话"与"说话"之间紧密的亲缘关系表达在如下事实之中：内在地说出的东西可以以人们能够听到的方式告知于人，而且内在的说话可以**伴随着**一个外在的行动。（我可以内在地

---

① §§316-318 在印行本《哲学研究》中为第二部分第 XII 节，§§319-321 为第 XIII 节。

唱歌,或者默默地阅读,或者在脑袋中进行计算,而且与此同时用手打着拍子。)

324."但是,内在的说话可是某种我必须学习的活动!"可能吧;但是,此处的"做"是什么,此处的"学习"是什么?

请让语词的运用来教给你其意义!(类似地,在数学中人们常常可以说:请让**证明**教给你**什么**得到了证明。)

325."因此,当我在脑袋中进行计算时,**真正说来**我并没有进行计算吗?"——你可是也区分开了在脑袋中进行的计算和可以知觉到的计算!但是,你只能通过学习什么是"计算"来学习什么是"在脑袋中进行的计算";你只能通过学习计算来学习在脑袋中进行计算。

326.如果人们通过(紧闭着嘴唇)发出嗡嗡声的方式来表现句子的语调,那么人们便能够非常"清楚地"在想象中①说话。喉部运动也是有帮助的。但是,令人惊奇之处的确恰恰在于:人们这时在想象中**听到**了说话,而并非仅仅可以说**感受到**了其在喉部中的骨架。(因为这的确也是可以设想的:人们默默地用喉部运动来计算,正如人们用手指进行计算一样。)

327.在内在地说话时②某某发生在我们的身体之内这样的假设只有在如下范围内对我们来说才是有兴趣的,即它向我们表明

---

① 异文:内在地//在内部//。

② "内在地说话"德文为"beim innerlichen Reden"(参见 MS 144:92)。在安斯考姆版中作"beim innerlichen Rechnen"(内在地计算)。从上下文看,前者更为妥当,后者当为打字错误。

了"我那时对我自己说……"这样的表露的一种可能的运用;即这样的运用:从这个表露推导出生理的过程。

328. 另一个人内在地言说的东西向我隐藏起来了,这点包含在"内在地说话"这个**概念**之中。只不过,"隐藏起来"在此是错误的语词;因为如果它向我隐藏起来了,那么它应当是向他敞开着的,**他**必定**知道**它。但是,他不"知道"它,只不过,对我来说存在着的那种怀疑对他来说不存在而已。

329. "一个人内在地对他自己说的话向我隐藏起来了"这句话自然也可以意味着:我在多数情况下都不能**猜到**它们,也不能从比如他的喉部的运动读出它们(尽管这点的确是可能的)。

330. "我知道我想要的、希望的、相信的、感受到的……东西"(等等,历数所有心理学动词)或者是哲学家的胡话,或者另一方面,**不**是一个先天判断。

331. "我知道……"或许意味着"我不怀疑……"——但是它并不意味着,"我怀疑……"是**没有意义的**,这种怀疑从逻辑上就被排除了。

332. 人们在这样的地方说"我知道",在其中人们也能够说"我相信",或者"我猜测";在其上人们能够让自己深信什么。(会有人这样责备我:人们有时说"我可是必定知道我是否具有疼!","只有你知道你感受到了什么"以及类似的话。不过,他应当仔细地看一下这些说法的使用场合和目的。"战争就是战争!"甚至于也不是同一律的一个例子。)

333. 这样的情形是可以设想的：在其中我**能够**让我深信我具有两只手。但是，通常我**不能**这样做。"但是，现在你的确只需要将它们放在你的眼前。"——如果我**现在**怀疑我是否具有两只手，那么我也不需要信任我的眼睛。（此时我可以同样好地询问我的朋友。）

334. 与此相联的是如下事实：比如"地球已经存在了数百万年"这个命题比如下命题具有一个更为清楚的意义："地球已经存在有5分钟了"。因为我会问做出后面这个断言的人："这个命题涉及哪些观察；哪些观察与其相反？"——然而我知道，第一个命题属于哪个思想圈子，属于哪些观察。

335. "一个新生婴儿绝没有牙齿。"——"一只鹅绝没有牙齿。"——"一支玫瑰玫绝没有牙齿。"——最后一个命题——人们想说——显然是真的！甚至于比一只鹅绝没有牙齿这点更为确实。——事情可不是这样清楚。因为一支玫瑰究竟在哪里具有牙齿？鹅在其颌骨里没有牙齿。它在翅膀中自然也没有任何牙齿，不过，说它绝没有牙齿的人中没有人意指这点。——好的，假定人们这样说，情况如何：牛咀嚼其饲料并且接着由此而施粪于玫瑰上，因此玫瑰在一只动物的胃里有牙齿。这种说法因为如下原因不是荒唐的，即人们从一开始就不知道到玫瑰的什么位置去寻找牙齿。（（与"另一个人身体之内的疼"的联系。[①]））

[①] 参见：Wittgenstein, *Philosophische Bemerkungen*, *Werkausgabe*, Band 2, hrsg. von R. Rhees, Frankfurt: Suhrkamp, 1984, S. 90-92; *The Blue and Brown Books*, ed. R. Rhees, Oxford: Blackwell, 1958, pp. 48-55。

336. 我能知道另一个人在想什么,不能知道我在想什么。

说"我知道你在想什么"是正确的,而说"我知道我在想什么"是错误的。

(一整片哲学之云浓缩成一小滴语法①之水。)

337. "一个人的思维是在封闭状态下在意识内部进行的,与之相比,任何一种物理的封闭状态都是一种公开-摆-在那里的-状态。"

如果人们总是能够——经由比如对喉部的观察——读出另一个人的默默的自言自语,——那么他们还会倾向于使用那种完全封闭状态的图像吗?

338. 如果我用一种在场的人不理解的语言大声地与自己讲话,那么我的思想便向他们隐藏起来了。

339. 我们假定,存在着这样一个人,他总是正确地猜到我在思想中与我所说的话。(他是如何成功地做到这点的,这并不重要。)但是,他**正确地**猜到了它,这点的标准是什么?好的,我是诚实的人,承认他猜对了它。——但是,难道我不是可能出错吗,我的记忆难道不是可能让我产生错觉吗?当我——没有说谎地——说出我自己想到的事情时,事情难道不是可能总是这样的吗?——但是,的确,事情看起来像是这样的:"发生在我内部的东西"根本就不重要。(我在此构造了一个辅助结构。)

340. 对于我思考了如此这般的事情这样的**供认**的真实性来

---

① 异文:"语言理论"。

说,其标准并非是对于一个过程的如实的**描述**的标准。而且,真实的供认的重要性并不在于它确实而正确地再现了任何一个过程。相反,它在于可以从一个供认抽引出的那些独特的结论,而这个供认的真实性是从**诚实性**的诸独特的标准那里得到保证的。

341.（假定梦可以为我们提供做梦者的情况的重要信息,因此,提供这种信息的东西就是诚实的梦的叙述。如下问题是不可能被提起的:做梦者醒来后在报道其梦时,他的记忆是否让他产生了错觉,——除非我们引入了一个全新的标准,以判定这个报道与这个梦是否存在着某种"一致",一个在此将一种真实性与那种诚实性区分开来的标准。）

342.存在着一种游戏:"思想的猜测"。它的一个变体是:我用一种B不理解的语言来向A做一个报告。B应当猜测这个报告的意义。——另一种变体是:我写下一个句子,另一个人不能看到它。他必须猜测字句或者意义。——还有这样一个变体:我组合成了一个拼合板玩具;另一个人不能看到我,但是不时猜中了我的思想并且说出它们。比如,他说:"这块到底放在哪里!"——"**现在**我知道它是如何放上的了!"——"我不晓得什么属于这里。""天空始终是最困难的"等等。——但是,在此期间**我**既不需要大声地也不需要默默地与自己讲话。

343.所有这一切都可以是思想的猜测;而且,如果它们事实上并没有发生,那么这并非就使得思想变得比人们没有知觉到的物理过程更为隐蔽了。

344."**内部的东西**向我们隐藏起来了。"——未来向我们隐藏起来了。——但是,当天文学家计算一次日食时,他这样想吗?

345.当我看到一个人因明显的原因而痛苦地蜷缩成一团时,我不会认为:他的感受可是向我隐藏起来了。

346.我们也针对一个人说,对于我们来说他是透明的。但是,对于这种观察来说重要的是:一个人对于另一个人可能是一个完全的谜。当一个人来到一个具有完全陌生的传统的陌生的国度时,他便会了解这点;而且即使在他掌握了这个国度的语言时,情况也如此。人们**理解**不了那些人。(而且,这并非是因为人们不知道他们与他们自己所说的话。)我们不能适应于他们。

347."我不能知道发生在他之内的东西"首先是一幅**图像**。它是一个深信的令人深信的表达。不存在这种深信的根据。**它们**不是显而易见的。

348.假定一个狮子会说话,我们是不能理解它的。

349.人们可以设想一种类似于思想的猜测的意图的猜测,但也可以设想一种关于现在一个人事实上**将要做**的事情的猜测。

说"只有他能够知道他在意图什么"是胡话;说"只有他能够知道他将要做什么"是错误的。因为包含在我的意图的表达式(比如"当钟敲5下时我就回家)中的那种预言不一定实现,而另一个人可以知道实际上将要发生的事情。

350.但是,有两点是重要的:一点是,在许多情况下另一个人不能预言我的行动,而我能够在我的意图中预见它们。另一点是,(存在于我的意图的表达式中的)我的预言与他对我的行动的预言并非是建立在相同的基础之上的,可以从这些预言中引出的结论是完全不同的。

351.我可以像**确信**任何一个事实那样**确信**另一个人的感觉。但是,命题"他极为沮丧"、"25×25=625"和"我60岁了"并没有因之而就成为类似的工具。人们容易想到这样的解释:确信的**种类**是不一样的。——它似乎指示了一种心理学上的区别。但是,这个区别是一种逻辑上的区别。

352."但是,当你**确信**什么时,难道你不就是在怀疑面前合上了双眼吗?"——它们向我合上了。

353.与 2×2=4 相比,我较少确信这点吗:这个人具有疼?——但是,因此第二种确信就是数学的确信吗?——"数学的确信"绝不是一个心理学概念。

确信的种类就是语言游戏的种类。

354."他的动机只有他知道"——这是如下事实的表达:我们向**他**追问他的动机。——如果他是坦率的,那么他就会将其说给我们;但是,为了猜到他的动机,我却需要比坦率更多的东西。在此存在着与**知道**情形的亲缘关系。

355.但是,请你**注意**下面这点:存在着像我们的这样的语言游戏的东西:承认我的行为的动机。

356.我们之所以意识不到所有日常的语言游戏的巨大的多样性,是因为我们的语言的衣服①让所有东西都成为一样的了。

---

① 异文:"我们的语言的外部形式"。

新颖的(自发的,"特异的")东西总是一个语言游戏。

357. 动机和原因之间的区别是什么?——人们如何**找到**动机,如何**找到**原因?

358. 有这样的问题:"这是一种可靠的判断一个人的动机的方式吗?"但是,为了能够以这样的方式提问,我们必须已经知道了"判断动机"意味着什么;而且,我们并不是通过获悉什么是"**动机**"和什么是"**判断**"的方式了解这点的。

359. 人们判断一根棍子的长度,可以寻找并找到一种方法,以便更为精确地或者可靠地判断它。因此,你说,在此被判断的**东西**独立于判断的方法。人们不能借助于长度确定的方法来解释什么**是**长度。——这样想的人犯了一种错误。哪一种错误?——"勃朗峰的高度取决于人们攀登它的方式"这种说法是奇怪的。人们要将"越来越精确地测量长度"这样的事情与如下事情加以比较:越来越接近于一个对象。但是,"进一步接近于一个对象的长度"意味着什么,这点在一些情况下是清楚的,在一些情况下是**不清楚**的。人们并不是经由如下途径了解"确定长度"意味着什么的:人们学习什么是**长度**,什么是**确定**;相反,人们是经由包括如下途径在内的方式学习"长度"这个词的意义的:人们学习什么是长度确定。

(正因如此,"方法论"这个词语具有一种双重的意义。人们可以将一种物理学的研究称为"方法论研究",但是也可以这样称呼一种概念的研究。)

360. 人们有时想针对确信,针对相信,说它们是思想的色调;

这是真的：它们在说话的**语调**中有一种表达。不过，不要将它们认作讲话或思维时的"感受"！

请不要问："当我人们确信……时，在我们之内发生着什么？"——而是问："事情是这样的这种确信"是如何在人的行动中表露自身的？

361. "尽管你对于另一个人的心灵状态可以具有完全的确信，但是它始终只是一种主观的确信，而绝不是任何客观的确信。"——这两个词指示着语言游戏之间的一种区别。

362. 在哪一个是一个计算（比如一个很长的加法）的正确的结果这个问题上人们之间会发生争论。但是，这样的争论很少发生，而且不会长久。正如我们所说，它可以"充满确信地"予以决断。

一般说来，就一个计算的结果数学家们之间不进行争论。（这是一个重要的事实。）——如果情况不是这样，比如如果一个数学家深信，一个数字以无人注意到的方式发生了变化，或者记忆欺骗了他或另一个人，等等，等等，——那么我们的"数学确信"概念便不存在了。

363. 这时，人们还是可能说："尽管我们从来不能**知道**一个计算的结果是什么，但是它始终具有一个完全确定的结果。（上帝知道它。）数学无论如何处理具有最高程度的确信，——尽管我们只拥有它的一幅粗糙的映象。"

364. 但是，我要说，比如数学的确信是以墨水和纸张的可靠性为基础的吗？**不是**。（这是一种恶性循环。）——我并没有说，**为什么**在数学家之间没有发生争论，而只是说了**这点**，即没有发生争论。

365.诚然,人们不能使用某些种类的纸张和墨水进行计算,也即当它们经历某些奇怪的变化时,——但是它们在变化着这点反过来当然又只能通过记忆和与其它的计算手段的比较来表明自身。人们又如何验证后者?

366.不得不接受的东西,给定的东西——人们可以说——是**生活形式**。

367.如下说法有意义吗:通常人们在他们的颜色判断上是一致的?——如果事实是其它样子的,那么情况会如何?——这时,这个人会将那个人称为蓝色的花说成是红色的,等等,等等。——但是,这时人们有什么权利将这些人的"红色"和"蓝色"这些词称为**我们的**"颜色词"?——

他们将如何学习使用那些词?而且他们所学习的那个语言游戏还是我们称为"颜色名称"的使用的东西吗?显然,在此存在着程度的差别。

368.但是,这种思考必定也适用于数学。如果不存在完全的一致,那么人们也就不再学习我们所学习的这种技术了。它在或大或小的程度上区别于我们的技术,直至我们完全无法辨认的程度。

369."但是,数学真理当然独立于下面这点:人们是否认出了它们!"——当然:命题"人们相信 $2 \times 2 = 4$"和"$2 \times 2 = 4$"不具有相同的意义。后者是一个数学命题,前者——如果它说到底还是具有意义的话——大概可以意味着:人们**达到了**这个数学命题。这两者具有完全不同的**运用**。——但是,现在,**如下说法**意味着什么:"即使所有人都相信 2×2 等于 5,它还是等于 4"? ——如果所有人都相信这点,那么情况看起来究竟是什么样子的? ——现在,我可以设想比如它们具有另一种演算,或者另一种技术,我们将不把它称为"计算"。但是,这个东西是**假**的吗?(国王加冕仪式是**假的**吗? 在不同于我们的存在物看来它可能是最为奇怪的事情。)

370. 在一种意义上,数学当然是一种理论,——但是它的确也是一种**行动**。只是作为例外才可能有"错误的步骤"。因为如果我们现在如此称呼的东西成为规则,那么由此这样的游戏便被废止了,在其中它们构成了错误的步骤。

371. "我们大家都学习相同的两数乘法表。"这无疑可以是一个关于我们学校中的算术课程的评论,——但是也可以是一个关于两数乘法概念的断言。("在赛马时,马通常总是尽其可能地快跑。")

372. 存在着色盲和确定它的手段。在被确定为视力正常的人的颜色陈述中一般说来存在着完全的一致。这点刻画了颜色陈述概念。

373. 在一种情感表露是否是真诚的这个问题上一般说来不存在这种一致。

374. 我确信,**的确确信**,他没有装假;但是某个第三者不能做到这点。我总是能说服他吗? 如果不能,那么他便犯了一种思维或观察错误吗?

375. "你肯定什么也不理解!"——当一个人对我们清楚地认

作为真诚的事情产生怀疑时，人们便这样说，——但是，我们不能证明任何东西。

376. 存在着一种关于情感表达的真诚性的"专家"判断吗？——即使在此也存在着拥有"较好的"判断力和"较差的"判断力的人。

从较好的善于识人者的判断通常会得出较正确的预测。

人们能学习识人的知识吗？是的；一些人能够学习它。不过，不是经由一种教学课程，而是经由"**经验**"。——这时另一个人可以做他的老师吗？肯定可以。他不时地给他适当的**暗示**。——在此"学习"和"教授"看起来就是这样的。——人们学到的东西不是任何技巧；人们学习正确的判断。也存在着规则，但是它们并没有构成任何系统，而且只有有经验的人才能正确地应用它们。这与计算规则不同。

377. 在此最为困难之处是将那种不确定性正确地、没有掺假地表达出来。

378. "这种表达的真诚性是不可证明的；人们必须感受它。"——好的，——但是现在用这种对真诚的识认来进一步做些什么？如果一个人说"Voilà comment s'exprime un cœur vraiment épris"[①]（这就是一颗真正热忱的心表达自身的方式）——而且他也使得另一个人接受了他的观点，那么这有什么样的进一步

---

① 安斯考姆版与哈克和舒尔特版作"Voilà ce que peut dire un cœur vraiment épris"（这就是一颗真正热忱的心所能表达的东西）。

的后果？或者，它没有什么进一步的后果，这个游戏以此**结束了**：一个人不觉得好吃的东西另一个人却觉得好吃？

的确存在着**后果**，但是它们是扩散性的。经验，因而多样的观察，能够告诉人们关于它们的事情；而且，人们也不能一般性地表述它们，而仅仅能够在零星的情形下做出一个正确的、富有成果的判断，建立①一种富有成果的联结。最为一般的评论至多产生一个体系的碎片看起来的那种样子。

379. 人们肯定能够经由证据而深信一个人处于某某心灵状态，他比如没有装假。但是，在此也存在着"不可衡量的"证据。

380. 问题是：不可衡量的证据**完成了**什么任务？

请设想存在关于一种材料的化学结构（内部）的不可衡量的证据，那么现在它必须经由某些**可以衡量**的后果来证明自己是证据。

（不可衡量的证据可以让一个人深信下面这点：这幅图像是一幅真实的……但是，这点也**可以**经由文件而证明为正确的。）

381. 目光、手势、语调的细微之处均属于不可衡量的证据。

我能认出真诚的爱的目光，将其与装出来的爱的目光区分开来（在此自然可以存在着一种对于我的判断的"可以衡量的"确证）。但是，我可能完全没有能力将这种区别描述出来。而且，这并不是因为我所熟悉的语言没有关于它们的语词。究竟为什么我不直接引入新的语词？——如果我是一个特别有才的画家，那么便可以设想，我用图画来表现出真诚的目光和装出来的目光。

---

① 异文："看到"。

382. 请问自己:人们如何获得对于某种东西的"眼力"? 可以怎样运用这样一种眼力?

383. 装假当然只是如下情形的一种特殊情形:一个人比如自己给出了一种疼的表达而并没有疼。如果这点终究是可能的,那么为什么在此竟然应当总是发生装假之事——生活带子上的这个非常特殊的图案①?

384. 在其能够装假之前,一个小孩必须学习了许多东西。(一条狗不能装假,但是它也不可能是正直的。)

385. 的确可以出现这样一种情形,在其中我们会说:"这个人**相信**自己在装假。"②

---

① 异文:"生活图案中的这个非常复杂的图形"。
② 在《哲学研究》印行本中§§117-240、243-314 和 322-385 构成了第二部分第 XI 节。

图书在版编目(CIP)数据

维特根斯坦文集.第4卷,哲学研究/(奥)维特根斯坦著;韩林合编译.—北京:商务印书馆,2019(2025.5重印)
ISBN 978-7-100-16463-4

Ⅰ.①维… Ⅱ.①维…②韩… Ⅲ.①维特根斯坦(Wittgenstein,Ludwig 1889-1951)—哲学思想—文集 Ⅳ.①B561.59-53

中国版本图书馆 CIP 数据核字(2018)第 187273 号

权利保留,侵权必究。

维特根斯坦文集

第 4 卷

哲学研究

韩林合 编译

商 务 印 书 馆 出 版
(北京王府井大街36号 邮政编码 100710)
商 务 印 书 馆 发 行
北京通州皇家印刷厂印刷
ISBN 978-7-100-16463-4

2019年1月第1版　　开本 710×1000　1/16
2025年5月北京第4次印刷　印张 26
定价:105.00元